河北省高等教育教学改革研究与实践项目（2021GJJG032；2023GJJG061）

普通高等教育教材

食品化学（通识版）

卢爱党　姜艳军　编著

化学工业出版社

·北京·

内 容 简 介

本教材从实用角度出发，向广大读者提供食品化学相关知识，旨在引导学生探索交叉学科领域、拓宽学生知识视野，指导学生理解生活中常见现象、建立科学饮食观念。全书共分为十一章，包括绪论、水分、糖类、脂类、蛋白质、维生素、矿物质、酶、色素、风味物质、食品添加剂。本书系统阐明食品的化学组成、结构、性质，以及食品在加工和贮藏中发生的化学变化对食品品质和安全性的影响及其控制措施，并针对生活中食品加工、贮藏和运输中的常见问题、现象进行解析与说明，力求激发不同领域读者的学习兴趣。

本书可作为高等院校通识教育选修课教材，也可作为指导人们在日常生活中进行食品加工和贮藏的科普书。

图书在版编目（CIP）数据

食品化学：通识版 / 卢爱党，姜艳军编著. 北京 ：化学工业出版社，2025. 7. --（普通高等教育教材）. -- ISBN 978-7-122-48128-3

Ⅰ. TS201.2

中国国家版本馆 CIP 数据核字第 2025SJ6532 号

责任编辑：毛一文　王　芳
责任校对：宋　玮　　　　装帧设计：关　飞

出版发行：化学工业出版社
（北京市东城区青年湖南街 13 号　邮政编码 100011）
印　　装：北京天宇星印刷厂
787mm×1092mm　1/16　印张 $11^1/_4$　字数 250 千字
2025 年 7 月北京第 1 版第 1 次印刷

购书咨询：010-64518888　　售后服务：010-64518899
网　　址：http://www.cip.com.cn
凡购买本书，如有缺损质量问题，本社销售中心负责调换。

定　　价：39.00 元　

前言

食品化学是一门多专业交叉、相互渗透的课程，不仅是食品类相关专业的重要专业基础课，同时作为通识教育选修课深受学生欢迎。目前，食品化学教材主要针对食品类相关专业基础课使用，内容涵盖食品化学成分的组成、结构与性质，以及这些成分在食品加工和贮藏过程中发生的物理、化学变化。同时教材还探讨了食品成分的结构、性质及其变化对食品质量和加工性能的影响等，兼具专业性与前沿性。

针对全国高等院校通识教育，本书重点介绍食品化学的基础理论及相关知识，分别对食品化学中的常见问题及科学前沿作了解析与探讨，力求将理论知识与生活实际相结合，指导读者深入了解饮食相关知识；结合食品组成成分在不同领域中应用的研究成果，拓展学生视野，为学科交叉拓宽思路。全书共分十一章，包括绪论、水分、糖类、脂类、蛋白质、维生素、矿物质、酶、色素、风味物质、食品添加剂等。

本书在编写过程中，始终秉持创新与实用并重的原则，形成了鲜明的特色。在内容编排上，精心设置“知识拓展”模块，紧密追踪食品化学领域的国际前沿动态，如新型食品功能因子的发现与应用、绿色食品加工中的化学新技术等，引导学生突破传统教材的知识边界，接触学科发展的最新成果，激发学生的科研兴趣与创新意识。同时，本书注重理论与生活实践的紧密结合，针对生活中常见的食品现象设置“问题思考”环节，通过提出问题、分析问题、解决问题，培养学生运用食品化学知识解释生活现象、解决实际问题的能力，真正实现学以致用，让学生在学习专业知识的同时，也能感受到食品化学与日常生活的紧密联系，提升对本课程学习的认同感与积极性。

本书编写力求做到科学系统、新颖，但限于作者水平，书中难免存在不足之处，恳请各位读者批评指正。

编著者

2025年1月

目录

第一章　绪　论 / 001

第二章　水　分 / 009

第三章　糖　类 / 027

第四章　脂　类 / 049

第五章　蛋白质 / 063

第六章　维生素 / 079

第七章　矿物质 / 097

第八章　酶 / 111

第九章　色　素 / 125

第十章　风味物质 / 141

第十一章　食品添加剂 / 159

第一章
绪　论

日常生活中用到的食材有的经常放进冰箱的冷藏室，有的放在冷冻室，为什么要分开呢？按照这样分类存放的依据是什么？

我们现在的食品五颜六色、色彩斑斓，这些呈现颜色的物质是什么成分？为什么有的食材放置后颜色会转变或消失，有的食材颜色能稳定保持？

生活中、网络上到处都有食物相克表、食物相宜表，这些说法是否有科学依据，能不能相信？

……

让我们带着无数个疑惑开启食品化学之旅吧！

为什么要学习食品化学？

食品科学是生命科学的一个分支，是微生物学、化学、生物学和工程学相融合的交叉学科。食品化学作为食品科学的重要领域，主要研究食品的组成、性质以及食品在处理、加工和贮藏过程中的化学变化。民以食为天，食品化学不仅是食品类专业重要的基础课程，也是每一位食品享用者重要的参考资料。

第一节　食品化学的概念和发展历程

一、食品化学的概念

营养素是指那些能维持人体正常生长发育和新陈代谢所必需的物质，具有特定的生理作用。人体所需要的营养物质较多，从化学性质和对人体营养的作用可将人体所需要的营养物质分为六大类：水、糖类、蛋白质、脂类、矿物质和维生素。

食物、食料或食材是指含有营养素的食用安全的物料。将上述物料进行加工（包括从简单的清洗到现代化的深加工）所得到的安全性、营养性及享受性的产品称为食品。也就是说安全性、营养性和享受性是食品的三大基本属性。食品的安全性主要与食物中内源性、外源性及在加工或贮藏过程中产生的有害成分有关。食品的营养性主要与食品中一些营养成分有关，其研究较充分。食品的享受性涉及内容较多，除与食品的色泽、质构、风味和形状等有关外，还涉及消费者的文化背景、习俗、喜好及年龄等方面，可见与食品享受性相关的化学成分更为复杂。

食品化学是从化学角度和分子水平上研究食品的化学组成、结构、理化性质、营养性、安全性和享受性，以及它们在生产、加工、贮存和运销过程中的变化及其对食品品质和食品安全性的影响的科学，是为改善食品品质、开发食品新资源、改进食品加工工艺和贮运技术、科学调整膳食结构、加强食品质量控制及提高食品原料加工和综合利用水平奠定理论基础的学科。

食品从原料到产品的每个过程中，会涉及一系列复杂的化学和生物化学变化，例如果蔬采摘及加工后的生理变化。食品中的各种成分（图 1-1）的稳定性会因环境条件的变化而受到影响，或者食品成分之间发生相互作用而发生化学反应，这些变化都会影响食品产品的品质、营养性、安全性和感官享受（色、香、味、形等）。

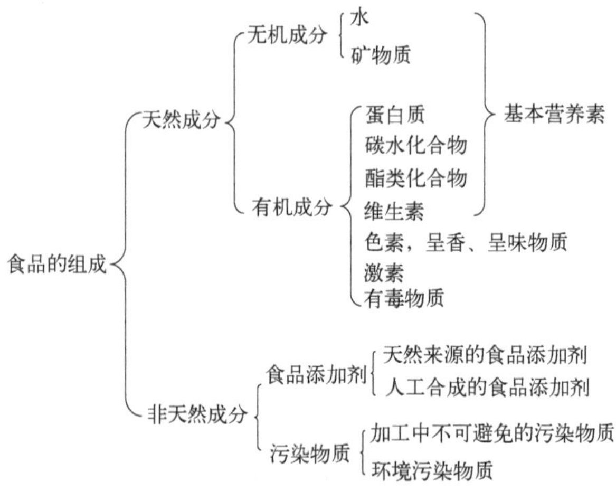

图 1-1　食品的组成

二、食品化学的发展历程

18 世纪末是食品化学发展的萌芽阶段，20 世纪初食品化学开始高速发展。食品化学的发展大致可归纳成四个阶段。

第一阶段，天然动植物化学成分的分离与分析阶段。这一时期食品化学知识的积累完全是依赖于基础化学学科的发展。瑞典药学家舍勒（Carl Wilhelm Scheele，1742—1786 年）分离和研究了乳酸的性质并把乳酸氧化制成了黏酸（1780 年），又从柠檬汁（1784 年）和醋栗（1785 年）中分离出柠檬酸，从苹果中分离出苹果酸（1784 年），还检测了 20 种水果中的柠檬酸和酒石酸（1785 年）等有机酸。他从植物和动物原料中分离各种化合物的工作被认为是在农业和食品化学方面研究的开端。法国化学家拉瓦锡（Antoine Laurent Lavoisier，1743—1794 年）首次测定了乙醇的元素组成（1784 年），发表了第一篇关于水果中有机酸的论文（1786 年），同时阐明了燃烧有机分析的原理，并首先提出用化学方程式表达发酵过程。法国化学家索绪尔（Nicolas Theodore de Saussure，1767—1845 年）为阐明和规范农业和食品化学的基本理论做了大量工作，他用干法灰化方法测定了植物中矿物质的含量，并首先完成了对乙醇元素组成的精确分析（1807 年）。法国化学家盖-吕萨克（Joseph Louis Gay-Lussac，1778—1850 年）和泰尔纳（Louis-Jacques Thenard，1777—1857 年）于 1811 年设计了定量测定干燥植物中碳、氢、氧、氮四种元素的方法。

第二阶段，英国化学家戴维（Davy，1778—1829 年）在 1813 年出版了第一本《农业化学原理》，论述了一些关于食品化学的内容。法国化学家谢弗勒尔（Michel Eugène Chevreul，1786—1889 年）发现并命名了硬脂酸和油酸。德国的 Hanneberg W. 和 Stohman F. （1860 年）发明了测定食品中主要成分的常规方法。

第三阶段，生物化学的发展推动了食品化学的发展。Jean Baptiste Duman（1800—1884 年）提出了仅由蛋白质、碳水化合物和脂肪组成的膳食不足以维持人类生命活动的论断。李比希（Justus von Liebig，1803—1873 年）将食品成分分为含氮（植物蛋白、酪蛋白等）和不含氮（脂肪、碳水化合物等）两类（1842 年），并于 1847 年出版了《食品化学的研究》。1906 年英国生物化学家霍普金斯（Frederick Gowland Hopkins）开展了一系列动物实验，证明牛奶中含有微量的能促进大鼠生长的物质，他当时称之为“辅因子”；他还从食品中分离出色氨酸并明确其结构。1911 年生物化学家冯克（Casimir Funk）从米糠和酵母中提取了抗脚气病的物质，并鉴别为胺类物质，命名为“Vitamine”，开始了维生素的研究。到 20 世纪前半期，化学家们发现了各种对人体有益的维生素、矿物质、脂肪酸和一些氨基酸，并对它们的性质和作用做了深入的分析。美国学者芬内马（Owen R. Fennema）对食品化学的发展做出了重要贡献，他编写的《食品化学》一书内容系统、充实，已被各国学者接受，特别是 1985 年、1996 年版本，作为经典教材被世界各国的高校广泛使用。

第四阶段，20 世纪初食品工业已成为发达国家和一些发展中国家的重要工业，大部分食品的组成已被化学家、生物学家和营养医学家探明，同时在 20 世纪 30～50 年代相继创立了具有世界影响的 *Journal of Agricultural and Food Chemistry* 和 *Food Chemistry* 杂志，标志着食品化学作为一门学科正式建立。

近年来，食品化学的研究领域逐渐拓宽，食品化学在新产品、新工艺、新技术和基础理论研究等方面都取得了很大的成就。目前食品化学的研究正向反应机理、风味物质的结构和性质的研究、特殊营养成分的结构和功能性质研究、食品材料的改性研究、食品现代和快速的分析方法研究、高新分离技术的研究、未来食品包装技术的化学研究、现代化贮藏保鲜技术和生理生化研究等方向发展。

第二节 食品化学的研究内容

食品化学的概念清晰地说明了本学科领域的研究方向。食品体系的组成及其成分之间的相互作用极为复杂，食品的加工、贮运、销售过程都可能影响食品的品质、安全、营养等，如食品的色香味等品质变化、有害成分的产生、组织状态、质构等方面的变化。因此，食品从原料生产到成品销售过程中可能发生的化学变化都是本学科的研究内容。

根据研究范围分类，主要包括食品营养成分、食品色香味化学、食品工艺化学、食品物理化学、食品有害成分化学。根据研究的对象分类，主要包括碳水化合物化学、油脂化学、蛋白质化学、辐照食品化学、食品酶学、转基因食品化学、添加剂化学、维生素化学、葡萄酒化学、矿物质元素化学、调味品化学、风味化学、色素化学、有毒有害物化学、功能成分化学等。

食品化学的基本研究内容主要有：①食品原料、产品的化学组成、营养价值、功能特性、感官品质、有毒有害物质和食品的质量与安全；②研究食品原料生产、加工、贮藏、运输和销售等过程中发生的化学变化以及这些变化给食品带来的质量和安全性方面的影响，阐明影响这些化学变化的环境因素、机理与控制措施；③分析和评价食品加工新技术、新方法、新工艺、新包装、新产品等的质量和安全性。近年来，在对食品中各种物质的组成、性质、结构、功能和相互作用机制，复杂的食品体系的营养性和享受性的化学本质，食品组分间的相互作用，寻找新的食品资源和食品原料中可再利用资源的化学基础，食品贮运与加工过程营养与品质变化规律，分子营养学、膳食结构与人体健康等领域的研究构成了食品化学的重要内容。随着科技的进步和基础学科在食品科学方面的应用，食品中有毒、有害化学成分的研究，已成为保障食品质量与安全的理论基础。食品化学在揭示食品与营养方面有了较快发展，如分子营养学、比较营养学等不断涌现。

第三节 食品中主要的化学变化

食品从原料生产、加工到销售的每个过程都会发生一些化学变化，表 1-1 列出了食品的加工过程可能发生的化学反应和生物化学反应。这些反应有些是食品加工所需要的，有些是在食品加工中必须避免的。无论何种化学反应都将对食品品质产生重要影响，如脂类水解和氧化产生的不良风味，热加工等激烈加工条件引起的油脂或碳水化合物的分解、聚合，光照引起的光化学变化，包装材料的某些成分迁移到食品中引起的变化等。这些变化中较重要的是脂类水解和氧化、蛋白质变性和交联、酶促和非酶促褐变、蛋白质水解、低聚糖和多糖水解、多糖合成、糖酵解和天然色素降解等。这些化学反应的发生将导致食品品质的改变或损害食品的安全（表 1-2）。

表 1-1 影响食品品质或安全性的一些化学反应和生物化学反应

反应种类	实例
非酶促褐变	焙烤食物的色、香、味的形成
酶促褐变	切开的水果迅速变色
氧化反应	脂肪产生异味、维生素降解、色素褪色、蛋白质营养价值降低
水解反应	脂类、蛋白质、维生素、碳水化合物、色素的水解
与金属反应	与花青素作用改变颜色、叶绿素脱镁变色、催化自动氧化
脂类的异构化反应	顺式不饱和脂肪酸→反式不饱和脂肪酸、非共轭脂肪酸→共轭脂肪酸
脂类的环化反应	产生单环脂肪酸
脂类的聚合反应	油炸中油泡沫的产生和黏稠度的增加
蛋白质的变性反应	卵清凝固、酶失活
蛋白质的交联反应	在碱性条件下加工蛋白质使其营养价值降低
糖的酵解反应	后动物组织和采后植物组织的无氧呼吸

表 1-2 食品贮藏或加工中发生化学变化的影响

初期变化	二次变化	对食品的影响案例
脂类发生水解	游离脂肪酸与蛋白质发生变化	质构、风味、营养价值
多糖发生水解	糖与蛋白质发生反应	质构、风味、色泽、营养价值
脂类发生氧化	氧化产物与食品中其他成分反应	质构、风味、色泽、营养价值、产生有毒物质
水果被破碎	细胞破碎，酶释放，氧气进入	质构、风味、色泽、营养价值

第四节 食品化学在食品工业及保障人类营养和健康的作用

食品从原料生产，经过贮藏、运输、加工到产品销售，每一个过程无不涉及一系列的化学和生物化学变化。有些变化会产生各种营养性和享受性成分，也有些变化会产生非需要的甚至是有害的成分。由此可见，食品化学在食品工业及保障人类营养和健康中有着重要的作用和特殊地位。

一、食品化学对食品工业技术发展的作用

现代食品向加强营养、保健、安全和享受性方向发展，食品化学的基础理论和应用研究成果，正在并继续指导人们依靠科技进步，健康而持续地发展基础食品工业、果蔬加工贮藏、肉品加工贮藏、饮料工业、乳品工业、焙烤工业、食品油脂工业、调味品工业、发酵食品工业、食品安全、食品检验、保健食品及非热加工等。实践证明，没有食品化学的理论指导就不可能有日益发展的现代食品工业。

基础学科研究成果在食品化学方面的应用促进了食品化学的发展，食品行业对美拉德（Millard）反应、焦糖化反应、自动氧化反应、淀粉的糊化与老化、多糖的水解与改性、蛋白质水解及变性、色素变色与褪色、维生素降解、金属催化、酶催化、脂肪水解与酶交换、脂肪热氧化分解与聚合、风味物质的变化、食品添加剂的作用机理、玻璃态转变与食品稳定性、非热加工与风味保存、有害成分化学性质及产生和食品原料采后生理生化反应等有了更深入的认识，为食品工业的发展注入了巨大活力。

二、食品化学对保障人类营养和健康的作用

19 世纪，蛋白质、糖类和脂肪三大营养素相继被发现。食品的最基本属性应具有安全性、营养性和享受性。因此，食品化学除研究安全性外，还应研究食品原料和最终产品中的营养成分和色、香、味、形的构成成分，以及加工和贮藏过程中它们的相互反应、对营养价值及享受性的影响。现代食品化学的责任不仅是要保证食品中的成分有益健康和享受性，而且要帮助和指导社会及消费者正确选择和认识食品的营养价值，以达到合理饮食。现今营养的概念已随着社会的发展和人类健康状况的变化发生了显著变化。从解决温饱问题转变为有效降低和控制主要疾病（如心脑血管疾病、癌症和糖尿病等）的风险、减少亚健康人群的比例，做到精准营养，并为特殊医学用途配方食品（简称特医食品）提供理论支持，这就给食品化学在新的历史时期提出了新的任务，从天然资源或食物中寻找具有重要生物活性的物质，研究和开发在一定时间内能有效降低或预防某些疾病发生的功能性食品。

随着生活水平的快速提高和电商的兴起，营养、速食、复热、预制菜等方面的食品化学研究对现代饮食和厨房革命发挥了重要作用。社会的进步对健康食品的要求也有别于过去，除了有益健康和预防疾病，还需具有食品的“享受”要素，达到营养、保健和风味的一体化。解决上述问题，同过去的食品化学在人类社会文明和科技进步的作用一样，也将有益于人类和谐社会的建设和国家经济的繁荣。反过来，社会文明和科技进步也将推动食品化学的发展。随着生物技术和食品加工、检测新技术的出现，更需要我们了解食品和加

工过程中的化学与安全问题，保证食品的质量与安全，提供公众需要的多样化且具有营养、享受及安全的食品。

关于危害人类健康的污染物质，是当今世界上共同关注的重要问题。微量和超微量化合物的分析与鉴定，对食品营养价值和享受价值及有害成分的控制、高质量食品的大量生产都是十分重要的。由此可见，食品化学的发展不仅与人类健康和文明息息相关，同时还指导消费者对食物的认知和选择，实现精准营养和健康饮食，这对于人类健康和社会和谐都大有裨益。

第五节 食品化学的研究方法

食品化学的研究方法与一般化学研究方法的共同点是通过试验和理论从分子水平上分析、探讨和研究物质的变化。食品化学的研究方法与一般化学研究方法的不同之处是食品化学把食品的化学组成、理化性质及变化同食品的品质和安全性研究联系起来，其研究的主要目的是阐明食品加工过程品质或安全性变化及如何防止或促进这些变化的发生，为食品实际生产加工提供依据。

食品生产是一个非常复杂的体系，食品在加工和贮藏过程中将发生许多复杂的变化，因此实际研究中通常采用一个简化的、模拟的食品体系，再将所得的试验结果应用于真实的食品体系，评价研究方法是否得当并修正。食品化学研究包括试验研究和理论研究。试验研究包括理化试验和感官试验。理化试验主要是对食品进行成分分析和结构分析，包括营养成分、有害成分、色素、风味物质等；感官试验是通过人的直观检评分析食品的质构、风味和颜色的变化等。根据研究结果和资料分析建立预测这些反应对食品品质和食品安全性影响的模型，再通过实际加工验证。在这些研究的基础上再进行反应动力学研究，可以更加深入地了解反应机理和探索影响反应的各种因素，以便为控制这种反应奠定理论依据和寻求控制方法。

上述的食品化学研究成果将为食品产品的生产和贮运提供配方、生产工艺、加工参数、贮存参数等理论和技术依据，进而实现对食品的科学合理生产，为人们提供安全、营养的食品产品。

思考题

1. 食品化学的基本概念是什么？
2. 食品化学课程能学到哪些知识和能力？
3. 食品中主要的化学变化以及对食品品质和安全性的影响有哪些？
4. 食品化学研究方法的特点是什么？

参考文献

［1］ Belitz H D，Grosch W，Schieberle P.Food Chemistry. 4th ed. Berlin・Heidelberg：Springer-Ver Lag，2009.

［2］ 阚建全. 食品化学. 2 版. 北京：中国农业大学出版社，2008.

［3］ 谢笔钧. 食品化学. 2 版. 北京：科学出版社，2004.

［4］ 赵新淮. 食品化学. 北京：化学工业出版社，2006.

［5］ 汪东风，等. 食品化学. 4 版. 北京： 化学工业出版社，2023.

［6］ 迟玉杰. 食品化学. 北京：化学工业出版社，2012.

第二章
水　分

弱碱性小分子团营养水、直饮式弱碱性小分子水净化器、六分子水……眼下，各种高端瓶装水、饮水机等不断涌现，喝水也打起了保健治病的小分子团水新概念。小分子水究竟是什么？它真的有宣传得那么有用吗？

生活中有时会发现放在家用冰箱里冷冻的食物时间长了也会坏掉，这是为什么？

为什么晒干的蔬菜泡发后与新鲜蔬菜相比质地相对较硬？

为什么要学习本章？

除食用油外，一般食品中都含有水分。水分在食品中的含量、分布、状态决定了食品的色、香、味、形等特性，从而影响食品的营养性、安全性和享受性。

第一节　概　述

水分是食品的重要组成成分之一（表 2-1）。食品体系中的水除了直接参与水解反应外，还作一种溶剂溶解和分散各种不同分子量的物质（如蛋白质、多糖、脂类、盐类等），在食品加工过程中，水还具有膨润、浸透、均匀化等功能。水不仅影响着食品的结构、外观、质地、风味、新鲜程度，还决定了食品的溶解度、硬度、流动性等性质。因此，改变食品中水分含量或活度的工艺，可改变食品的质量或货架期。

从食品贮藏性来看，水分对食品微生物的活动产生很大影响，较高的水分含量有利于微生物的生长繁殖，易造成食品的腐败变质；水分还与食品中营养成分的变化、风味物质的变化以及外观形态的变化有密切关系。蛋白质的变性、脂肪的氧化酸败、淀粉的老化、维生素的损失、香气物质的挥发、色素的分解等都与水分相关。因此，在食品贮藏加工过程中的诸多技术，很大程度上都是针对食品中水分。如大多数新鲜食品和液态食品，其水分含量都较高，只要采取有效的贮藏方法限制水分所参与的各类反应或降低其活度就能够延长保藏期：新鲜蔬菜的脱水和水果加糖制成蜜饯等工艺就是降低水分活度以提高贮藏期；面包加工过程加水是利用水作为介质，通过水与其他成分的作用，生产出美味可口的产品。

表 2-1　部分食品的含水量

食品	含水量/%	食品	含水量/%
面粉	10～13	香蕉、苹果、樱桃、梨、葡萄、猕猴桃、桃	80～90
面包	35～45	西红柿、大白菜	90～95
饼干	3～8	胡萝卜、马铃薯	80～85
猪肉	53～60	牛奶	87
牛肉	50～70	果冻、果酱	15
鸡肉	70～74	人造奶油	15
鱼肉	65～81	食用油	0

第二节　水和冰的结构和物理性质

一、水的结构和性质

1. 水分子的结构

气态水在自然界中以单分子水的形式存在，水的分子式是 H_2O，水分子中氧的 6 个价电子参与杂化，形成 4 个 sp^3 杂环轨道，单分子水有近似四面体的结构（图 2-1），四个定点中有两个被氢原子占据，其余两个为氧原子的两对孤对电子占有，其中 2 个杂化轨道与 2 个氢

原子结合成两个 σ 共价键，另两个杂化轨道呈未键合电子对，两个 H—O—H 键的夹角为 104.5°。

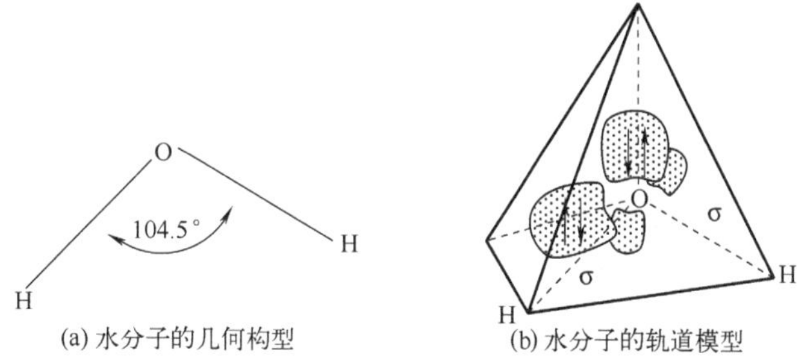

图 2-1 水分子结构示意图

2. 水分子的缔合作用

液态水中，若干水分子缔合成（H_2O）$_n$的水分子簇。由于水分子中氧原子电负性大，使得 O—H 键的氢原子端带正电，氧原子端带负电，整个水分子发生偶极化，形成偶极分子。偶极分子之间异电荷端产生静电吸引力，使水分子相互靠近，产生氢键（键能约为 2～40 kJ/mol）而形成缔合结构。一个水分子可以与邻近的4 个水分子形成 4 个氢键，其中一个水分子中氧原子的两对孤对电子与邻近的两个水分子的氢原子生成两个氢键，同时这个水分子可以给出两个氢原子与另外两个水分子中的氧原子的两对孤对电子生成两个氢键，形成如图 2-2 所示的四面体结构。因此，水分子与 NH_3 相比具有高熔点、高沸点、高比热容和相变焓、高介电常数。

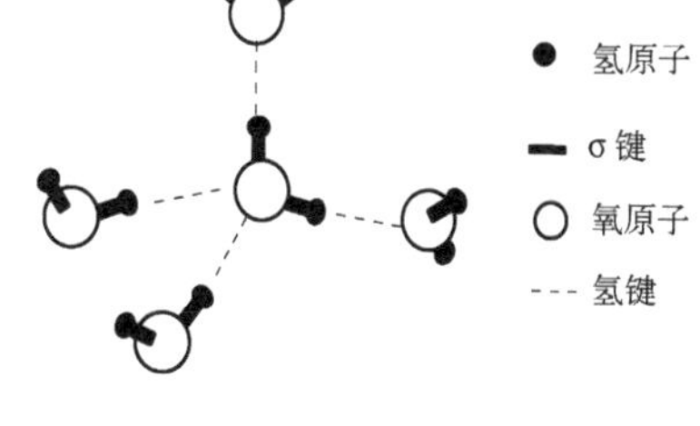

图 2-2 水分子配位结合形成的正四面体结构示意图

不同水分子之间会通过氢键作用，将水分子按一定方向、一定结构排列在一起形成一个很大很大的水分子团，即氢键键合作用。水分子团结构是一种动态结合，即因水的流动、摇动或温度等原因，不断有水分子加入某个或大或小的水分子团，又有水分子离开该水分子团。静止的水可以形成一个很大的水分子团，但经振动又可变成很多较小的、大小不等的水分子团，中间的过程就是单个水分子之间氢键的断裂与重新键合。因此，瓶装水中水分子团的大小是处于一个不断变化的过程，并不是固定不变的。水喝到胃中后，由于胃内的温度、pH、离子浓度等影响，喝下去的水分子团大小也会有很大变化。

温度对氢键的键合程度影响较大，在 0 ℃时冰中水分子的配位数为 4，最邻近的水分子间的距离为 2.76 Å（1 Å=0.1 nm），当温度上升，冰融化成水时，邻近的原子距离增大。例如 0 ℃时为 2.76 Å、1.5 ℃时为 2.90 Å、83 ℃时为 3.05 Å。邻近的原子距离增大会减小水的密度。但随着温度上升，水的配位数增多，如 0 ℃时为 4.0、1.5 ℃时为 4.4、83 ℃时为 4.9。配位数的增多可提高水的密度。综合原子距离和配位数对水的密度影响，冰在转变成水时，净密度增大，当继续升温至 3.98 ℃时密度可达到最大值，但随着温度继续上升密度开始逐渐下降。显然，温度在 0 ℃和 3.98 ℃之间水分子的配位数相对增大较多，而 O—H—O 距离又相对增加不多，所以在 3.98 ℃时，水的密度最大。

二、冰的结构和性质

冰是由水分子靠氢键有序排列形成的结晶，它具有非常“疏松”（低密度）的大而长刚性结构（图 2-3），相比液态的水则是一种短而有序的结构，因此水的比热容较大。最邻近的水分子的 O—O 核间距为 2.76 Å，O—O—O 键角约为 109°，十分接近理想四面体的键角 109° 28′。从图 2-3 可以看出，每个水分子能够缔合另外 4 个水分子（配位数为 4），即 1、2、3 和 W′，形成四面体结构。

目前，已经发现了超过 20 种不同形态的冰，从立方冰到钻石里的“冰 7”，再到结冰的火焰“冰 18”，每一种冰的形态都揭示了冰的神奇和多样性，但是在常压和 0 ℃时，只有普通正六方晶系的冰晶体是稳定的。食品中由纯粹的水结冰是不存在的，食品中溶质的数量和种类对冰晶的数量、大小、结构、位置和取向都有影响。当有溶质存在时冰的结构就会变化，如六方型的、不规则树枝状的、粗糙球状的结构等。此外，还存在各种各样中间形式的结晶。

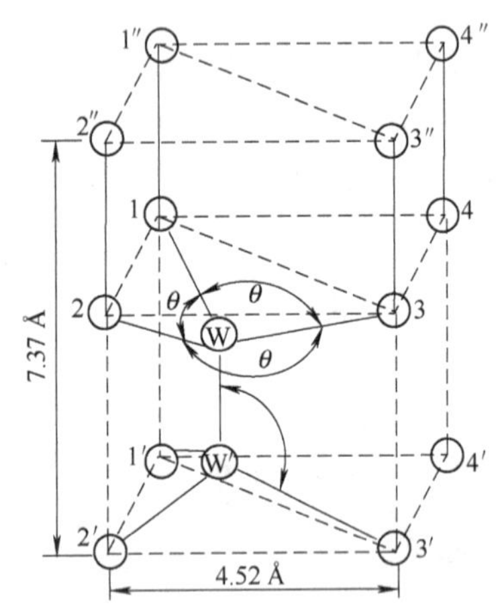

图 2-3　0 ℃时普通冰的晶胞

1 Å=0.1 nm

食品缓慢冷冻时由于大量的水慢慢冷却，有足够的时间在冰点温度产生异相成核，形成粗大的晶体结构。若冷却速度很快，就会发生很高的过冷现象，则很快形成晶核，但由于晶核增长速度相对较慢，就会形成细微的结晶结构，所以食品速冻对食品品质影响较小。

从营养学角度来看，食品速冻要好于食品缓冻。食品速冻后形成冰晶的体积较小，不会大幅度地刺破食物的细胞壁，食品解冻时不会使内部营养物质损失掉；不会因细胞内的酶溶出，影响食品的色和味；不容易被微生物污染，影响食品的安全性。因此现代冻藏工艺提倡速冻，可以很好地保持食品的品质。

由于食品成分复杂，含有一定水溶性成分，将使食品的结冰温度（冻结点）降低。大多数天然食品的初始冻结点在−2.6～−1.0 ℃，并且随冻结量增加冰冻结点持续下降到更低，直到食品达到低共熔点。食品的低共熔点在−65～−55 ℃，而我国冻藏食品的温度常为−18 ℃。因此，冻藏食品的水分实际上并未完全凝结固化，特别是食品中脂类含量较高时即使将食物放入冰箱冷冻，也很难将其冻结。尽管如此，在这种温度下绝大部分水已冻结，并且是在−4～−1 ℃之间完成大部分冰的形成过程。

虽然对有关冰晶的分布与冷冻食品质量的关系还不十分了解，但是食品在冷冻时，由于水转变成冰时可产生“浓缩效应”，即食品体系中有一部分水转变为冰时溶质的浓度相应增加，同时 pH、离子强度、黏度、渗透压、蒸气压及其他性质也会发生变化，从而会影响食品品质。“浓缩效应”可以导致蛋白质絮凝、鱼肉质地变硬、化学反应速率增加等不良变化，甚至一些酶在冷冻时被激活，从而对食品的品质产生影响，这些在具体食品加工中需注意。

此外，冰的热扩散系数和导热系数都比水大，冰的热导率是水的4倍，冰的热扩散系数约为水的9倍；而且解冻时，覆盖在表面的水会形成冷空气保护区，阻碍热量的传递，导致解冻速度较慢。因此食品冻结速度要比食品解冻速度快。

知识拓展

2003年，瑞典皇家科学院决定将诺贝尔化学奖授予彼得•阿格雷（Peter Agre）与罗德里克•麦金农（Roderick MacKinnon）以奖励他们在细胞膜之间的"通道"方面的发现，阿格雷教授与麦金农教授分别因为发现了水通道，以及离子通道的结构与机械性研究而被授奖。阿格雷教授发现了细胞膜水通道，即细胞膜中存在一个2 nm的空隙，仅容许4～6个水分子进入皮肤真皮层的细胞中，参与生命活动。

第三节 食品中水的存在形态

除食用油外，其他食品都含有水和非水成分，有些非水成分是含具有亲水性的羧酸或糖基，有些是含有具有疏水性的长链烷基等。亲水性成分靠离子-偶极或偶极-偶极相互作用同水发生强烈作用，因而改变了水的结构和流动性，以及亲水性物质的结构和反应性。疏水性成分的疏水基团与邻近的水分子仅产生微弱的相互作用，邻近疏水基团的水比纯水的结构更为有序，疏水基团产生聚集，发生疏水相互作用。由此可见，水与非水成分可以通过多种形式相互作用。

一、水与溶质的相互作用

1. 水与离子和离子基团的相互作用

离子或离子基团（Na^+，Cl^-，—COO^-，—NH_3^+）通过自身的电荷可以与水分子偶极子产生相互作用，这种作用通常被称为离子水合作用。因此，在水中添加可解离的溶质，会使纯水靠氢键键合形成的四面体排列的正常结构遭到破坏。

在不同的稀盐溶液中，离子对水结构的影响是不同的，某些离子，例如K^+、Rb^+、Cs^+、NH_4^+、Cl^-、Br^-、I^-、NO_3^-和BrO_3^-等，具有破坏水的网状结构效应，其中K^+的作用很小，而大多数是电场强度较弱的负离子和离子半径大的正离子，可以阻碍水网状结构的形成，这类盐的流动性比纯水更大。另一类电场强度较强、离子半径小的离子，或多价离子，它们有助于水形成网状结构，因此这类离子的水溶液比纯水的流动性小，例如Li^+、Na^+、H_3O^+、Ca^{2+}、Ba^{2+}、Mg^{2+}、Al^{3+}、F^-和OH^-等。实际上，从水的正常结构来看，所有的离子对水的结构都起破坏作用，它们都能阻止水在0 ℃下结冰。

离子的效应除了对水结构有很大的影响，还会通过它们对水结合能力的不同，影响水的介电常数及胶体粒子周围双电层的厚度。此外，水对其他非水溶质和悬浮物质的相容程度影响也很显著。离子的种类和数量同样也影响蛋白质的构象和胶体的稳定性。

2. 水与具有氢键键合能力的中性基团的相互作用

食品中蛋白质、淀粉、果胶等成分含有大量的极性基团（如羟基、氨基、巯基、亚氨基、酰胺等），它们可与水分子通过氢键键合。不同种类有机分子的不同极性基团与水形成的氢键牢固程度也不尽相同。蛋白质多肽链中赖氨酸和精氨酸侧链上的氨基，天冬氨酸和谷氨酸侧链上的羧基，肽链两端的羧基和氨基，以及果胶中未酯化的羧基，它们与水形成的氢键，键能大，结合得牢固。而蛋白质中的酰氨基，淀粉、果胶、纤维素等分子中的羟基，它们与水形成的氢键，键能小，结合得不牢固。另外，在生物大分子的两个部位或两个大分子之间，由于存在可产生氢键作用的基团，于是在生物大分子如蛋白质之间可形成由几个水分子所构成的“水桥”。

凡能够产生氢键键合的溶质都可以强化纯水的结构，至少不会破坏这种结构。然而在某些情况下，溶质氢键键合的部位和取向在几何构型上与正常水不同，因此，这些溶质通常对水的正常结构也会产生破坏。像尿素这种小的氢键键合溶质，由于几何构型原因，对水的正常结构有明显的破坏作用。同样，大多数氢键键合溶质都会阻碍水结冰。但当体系中添加具有氢键键合能力的溶质时，每摩尔溶液中的氢键总数，可能由于已断裂的水-水氢键被水-溶质氢键所代替，不会明显地改变。通过氢键结合的水，其流动性较小。

3. 水与非极性物质的相互作用

（1）疏水水合 把疏水物质如含有非极性基团（疏水基）的烃类、脂肪酸、氨基酸以及蛋白质加入水中，由于极性的差异造成体系的熵减少，在热力学上是不利的（$\Delta G>0$），此过程称为疏水水合。疏水基团与水分子产生斥力，从而使疏水基团附近的水分子之间的氢键键合增强，使得疏水基团邻近的水形成特殊的结构，水分子在疏水基团外围定向排列，导致熵减少。水对于非极性物质产生的结构形成响应，其中有两个重要的结果：笼状水合物的形成和蛋白质中的疏水相互作用。

（2）笼状水合物 笼状水合物代表水对疏水物质的最大结构形成响应。笼状水合物是冰状包合物，其中水为“主体”物质，通过氢键形成笼状结构，物理截留另一种被称为“客体”的分子。笼状水合物的“主体”由20～74个水分子组成；“客体”是低分子量化合物，典型的客体包括低分子量的烃类及卤代烃、稀有气体、SO_2、CO_2、环氧乙烷、乙醇、短链的伯胺、仲胺及叔胺、烷基铵等。“主体”和“客体”大小相似，“主体”与“客体”之间相互作用往往涉及弱的范德瓦尔斯力，但有些情况下为静电相互作用。此外，分子量大的“客体”如蛋白质、糖类、脂类和生物细胞内的其他物质也能与水形成笼状水合物，使水合物的凝固点降低。一些笼状水合物具有较高的稳定性。

笼状水合物的微结晶与冰的晶体很相似，但当形成大的晶体时，原来的四面体结构逐渐变成多面体结构，在外表上与冰的结构存在很大差异。笼状水合物晶体在0 ℃以上和适当压力下仍能保持稳定的晶体结构。现已证明生物物质中天然存在类似晶体的笼状水合物结构，它们很可能对蛋白质等生物大分子的构象、反应性和稳定性有影响。笼状水合物晶体目前尚未商业化开发利用，在海水脱盐、溶液浓缩、防止氧化、可燃冰（甲烷的水合物）等方面有很好的应用前景。

（3）疏水相互作用　疏水相互作用是指疏水基团尽可能聚集在一起以减少它们与水的接触。这是一个热力学上有利的过程（$\Delta G<0$），是疏水水合的部分逆转。

疏水相互作用对于维持蛋白质分子的结构发挥重要的作用。大多数蛋白质中，40%的氨基酸具有非极性侧链，如丙氨酸的甲基、苯丙氨酸的苯基、缬氨酸的异丙基、半胱氨酸的巯甲基、异亮氨酸的仲丁基和亮氨酸的异丁基等可与水产生疏水相互作用，而其他化合物如醇、脂肪酸、游离氨基酸的非极性基团都能参与疏水相互作用，但后者的疏水相互作用不如蛋白质的疏水相互作用重要。

蛋白质的水溶液环境中尽管产生疏水相互作用，但它的非极性基团大约有 1/3 仍然暴露在水中，暴露的疏水基团与邻近的水除了产生微弱的范德瓦尔斯力外，它们相互之间并无吸引力，疏水基团周围的水分子对正离子产生排斥，吸引负离子。如果蛋白质暴露的非极性基团太多，就很容积聚集冰产生沉淀。

4. 水与双亲分子的相互作用

水也能作为双亲分子的分散介质。在食品体系中这些双亲分子是指脂肪酸盐、蛋白脂质、糖脂、极性脂类和核酸等。双亲分子的特征是在同一分子中同时存在亲水基团和疏水基团（图 2-4）。水与双亲分子亲水部位羧基、羟基、磷酸基、羰基或一些含氮基团的缔合导致双亲分子的表观“增溶”。双亲分子可在水中形成大分子聚合体，即胶团。参与形成胶团的双亲分子数有几百到几千（图 2-4）。从胶团结构示意图可知，双亲分子的非极性部分指向胶团的内部，而极性部分定向到水环境。

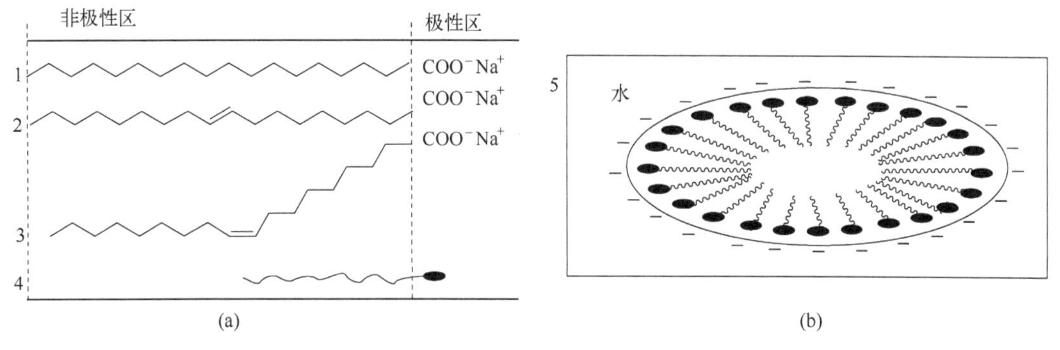

1～3——双亲脂肪酸盐的各结构；4——双亲分子的一般结构；5——双亲分子在水中形成的胶团结构

图 2-4　水与双亲分子作用示意图

二、水的存在状态

食品中存在着多种成分，水分与非水成分之间发生着多种状态。一般可将食品中的水分为自由水（或称游离水、体相水）和结合水。

1. 结合水

结合水通常是指存在于溶质或其他非水成分附近的、与溶质分子之间通过化学键结合的那部分水，又称束缚水或固定水。这些水在-40 ℃下不会结冰，不能作为溶剂。根据结合水被结合的牢固程度，结合水可细分为以下形式：

① 化合水是指那些结合最牢固的、构成非水物质组成的那些水，又称组成水。如它们存在于蛋白质的空隙区域内或者成为化学水合物的一部分。这些水在-40 ℃下不会结冰，不能作为溶剂，不能被微生物利用，在高水含量食品中占很小比例。

② 邻近水是指在非水成分中亲水基团周围结合的第一层水，包括单分子层水和微毛细管中的水，又称单层水。与离子或离子基团缔合的水是结合最紧密的邻近水。水与它们的结合力主要有水-离子和水-偶极缔合作用，其次是一些具有呈电离或离子状态的基团与水形成的水-溶质氢键力。

③ 多层水是指位于上述第一层的剩余位置的水和邻近水的外层形成的几个水层。多层水主要靠水-水和水-溶质间氢键而形成。尽管多层水不像邻近水那样牢固地结合，但仍然与非水组分结合得较为紧密，且性质也发生明显的变化，所以与纯水的性质也不相同。这些水在-40 ℃下仍不会结冰，即使结冰冰点也大大降低，溶剂能力部分降低。

因此，这里所指的结合水包括化合水和邻近水以及几乎全部多层水。由上可知，结合水通常是指在于溶质或其他非水组分附近的那部分水，它与同一体系中的体相水比较，分子的运动减小，并且使水的其他性质明显发生改变。

2. 自由水

自由水又称游离水或体相水，是指与非水组分靠物理作用结合的那部分水。它又可分为 3 类：不移动水或滞化水、毛细管水和自由流动水。滞化水是指被组织中的显微和亚显微结构与膜阻留住的水，这些水不能自由流动，所以称为不可移动水或滞化水。例如一块重 100 g 的动物肌肉组织中，总含水量为 70～75 g，含蛋白质 20 g，除去近 10 g 结合水外还有 60～65 g 水，这部分水中极大部分是滞化水。毛细管水是指在生物组织的细胞间隙、制成食品的结构组织中存在的一种由毛细管力截留的水，在生物组织中又称为细胞间水，其物理和化学性质与滞化水相同。而自由流动水是指动物的血浆、淋巴和尿液，植物的导管和细胞内液泡中的水，因为都可以自由流动，所以叫自由流动水。

游离水具有普通水的性质，容易结冰，可作为溶剂，利用加热的方法可从食品中分离，可以被微生物利用，与食品的腐败变质有重要的关系，因而直接影响食品的保藏性。食品是否易被微生物污染并不决定于食品中水分的总含量，而仅决定于食品中游离水的含量。

综上，食品中结合水和自由水的性质区别在于：①食品中结合水与非水成分缔合强度大，其蒸气压也比自由水的低得多，随着食品中非水成分的不同，结合水的量也不同，要想将结合水从食品中除去，需要的能量比除去自由水要多得多，且如果强行将结合水从食品中除去，食品的风味、质构等性质也将发生不可逆的改变。②结合水的冰点比自由水的低得多，这也是植物的种子及微生物孢子由于几乎不含自由水，可在较低温度生存的原因之一；而多汁的果蔬，由于自由水较多，所以冰点相对较高，易结冰破坏其组织。③结合水不能作为溶质的溶剂。④自由水能被微生物所利用，结合水则不能，所以自由水较多的食品易腐败。

第四节　水分活度与食品稳定性的关系

一、水分活度

1. 水分活度的定义

食品中水分含量与食品的腐败变质存在着一定的关系，而食品的腐败变质与微生物的生长及食品中的化学变化密切相关。仅以水分含量作为判断食品稳定性的指标是不全面的。因为种类不同但含水量相同的食品，其腐败变质的难易程度也存在显著的差异；另外水与食品中非水组分作用后处于不同的存在状态，与非水成分结合牢固的水被微生物或化学反应利用程度降低。因此，人们逐渐认识到食品的品质和贮藏性与水分活度有更密切的关系。

水分活度（water activity）是指食品中水的蒸气压与同温下纯水的饱和蒸汽压的比值。可用下式表示：

$$a_w = \frac{p}{p_0} \tag{2-1}$$

式中，a_w为水分活度；p为食品在密闭容器中达到平衡时的水蒸气分压，即食品上空水蒸气的分压力，一般来说p随食品中易被蒸发的游离水含量的增多而加大；p_0为在相同温度下纯水的饱和蒸汽压，可从有关手册中查出。

若把纯水作为食品来看，其水蒸气分压p和p_0值相等，故$a_w=\frac{p}{p_0}=1$。然而，一般食品不仅含有水，还含有非水组分，食品的蒸气压比纯水小，即总是$p<p_0$，故$0<a_w<1$。

除了以上水分活度的定义式外，水分活度还有另外一些表达式。可用式（2-2）表示：

$$a_w = \frac{f}{f_0} = \frac{ERH}{100} \tag{2-2}$$

式中，f为食品中水的逸度（溶剂从溶液中逸出的程度），f_0为相同条件下纯水的逸度，ERH为食品的平衡相对湿度。

通过上式可以看出，水分活度从微观上表示食品中水与非水组分之间作用力的强弱，当f很大时，说明水很容易从食品中逸出，表明水与非水组分之间作用力小。所以，a_w越大，食品中水与非水组分作用力越小；相反，a_w越小，食品中水与非水组分作用力越大，它们之间的结合越紧密。该式计算水分活度，只有当样品与环境湿度达到平衡，数值上相等时，才可应用。

根据拉乌尔（Raoult）定律，对于理想溶液而言，也可推导出水分活度的表达式（2-3）：

$$a_w = N = \frac{n_1}{n_1 + n_2} \tag{2-3}$$

式中，N 为溶剂（水）的摩尔分数；n_1 为溶剂的物质的量；n_2 为溶质的物质的量。n_2 可通过式（2-4）进行计算：

$$n_2 = \frac{G\Delta T_\mathrm{f}}{1000 \times K_\mathrm{f}} \tag{2-4}$$

式中　G——样品中溶剂的质量，g；

ΔT_f——冰点下降的温度，℃；

K_f——水的摩尔冰点下降常数。

2. 水分活度与温度的关系

在水分活度的表达式中，p 和 p_0 等都是温度的函数，因而水分活度也是温度的函数。克劳修斯-克拉贝龙（Clausius-Clapeyron）方程式表达了 a_w 与温度之间的关系：

$$\frac{\mathrm{d}(\ln a_\mathrm{w})}{\mathrm{d}(1/T)} = \frac{-\Delta H}{R} \tag{2-5}$$

式中，T 为热力学温度，K；R 为气体常数，J/(mol·K)；ΔH 是在样品的水分含量下等量净吸附热（纯水的汽化潜热），J。

整理此式，可推导出以下方程：

$$\ln a_\mathrm{w} = \frac{-kT\Delta H}{R} \tag{2-6}$$

k 是样品中非水物质的本质和浓度的函数，也是温度的函数，但是在样品一定和温度变化范围较窄的情况下 k 为常数，可由式（2-7）表示：

$$k = \frac{\text{样品的热力学温度} - \text{纯水的蒸气压力为}p\text{时的热力学温度}}{\text{纯水的蒸气压力为}p\text{时的热力学温度}} \tag{2-7}$$

从以上方程得知 $\ln a_\mathrm{w}$-T 为线性关系，$\ln a_\mathrm{w}$ 和 T 两者之间并在一定温度范围内有良好的线性关系，而且 a_w 对温度的相依性是含水量的函数。当温度升高时，随之升高，这对密封在袋内或罐内食品的稳定性有很大的影响。

温度不变时，随着食品含水量的增加，a_w 也随之增加，而食品含水量由非水组分决定；食品含水量一定时，温度升高，a_w 随之增加。所以冰点以上温度时食品的 a_w 受食品组成和温度影响，并以食品的组成为主。

低于冰点温度时，食品发生冻结。纯水的蒸气压用纯的过冷水的蒸气压表示，食品中有冰，所以食品内水的蒸气分压用纯冰的蒸气压表示。冰点以下食品的 a_w 应按式（2-8）计算：

$$a_\mathrm{w} = \frac{p_{ff}}{p_{0(scw)}} = \frac{p_\mathrm{ice}}{p_{0(scw)}} \tag{2-8}$$

式中，p_{ff} 是部分冷冻食品中水的分压，$p_{0(\mathrm{scw})}$ 是纯的过冷水的蒸气压，p_ice 是纯冰的蒸气压。

综上分析，在冰点以上和冰点以下温度时，食品水分活度的影响因素不同，因此在冰点以下的 a_w 数据不能用于预测冰点以上的相同的 a_w。也不能根据 a_w 说明在冻结温度以下对食品体系组成化学、生物变化的影响，因为此时低温下的化学反应、微生物繁殖等均很慢，所以 a_w 一般应用于在冻结温度以上的体系中表示其对各种变化的影响行为。对冷冻食品来讲，水分活度的意义就不是太大。例如某含水的食品在–15 ℃时水分活度等于 0.86，在此低温下微生物不能生长繁殖，化学反应也基本不能进行，因此食品很稳定。但在 20 ℃，水分活度仍为 0.86 时，微生物则迅速生长，化学反应也较快地进行，此时食品很不稳定。

3. 水分活度的测定

水分活度的测定是食品保藏性能研究总经常采用的一个方法，目前对食品水分活度的测定一般采用物理或化学方法，常用的方法主要有水分活度仪测定、恒定相对湿度平衡室法、相对湿度传感器测定法及冰点测定法。另外，还有化学法，该方法利用与水不相溶的有机溶剂（一般采用高纯度的苯）萃取样品中的水分，在苯中水的萃取量与样品的水分活度成正比，通过卡尔•费休测定法测定样品萃取液中的含水量，再通过与纯水萃取液滴定结果比较后，计算出样品中的水分活度。

水分活度的测定方法中，康卫氏皿扩散法属于实验室物理测定法，是《食品安全国家标准 食品水分活度的测定》（GB 5009.238—2016）推荐的食品水分活度仲裁测量方法，该方法精确度较高，但步骤烦琐且耗时长。水分活度仪扩散法是《食品安全国家标准 食品水分活度的测定》（GB 5009.238—2016）推荐的另一种测定方法，借助于高灵敏度、高精度的传感器，结合数据处理得到所需的水分活度，数据精确，操作方便且处理时间短。

二、水分吸附等温线

1. 水分吸附等温线的定义

在一定温度条件下用来联系食品的含水量（用每单位干物质中的水分含量表示）与其水分活度的图称为水分吸附等温线（moisture sorption isotherm，MSI）。

MSI 对于了解以下信息是十分有意义的：①在浓缩和干燥过程中样品脱水的难易程度与相对蒸汽压（RVP）的关系；②应当如何组合食品才能防止水分在组合食品的各配料之间转移；③测定包装材料的阻湿性；④预测能够抑制微生物生长的水分含量；⑤预测食品的化学和物理稳定性与水分含量的关系；⑥不同食品中非水组分与水结合能力的强弱。因此了解食品中水分含量与水分活度之间的关系是十分有价值的。

图 2-5 是高含水量食品水分吸附等温线示意图，它包括从正常至干燥状态的整个水分含量范围的情况。这类示意图并不是很有用，因为对食品来讲有意义的数据是在低水分含量区域。把水分含量低的区域扩大和略去高水分区就得到一张更有价值的 MSI（图 2-6）。

一般来讲，不同的食品由于组成不同，其水分吸附等温线的形状是不同的，并且曲线的形状还与样品的物理结构、样品的预处理、温度、测定方法等因素有关。大多数食品的水分吸附等温线呈“S”形，而水果、糖制品、含有大量糖和其他可溶性小分子的咖啡提取物以及多聚物含量不高的食品的水分吸附等温线为“J”形。

为了便于理解水分吸附等温线的含义和实际应用，水分吸附等温线可分为 3 个区域（表 2-2）。当干燥的无水样品产生回吸作用而重新结合水时，其水分含量、水分活度就从区间Ⅰ（干燥）向区间Ⅲ（高水分）移动，水吸附过程中水的存在状态、性质有一定的差别。以下分别叙述各区间水的主要特性。

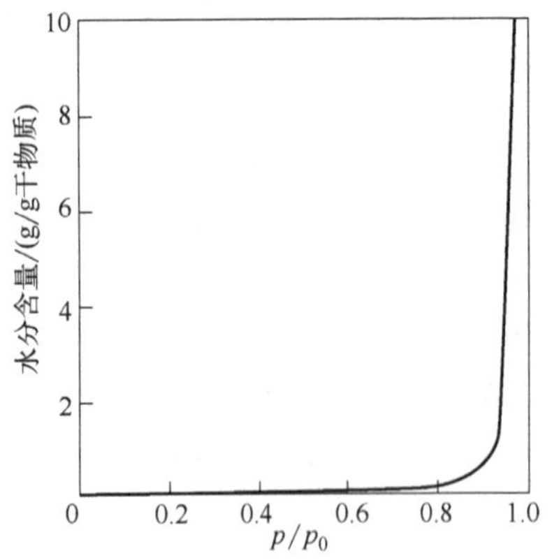

图2-5　广泛水分含量范围的水分吸附等温线

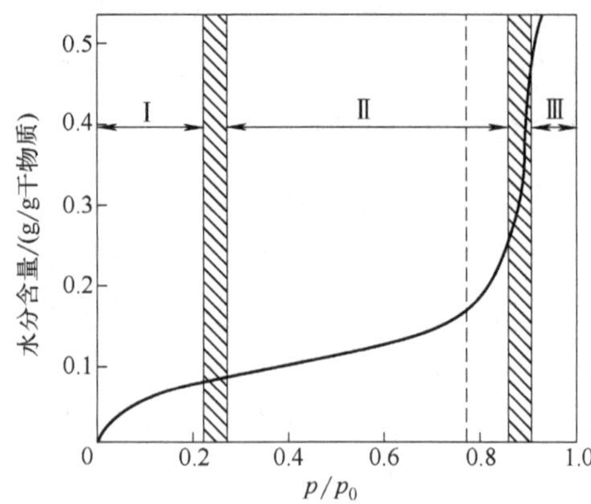

图2-6　低水分含量范围食品的水分等温线的一般形式（20 ℃）

表2-2　水分吸附等温线上不同区域水分特性

特性	Ⅰ区	Ⅱ区	Ⅲ区
a_w	0～0.25	0.25～0.85	>0.85
含水量/%	0～7	7～27.5	>27.5
冻结能力	不能冻结	不能冻结	正常
溶剂能力	无	轻微-适度	正常
水分状态	无单分子水层吸附；化学吸附结合水	多分子水层凝聚；物理吸附	毛细管水或自由流动水
微生物利用性	不可利用	开始利用	可利用

（1）Ⅰ区　a_w=0～0.25，相当于0～7%的含水量。Ⅰ区的水与溶质结合最牢固，它们是食品中最不容易移动的水，这种水依靠水-离子或水-偶极相互作用而强烈地吸附在极易接近的溶质的极性位置，其蒸发焓比纯水大得多。这类水在-40 ℃不结冰，也不具备作为溶剂溶解溶质的能力。食品中这类水不能对食品的固形物产生可塑作用，其行为如同固形物的组成部分。Ⅰ区的水只占高水分食品中总水量的很小一部分。

Ⅰ区和Ⅱ区边界线之间的区域称为“BET单层”，这部分水相当于食品中的单层水的水分含量，单层水可以看成是在接近干物质强极性基团上形成一个单分子层所需要的近似水量，如对于淀粉此含量为一个葡萄糖残基吸着一个水分子。这部分水对于维持干燥食品的稳定性具有很大的作用。

（2）Ⅱ区　a_w=0.25～0.85，相当于7%～27.5%的含水量。Ⅱ区的水包括区间Ⅰ的水和区间Ⅱ内增加的水，区间Ⅱ内增加的水占据固形物第一层的剩余位置和亲水基团周围另外几层的位置，这部分水是多层水。多层水主要靠水-水分子间的氢键作用和水-溶质间的缔合作用，同时还包括直径<1 μm的毛细管中的水。它们的移动性比游离水差一些，蒸发焓比纯水大，但相差范围不等，大部分在-40 ℃不能结冰。

Ⅱ区和Ⅲ区边界线之间的区域称为“真实单层”，这部分水能引发溶解过程，促使基质出现初期溶胀，起着增塑作用，引起体系中反应物流动，加速大多数反应的速率。在高水分含量食品中这部分水的比例占总含水量的5%以下。

（3）**Ⅲ区**　a_w>0.85，相当于大于27.5%的含水量。Ⅲ内的水包括Ⅱ区和Ⅰ区的水加上Ⅲ区增加的水，这部分水是游离水，它是食品中结合最不牢固且最容易移动的水。这类水性质与纯水基本相同，不会受到非水物质分子的作用，既可以作为溶剂，又有利于化学反应的进行和微生物生长。Ⅲ区内的游离水在高水分含量食品中一般占总含水量的95%以上。

虽然水分吸附等温线被人为地分为3个区域，但还不能准确地确定吸附等温线各个区间的分界线的位置，除化合水外等温线的每一个区间内和区间之间的水都能够相互进行交换。向干燥的食品内添加水时虽然能够稍微改变原来所含水的性质，如产生溶胀和溶解过程，但在区间Ⅱ内添加水时区间Ⅰ的水的性质保持不变，在区间Ⅲ内添加水时区间Ⅱ的水的性质也几乎保持不变。以上可以说明，对食品稳定性产生影响的水是体系中受束缚最小的那部分水，即游离水（体相水）。

2. 水分吸附等温线与温度的关系

由于水的活度与温度有关，所以水分吸附等温线也与温度有关。图2-7显示了土豆片在不同温度下的水分吸附等温线，从图中可以看出，水分含量相同时，温度升高导致水分活度a_w增加，MSI的图形也随温度的上升向高a_w方向迁移；水分活度a_w相同时，温度升高导致含水量减少。

3. 滞后现象

食品水分吸附等温线的绘制可采用回吸或解吸的方法进行。回吸等温线是把完全干燥的样品放置在相对湿度不断增加的环境里，根据样品增加的质量数据绘制而成；解吸等温线是把潮湿样品放置在同一相对湿度下，通过测定样品质量减轻数据绘制而成。这两条线在理论上应该是完全重合的，但实际上同一食品按照这两种方法制备的MSI图形并不一致，不互相重叠，这种现象称为滞后现象（图2-8）。从图2-8可以看出，a_w值一定时，解吸过程中食品的含水量大于回吸过程中食品的含水量。食品含水量一定时，回吸过程中食品的a_w大于解吸过程中的a_w。

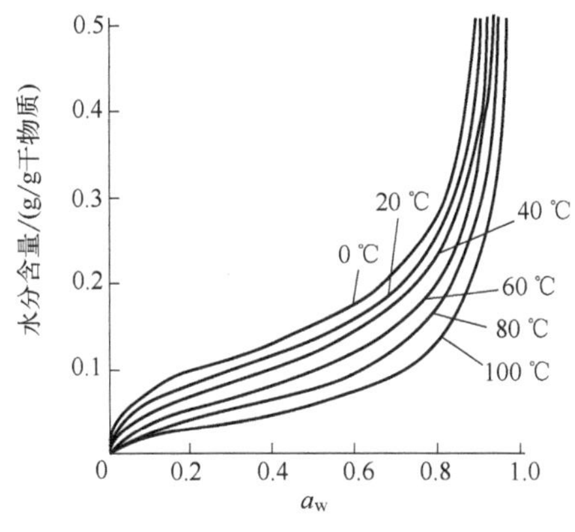

图2-7　不同温度下土豆的水分吸附等温线

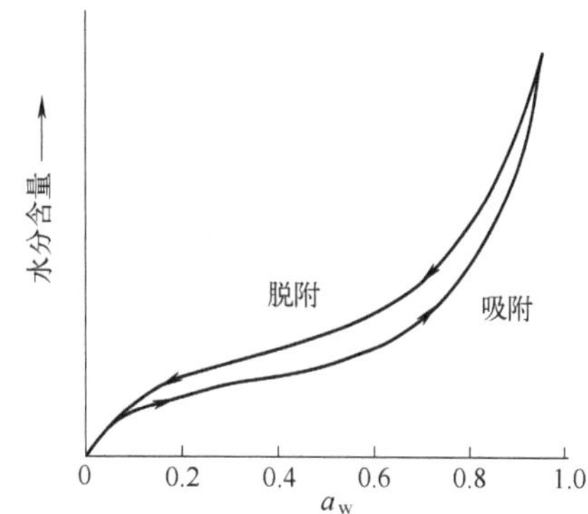

图2-8　等温线的滞后现象

造成滞后现象的原因主要有：①食品解吸过程中的一些吸水部位与非水组分作用而无法释放出水分；②食品形状不规则所产生的毛细管现象，欲填满或抽空水分需不同的蒸汽压（要抽出需 $p_{内}>p_{外}$，要填满即吸着时则需 $p_{外}<p_{内}$）；③解吸时食品组织发生改变，当再吸水时无法紧密结合水分，因此可导致较高的水分活度。也就是说在给定的水分含量时，回吸的样品比解析的样品有更高的 a_w 值。

食品种类不同，其组成成分也不同，滞后作用的大小、曲线的形状、滞后起点和终点等均不同，取决于食品的性质和食品除去或添加水分时所发生的物理变化，以及温度、解吸速率和解吸时的脱水程度等多种因素。

三、水分活度与食品稳定性

水分活度 a_w 对食品的贮藏稳定性有显著影响，主要表现在抑制或控制微生物在食品中的生长和繁殖、控制食品中油脂氧化的反应速度、影响食品中酶的活性、影响食品的质构、影响维生素及蛋白质等营养素的稳定。因此，通过选择合适的水分活度及湿度、pH 等条件，生产者可以控制微生物生长，进而制作全新风味食品，提高食品稳定性和安全性。

a_w 比水分含量能更好地反映食品稳定性，其原因与下列因素有关：①a_w 与微生物生长有更为密切的关系（表 2-3）；②a_w 与引起食品品质下降的诸多化学反应、酶促反应及质构变化有高度的相关性；③a_w 比水分含量更清楚地表示水分在不同区域移动情况；④MSI 图中所示的单分子层水的 a_w（0.20～0.30）所对应的水分含量是干燥食品的最佳要求；⑤a_w 比水分含量易测，且又不破坏试样。

1. 食品中水分活度与微生物生长的关系

表 2-3 表明了适合于各种普通微生物生长的 a_w 范围，由表中数据可知，大多数细菌需要在水活度 0.90 以上才能有效增殖，需要的 a_w 较高；而霉菌需要的 a_w 较低。在 a_w 低于 0.5 后，几乎所有的微生物都不能生长。因此，在食品生产和加工过程中，控制水分活度是确保食品质量和安全的重要手段之一。通过测量和控制食品的水分活度，可以制订有针对性的微生物控制方案，降低微生物污染的风险。

表 2-3 食品中 a_w 与微生物生长的关系

a_w 范围	一般能抑制的微生物	在 a_w 范围的食品举例
0.95～1.00	假单胞菌属、埃希氏杆菌属、变形杆菌属、志贺氏杆菌属、芽孢杆菌属、克雷伯氏菌属、梭菌属、产气荚膜杆菌、部分酵母菌	水果、蔬菜、肉、鱼、乳制品罐头、熟香肠和面包等极易腐败的新鲜食品，含约 40%（质量分数）蔗糖或 7%NaCl 的食品
0.91～0.95	沙门氏菌属、副溶血弧菌、肉毒杆菌、沙雷氏菌属、乳杆菌属、足球菌属、几种霉菌、酵母菌（红酵母属、毕赤酵母属）	奶酪、咸肉、火腿、某些浓缩果汁、含 55%（质量分数）蔗糖或含 12%NaCl 的食品
0.87～0.91	酵母菌（假丝酵母、汉逊氏酵母属、球拟酵母属）、微球菌属	发酵香肠、蛋糕、干奶酪、人造黄油及含 65%（质量分数）蔗糖或 15%NaCl 的食品
0.80～0.87	大多数霉菌（产霉菌毒素的青霉菌）、金黄色葡萄球菌、德巴利氏酵母	大多数果汁浓缩物、甜冻乳、巧克力糖、枫糖浆、果汁糖浆、面粉、大米、含 15%～17%水分的豆类、水果糕点、火腿、软糖

续表

a_w范围	一般能抑制的微生物	在a_w范围的食品举例
0.75～0.80	大多数嗜盐杆菌、产霉菌毒素的曲霉菌	果酱、马茉兰、橘子果酱、杏仁软糖、果汁软糖
0.65～0.75	嗜干性霉菌、双孢子酵母	含10%水分的燕麦片、牛轧糖块、勿奇糖（一种软质奶糖）、果冻、棉花糖、糖蜜、某些干果、坚果、蔗糖
0.60～0.65	嗜高渗酵母、部分霉菌（二孢红曲霉）	含水量15%～20%的干果，某些太妃糖和焦糖、蜂蜜
0.50～0.60	微生物不繁殖	含水量约12%的面条和水分含量约10%的调味品
0.40～0.50	微生物不繁殖	水分含量约5%的全蛋粉
0.30～0.40	微生物不繁殖	含水量为3%～5%的甜饼、脆点心和面包屑
0.20～0.30	微生物不繁殖	水分为2%～3%的全脂奶粉、含水分5%的脱水蔬菜、含水约5%的玉米花、脆点心、烤饼

知识拓展

腐乳又名豆腐乳、乳腐，也称酱豆腐，英文译名sufu。腐乳的生产工艺历史悠久，由我国首创。豆腐制成腐乳的起源在近一千五百年前的北魏末年，当时古书中就有记载“干豆腐加盐成熟后为腐乳”。《本草纲目拾遗》中又有“豆腐又名菽乳，以豆腐腌过酒糟或酱制者，味咸甘心”的记载。

腐乳是我国独特的用豆腐发酵制成的传统食品，民间用自然发酵，现代酿造厂家多采用纯菌种发酵。生产工艺基本为：大豆→浸泡→磨豆→滤浆→煮浆→点浆→压榨→切块→接种→前期发酵（培菌）→凉花→搓毛→腌坯→后期发酵→成熟。微生物在腐乳发酵中起着至关重要的作用，适用于腐乳生产的微生物主要是毛霉、根霉、曲霉等。其中毛霉是我国腐乳生产使用量最大、覆盖面最广的生产菌种。毛霉最适宜生长的条件为a_w=0.99，温度为25～30 ℃。

2. 食品中水分活度与化学及酶促反应关系

为了增强食品的贮藏稳定性，在许多场合下，采用一系列控制酶活性的措施来达到这一目的。食品中酶的来源多种多样，例如食品中的微生物分泌的胞外酶，食品中的内源性酶，在有的情况下人为添加的一些酶等。食品中内源性酶除在一些情况下（如组织破碎时细胞结构释放酶，或通过混合使反应底物与酶接触）有较大的活性，而在通常情况下这些酶的活性很弱或没有。水促进酶促反应主要通过以下途径：①水作为运动介质促进扩散作用；②稳定酶的结构和构象；③水是水解反应的反应物；④破坏极性基团的氢键；⑤从反应复合物中释放产物。在有的情况下，两个以上的因素可能会同时起作用。

一般来说，a_w＜0.80，大多数酶活力受抑制；a_w=0.25～0.30，淀粉酶、多酚氧化酶和过氧化物酶丧失活力；a_w=0.10，脂肪酶有活力。所以，当a_w降低到0.25～0.30的范围，就能减慢或阻止酶促褐变的进行。

3. 食品中水分活度与脂类氧化的关系

在极低的a_w范围内，脂类氧化速度随a_w增加而降低，因为最初添加到干燥样品中的水可以与来自自由基反应生成的氢过氧化物结合，并阻止其分解，从而使脂类自动氧化的初始速度减小，a_w=0.20～0.30 时脂类氧化速度最小。另外，在反应的初始阶段，这部分水还能与催化油脂氧化的金属离子发生水合作用，明显降低金属离子的催化活性。当向食品中添加的水超过Ⅰ区间和Ⅱ区间的边界时，随 a_w 的增加氧化速度增大，因为在等温线这个区间内增加水能增加氧的溶解度和大分子溶胀，使大分子暴露出更多的反应位点，从而使氧化速度加快。a_w＞0.85 时所添加的水则减缓氧化速度，这种现象是由于水对催化剂的稀释作用或对底物的稀释作用而降低催化效率所造成的。

4. 食品中水分活度与美拉德褐变的关系

当食品中 a_w 在 0.20 以下时，褐变反应停止；当食品中 a_w = 0.30～0.70 时，多数食品就会发生美拉德褐变反应；随着 a_w 增加，反应速度随之增加，a_w 增加到 0.60～0.70 之间时，褐变反应速度最快。但 a_w 继续增大，反应物被稀释，美拉德褐变速度下降。

a_w 值除影响化学反应和微生物生长外，对食品的质构也有重要影响。例如保持饼干、膨化爆米花和油炸马铃薯片的脆性，防止砂糖、奶粉和速溶咖啡结块，以及硬糖果、蜜饯等黏结，均应保持适当低的 a_w 值。干燥物质保持适宜特性的允许最大 a_w 范围为 0.35～0.50。反之，对于生鲜的果蔬，则需要较大 a_w 值。

知识拓展

几千前以前，人们就意识到天然高水分食物可以通过干燥来延长其贮藏寿命。最早是把食物在阳光下晾晒以除去水分，以后又有烟熏、盐腌、糖渍等食品保存方法。这些朴素的食物保存方法都是建立在经验的基础上。例如，早在汉代张骞出使西域时，胡饼就成为最受丝绸之路商旅们欢迎的食品之一。胡饼由小麦粉烙制而得，较低的水分活度使得微生物生长缓慢，适宜贮藏。《续汉书》记载“灵帝好胡饼，京师皆食胡饼”，至唐朝时胡饼在民间已十分风靡。类似的食品还有新疆的馕，已有 2000 多年历史，成为具有代表性的“一带一路”民族特色食品，远销海内外市场。在现代的食品加工中，例如在生产泡菜时，可通过添加柠檬酸、丙二醇、琼脂等水分活度抑制剂，将食品原料中隐蔽的亲水基团暴露出来，以增加对水分的约束，从而在保证食品质构、感官品质的前提下，水分活度被控制在安全的范围之内。

思考题

1. 食品中水的存在状态有哪些?各自具有什么特点?
2. 食品速冻和食品缓冻，哪种冻结方式对食品品质影响小?为什么?
3. 为什么食材充分晾干后更容易保存?

参考文献

[1] Belitz H D，et al. Food Chemistry. 4th ed. Berlin • Heidelberg：Springer-Ver Lag，2009.

[2] 阚建全. 食品化学. 2 版. 北京：中国农业大学出版社，2008.

[3] 谢笔钧. 食品化学. 2 版. 北京：科学出版社，2004.

[4] 赵新淮. 食品化学. 北京：化学工业出版社，2006.

[5] 汪东风，等. 食品化学. 4 版. 北京：化学工业出版社，2023.

[6] 迟玉杰. 食品化学. 北京：化学工业出版社，2012.

[7] 彭湘屏，等. 腐乳研究新进展. 江苏调味副食品，2009，26（4）：10-14.

[8] 曹翠峰. 大豆发酵食品——腐乳的微生物学研究. 北京：中国农业大学，2001.

[9] 刘庆玮. 腐乳研究的历史及现状. 中国调味品，1988，（02）： 11-14+34.

[10] 王明，等. 食品化学课程思政教学设计与实施——以“水分活度”为例. 食品工业，2024，45（09）： 171-174.

[11] 曾庆祝，等. 食品水分活度的快速准确测定方法. 大连轻工业学院院报，1998，（04）：23-26.

[12] 徐惠，等. 细胞膜通道揭秘——2003 年诺贝尔化学奖简介. 化学教育，2004，（01）： 4-6.

第三章
糖　类

糖类是人体三大营养素之一，是食品的主要组成成分：

人们吃的米饭、馒头越嚼越甜，但是富含糖类物质的蔬菜如韭菜、芹菜怎么咀嚼都没有甜味；

面包经过烘焙后会产生香味及诱人的色泽；

糖经过加热熬制后会变成黄色黏稠液体，也可以做糖画、吹糖人。

这些现象是如何产生的？机理是什么？

为什么要学习本章？

糖类化合物是生物体维持生命活动所需能量的主要来源，是合成其他化合物的基本原料，同时也是生物体的主要结构成分。另外，糖类还有助于提高许多食品的甜度、外观和质地特征。因此，学习糖类化合物对食品的营养、色泽、口感、质构及对食品加工、贮藏过程具有重要的意义。

第一节 概 述

糖类化合物主要是植物通过光合作用，由 CO_2 和水转变成的天然有机化合物。根据化学结构和性质，糖类化合物是一类多羟基醛或酮，或者经水解能生成多羟基醛或酮的化合物。

糖类化合物根据组成其单糖单位的数量可分为单糖、寡糖和多糖。单糖是一类结构简单的不能再被水解的糖类化合物基本单位，根据其所含碳原子的数目分为丙糖、丁糖、戊糖和己糖等，或称为三碳糖、四碳糖、五碳糖、六碳糖等。单糖根据官能团的特点又分为醛糖和酮糖。寡糖一般是由 2～20 个单糖分子缩合而成，水解后产生单糖。寡糖又称低聚糖，且多存在于糖蛋白或脂多糖中。根据组成寡糖的单糖种类，寡糖又分为均寡糖或杂寡糖，前者是指由某一种单糖所组成，如麦芽糖、聚合度少于 20 的糊精等；后者是指由两种或两种以上的单糖所组成，如糖、棉籽糖等。多糖是由多个单糖分子缩合而成，其聚合度大于 20。根据组成多糖的单糖种类，多糖又分为均多糖或杂多糖，前者如纤维素、淀粉等，后者如海藻多糖、茶多糖等；根据多糖的来源，多糖又可分为植物多糖、动物多糖和微生物多糖；根据多糖在生物体内的功能，多糖又可分为结构性多糖、贮藏性多糖和功能性多糖。由于多糖上有许多羟基，这些羟基可与肽链结合，形成了糖蛋白或蛋白多糖；与脂类结合可形成脂多糖；与硫酸结合而含有硫酸基，则称为硫酸酯化多糖；多糖上的羟基还能与一些过渡性金属元素结合，形成金属元素结合多糖。一般把上述这些多糖衍生物称为多糖配合物。

糖类化合物的功能主要有：①是基本营养物质之一；②让食品形成一定色泽和风味；③游离糖本身有甜度，对食品口感有重要作用；④食品的黏弹性也与糖类化合物有很大关系，如果胶、卡拉胶等；⑤食品中的纤维素、果胶等不易被人体吸收，除对食品的质构有重要作用外，还是膳食纤维的构成成分；⑥某些多糖或寡糖具有特定的生理功能，是保健食品的主要活性成分。

大多数植物只含有少量的蔗糖，大量膳食蔗糖来自经过加工的食品，在加工食品中添加的蔗糖量一般是比较多的（表 3-1）。蔗糖是从甜菜或甘蔗中分离得到的，果实和蔬菜中只含有少量蔗糖、D-葡萄糖和 D-果糖（表 3-2、表 3-3）。

表 3-1 普通食品中的糖含量

食品	糖的质量分数/%	食品	糖的质量分数/%
可口可乐	9	蛋糕（干）	36
脆点心	12	番茄酱	29
冰淇淋	8	果冻（干）	83

表 3-2 水果中游离糖含量 单位：%（鲜重计）

水果	D-葡萄糖	D-果糖	蔗糖	水果	D-葡萄糖	D-果糖	蔗糖
苹果	1.17	6.04	3.78	香蕉	6.04	2.01	10.03
葡萄	6.86	7.84	2.25	西瓜	0.74	3.42	3.11
桃子	0.91	1.18	6.92	杏	4.03	2	3.04
生梨	0.95	6.77	1.61	枇杷肉	3.52	3.6	1.32
樱桃	6.49	7.38	0.22	甜柿肉	6.2	5.41	0.81
草莓	2.09	2.4	1.03	蜜橘	1.5	1.10	6.01

表 3-3 蔬菜中游离糖含量 单位：%（鲜重计）

蔬菜	D-葡萄糖	D-果糖	蔗糖	蔬菜	D-葡萄糖	D-果糖	蔗糖
甜菜	0.18	0.16	6.11	菠菜	0.09	0.04	0.06
甘蓝	0.73	0.67	0.42	甜玉米	0.34	0.31	3.03
胡萝卜	0.85	0.85	4.24	甘薯	0.33	0.30	3.37
黄瓜	0.86	0.86	0.06	番茄	1.12	1.12	0.12
洋葱	2.07	1.09	0.89	青刀豆	1.08	1.20	0.25
莴苣	0.07	0.16	0.07	青豌豆	0.32	0.23	5.27

知识拓展

为何经常看到运动员在比赛期间吃香蕉，而不是吃苹果和橘子等其他水果？

运动前后适时补充糖类化合物，对维持高水平体能非常重要，而香蕉糖类含量较高，消化负担相对也较低，特别是香蕉中的糖类化合物类型丰富，既有葡萄糖、果糖等快吸收的糖分，也有慢消化的淀粉，还有抗性淀粉。香蕉的血糖指数比面包、馒头、米饭也低得多，能持续且稳定地释放葡萄糖，而稳定的血糖水平对比赛时的平稳发挥很重要。另外，香蕉内富含镁和钾。在比赛过程中，运动员无论精神还是身体都处于高度紧张状态，极易流失电解质，影响肌肉灵敏度，导致肌肉痉挛，而钾元素有助于维持正常的神经和肌肉功能，减少肌肉痉挛发生；镁作为一种重要的矿物质，则有助于缓解压力、稳定情绪、对抗紧张和焦虑。

第二节 糖类化合物的结构和理化性质

一、单糖

（一）常见单糖、单糖衍生物及其结构

单糖是糖类化合物中最简单、不能再水解为更小单位的糖类。从分子结构看，单糖是含有一个自由醛基或酮基的多羟基的醛类或多羟基的酮类化合物，具有开链式和环式结构（五碳以上的糖）。根据单糖分子中碳原子数目的多少，可将单糖分为丙糖（三碳糖）、丁糖（四

碳糖）、戊糖（五碳糖），己糖（六碳糖）等；根据其分子中含羰基的特点，又可分为醛糖和酮糖。自然界中最简单的单糖是丙醛糖（甘油醛）和丙酮糖，而最重要也是最常见的单糖则是葡萄糖和果糖（图 3-1）。糖的羟基被氢原子或氨基取代，可分别生成脱氧糖和氨基脱氧糖。

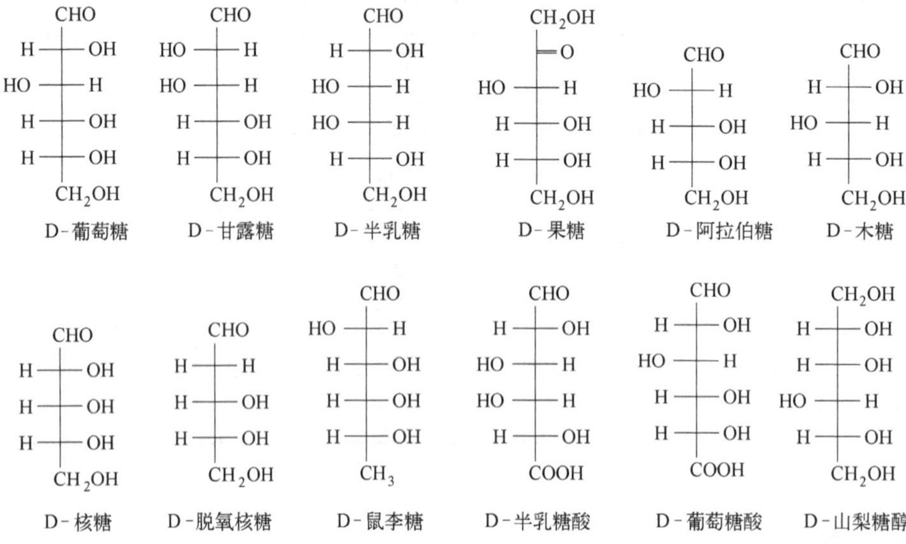

图 3-1 几种常见单糖的结构

单糖分子是不对称化合物，具有旋光性。由 D-甘油醛衍生的单糖就为 D 型醛糖（D-甘油醛一般是右旋的，用“+”或“D”符号表示），L 型醛糖是 D 型醛糖的对映体（L-甘油醛一般是左旋的，用“-”或“L”符号表示）。除赤藓糖（丁糖）外，单糖分子均以环状结构存在。单糖溶解于水时，开链式与环状半缩醛逐渐达到平衡状态，溶液中有很少量的开链式单糖存在。单糖分子的羰基可以与糖分子本身的一个醇基反应，形成比较稳定的五元环的呋喃糖环或六元环的吡喃糖环，并产生了半缩酮或半缩醛。例如，葡萄糖分子的 C5 羟基和 C1 羰基反应，C5 旋转 180°使氧原子位于环的主平面，而 C6 处于平面的上方，C1 是手性碳原子，具有两种不同的端基异构体，形成了立体构型不同的 α 和 β 两种异头体。

糖分子中除 C1 外，任何一种手性碳原子具有不同的构型，则称为差向异构。例如，D-甘露糖是 D-葡萄糖的 C2 差向异构体，D-半乳糖为 D-葡萄糖的 C4 差向异构体。自然界的单糖大多以 D-构型存在。葡萄糖、果糖、核糖等都是 D 构型的，而它们的对映体 L 型只是为证明其结构由化学合成的（用时须注明）。

生物体内的单糖，有部分基团发生变化，形成单糖衍生物。食品中主要的单糖衍生物有：单糖的磷酸酯、脱氧单糖、氨基糖、糖酸、糖醛酸、糖二酸、抗坏血酸（维生素 C）、糖醇、肌醇、糖苷等。

（二）单糖的物理性质

（1）甜度 单糖类化合物均有甜度，甜味的强弱可用甜度大小来表示，甜度也是食品鉴评学中的单位。目前甜度还难以通过化学或物理的方法进行测定，只能通过感官比较法得出相对的差别，所以甜度是一个相对值。一般以 10%或 15%的蔗糖水溶液在 20 ℃时的甜度为 1.0 确定其他甜味物质的甜度，因此又把甜度称为比甜度。表 3-4 给出几种不同单糖的比甜度。

表 3-4　几种单糖的比甜度

单糖	甜度	单糖	甜度	单糖	甜度
蔗糖	1.0	α-D-甘露糖	0.59	β-D-呋喃果糖	1.50
α-D-葡萄糖	0.70	α-D-半乳糖	0.27	α-D-木糖	0.50

单糖的甜度与分子量、单糖分子的构型、溶解度等都有一定的联系。一般来说，分子量越大，在水中的溶解性越小，甜度越小；环状结构的构型不同，甜度亦有不同，如葡萄糖的 α 构型甜度较大，而果糖的 β 构型甜度较大。

（2）**比旋光及变旋光**　除丙糖外，其他所有的单糖均有旋光性，这也是鉴定糖的一个重要指标。单糖溶解在水中时，由于开链结构和环状结构直接互相转化，会出现变旋光现象。

（3）**溶解度**　单糖分子中的多个羟基增加了它的水溶性，尤其是热水中的溶解度，但不能溶于乙醚、丙酮等有机溶剂。单糖类化合物在水中都有比较大的溶解度。溶解过程是以水的偶极性为基础的，温度对溶解性和溶解速率具有决定性影响。

不同的单糖在水中的溶解度不同，其中果糖最大，其次是葡萄糖。如 20 ℃时，果糖在水中的溶解度为 374.78 g/100 g 水，而葡萄糖为 87.67 g/100 g 水。随着温度的变化，单糖在水中的溶解度亦有明显的变化，如温度由 20 ℃提高到 40 ℃，葡萄糖的溶解度变为 162.38 g/100 g 水。糖的溶解度大小还与其水溶液的渗透压密切相关。果糖的溶解度在糖类中最高，在 20～50 ℃的温度范围内它的溶解度为蔗糖的 1.88～3.1 倍。

利用糖类化合物较大的溶解度及对于渗透压的改变，可以抑制微生物的活性，从而达到延长食品保质期的目的，特别指出的是糖的浓度必须达到 70%（质量分数）以上。

（4）**吸湿性、保湿性与结晶性**　吸湿性和保湿性反映了单糖和水之间的关系，吸湿性是指糖在较高空气湿度条件下吸收水分的能力，保湿性是指糖在较低空气湿度条件下保持水分的能力。这两种性质对于保持食品的柔软性、弹性、贮存及加工都有重要的意义。不同的糖吸湿性不一样。在所有的糖中，果糖吸湿性最强，葡萄糖次之，所以用果糖或果葡糖浆生产面包、糕点、软糖等食品效果较好。但也正因其吸湿性，不能用于生硬糖、酥糖及酥性食品。常见单糖、双糖的吸湿性排序：果糖和转化糖＞葡萄糖、麦芽糖＞蔗糖。生产硬糖需要吸湿性低的原料糖，而生产软糖则相反。

不同的单糖结晶形成的难易程度不同：蔗糖＞葡萄糖＞果糖和转化糖。如生产硬糖时要防止结晶，就不能完全使用蔗糖，要添加 30%～40%的淀粉糖浆（淀粉糖浆是葡萄糖、低聚糖和糊精的混合物，自身不结晶，并能防止蔗糖结晶）。

（5）**其他**　单糖与食品有关的其他物理性质包括黏度、冰点降低及抗氧化性等。单糖的黏度比蔗糖低。通常糖的黏度是随着温度的升高而下降，但葡萄糖的黏度则随温度的升高而增大。在食品生产中，可借助调节糖的黏度改善食品的稠度和适口性。

单糖的水溶液与其他溶液一样，具有冰点降低、渗透压增大的特点。糖溶液冰点的降低与渗透压的增大与其浓度和分子量有关。糖溶液浓度增高、分子量变小，则其冰点降低，而渗透压增大。

（三）单糖的化学性质

1. 碱的作用

单糖在碱性溶液中不稳定，容易发生异构化和分解等反应，这些反应发生的程度和产物的比例受诸多因素影响，如糖的种类和结构、碱的种类和浓度、作用时间和温度等。

（1）烯醇化作用和异构化作用 用稀碱处理单糖，能形成某些差向异构体的平衡体系。例如，用稀碱处理 D-葡萄糖，可通过烯醇式中间体的转化得到 D-葡萄糖、D-甘露糖和 D-果糖 3 种差向异构体的平衡混合物。同时，用稀碱处理 D-果糖或 D-甘露糖，也可以得到相同的平衡混合物。未使用酶解以前，果葡糖浆的生产即利用这些反应处理葡萄糖溶液。

由于果糖的甜度是葡萄糖的 2 倍以上，故可利用异构化反应，以碱性物质处理葡萄糖溶液或淀粉糖浆，使一部分葡萄糖转变成果糖，提高其甜度，这种糖液称为果葡糖浆。但是用稀碱进行异构化的转化率较低，只有 21%～27%，糖分约损失 10%～15%，同时还生成有色的副产物，影响颜色和风味，精制也较困难，所以工业上未采用。

1957 年异构酶被发现能催化葡萄糖发生异构化反应转变成果糖，这为工业生产果葡糖浆开辟了新途径。

（2）糖精酸的生成 碱的浓度增高、加热或作用时间延长，糖便发生分子内氧化还原反应与重排作用生成羧酸，此羧酸的总组成与原来糖的组成没有差异，此酸称为糖精酸类化合物。糖精酸有多种异构体，因碱浓度不同，产生不同的糖精酸（图 3-2）。

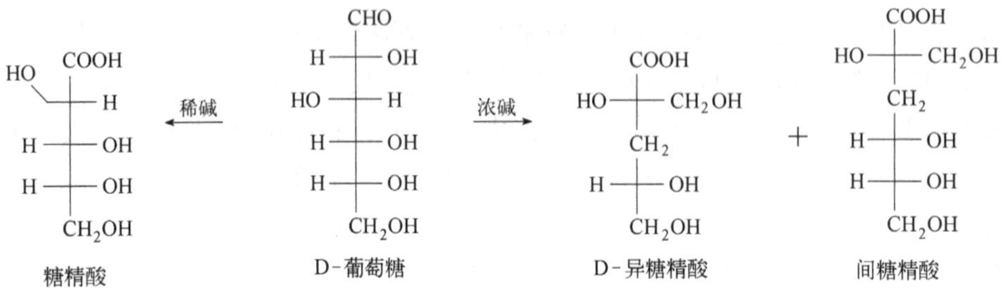

糖精酸　D-葡萄糖　D-异糖精酸　间糖精酸

图 3-2　单糖在碱作用下形成糖精酸及其他物质

（3）分解反应 在浓碱作用下，糖发生分解反应，产生较小分子的糖、酸、醇和醛等化合物。此分解反应因有无氧气或其他氧化剂存在而不相同。己糖受碱作用，发生连续烯醇化，生成 1,2-、2,3-和 3,4-烯二醇，这些烯二醇在氧化剂存在下于双键处裂开，生成含有 1、2、3、4、5 个碳原子的分解物。若没有氧化剂存在，则碳链断裂的位置为距离双键的第二单键上，生成 1,2-羟基丙醛及 1,3-二羟基丙酮。

2. 酸的作用

酸对于糖的作用，因酸的种类、浓度和温度不同而不同。很微弱的酸度能促进异构体的转化。稀酸在室温下对糖的稳定性无影响，在较高温度下发生复合反应生成低聚糖。

（1）强酸中的反应 单糖在稀无机酸作用下发生糖苷水解的逆反应生成糖苷，即分子间脱水反应，产物为二糖和其他低聚糖，如葡萄糖主要生成异麦芽糖和龙胆二糖。

（2）弱酸（有机酸）中的反应 糖受弱酸和加热的作用，易发生分子内脱水反应，生成环状结构体，如戊糖生成糠醛、己糖生成5-羟甲基糠醛。己酮糖较己醛糖更易发生这种反应。糠醛与5-羟甲基糠醛能与某些酚类作用生成有色的缩合物，利用这个性质可以鉴定糖。如间苯二酚加盐酸遇酮糖呈红色，遇醛糖则呈很浅的颜色。这种颜色试验称为西利万诺夫试验（Seliwanoff' s test），可用于鉴别酮糖与醛糖。

糖的脱水反应与pH有关。研究表明，在pH 3.0时，5-羟甲基糠醛的生成量和有色物质的生成量都低。同时有色物质的生成随反应时间和浓度增加而增多。

3. 脱水和裂解

糖的脱水和热降解是食品中的重要反应，酸和碱均能催化这类反应进行，其中许多属于β消除反应类型。戊糖脱水生成的主要产物是2-呋喃醛，而己糖生成5-羟甲基糠醛和其他产物，这些初级脱水产物的碳链裂解可产生其他物质，如乙酰丙酸、甲酸、丙酮醇、3-羟基丁酮、二乙酰、丙酮酸和乳酸。这些降解产物有的具有强烈的气味，可产生需宜或非需宜的风味。这类反应在高温下容易进行，生成产物的毒性有待进一步证明。

糖在加热时可发生碳碳键断裂和不断裂两种类型的反应，后一类型使糖在熔融时发生正位异构化、醛糖-酮糖异构化以及分子间和分子内的脱水反应。较复杂的糖类化合物（如淀粉）在200 ℃热解时，转糖苷反应是最主要的反应。

某些食品经过热处理，特别是干热处理，容易形成大量的脱水糖。D-葡萄糖或含有D-葡萄糖单位的聚合物特别容易脱水。

热解反应使碳碳链断裂，所形成的产物主要是挥发性酸、醛、酮、二酮、呋喃、醇、芳香族化合物、一氧化碳和二氧化碳。这些反应产物可以用气相色谱或气质联用仪进行鉴定。

4. 氧化反应

单糖含有游离羰基，即醛基或酮基，因此在不同氧化条件下糖类可被氧化成各种不同的产物。如因含有醛基可被氧化成酸，又可被氧化成醇；而在弱氧化剂如多伦试剂、费林试剂中可被氧化成糖酸。

在溴水中醛糖的醛基会被氧化成羧基而生成糖酸。糖酸加热很容易失水而得到γ-内酯或δ-内酯。例如D-葡萄糖酸和D-葡萄糖酸-δ-内酯（D-葡萄糖-1,5-内酯），后者是一种酸味剂，适用于肉制品与乳制品，特别是在焙烤食品中可以作为膨松剂的一个组分。葡萄糖酸与钙离子形成葡萄糖酸钙，葡萄糖酸钙可作为口服钙的饮食补充剂。酮糖与溴水不起作用，利用这个反应可以区别醛糖与酮糖。

用浓硝酸这种强氧化剂与醛糖作用时，它的醛基和伯醇基都被氧化，生成具有相同碳数的二元酸，如半乳糖氧化后生成半乳糖二酸。半乳糖二酸不溶于酸性溶液，而其他己醛糖氧化后生成的二元酸都能溶于酸性溶液，利用这个反应可以区别半乳糖与其他己醛糖。

酮糖在强氧化剂作用下，在酮基处裂解，生成草酸和酒石酸。

葡萄糖在氧化酶作用下，可以保持醛基不被氧化，仅是第六碳原子上的伯醇基被氧化生成羧基而形成葡萄糖醛酸。生物体内某些有毒物质可以和D-葡萄糖醛酸结合，随尿排出体外，从而起到解毒作用；人体内过多的激素和芳香物质也能与葡萄糖醛酸生成苷类，从体内排出。

分子中含有自由醛基或半缩醛基的糖都具有还原性，故被称为还原糖。单糖与部分低聚糖是还原糖。与醛、酮相似，单糖分子中的醛基或酮基也能被还原剂还原为醇，如葡萄糖可还原为山梨醇、果糖可还原为山梨醇和甘露醇的混合物、木糖被还原为木糖醇。山梨醇的甜度为蔗糖的50%，可用作糕点、糖果、香烟、调味品及化妆品的保湿剂，亦可用于制取抗坏血酸；木糖醇的甜度为蔗糖的70%，可以替代糖尿病患者的疗效食品或抗龋齿的胶姆胶的甜味剂，目前木糖醇已广泛用于制造糖果、果酱、饮料等。

知识拓展

市面上有多种品牌的微量元素补充剂，其中葡萄糖酸钙、葡萄糖酸锌及葡萄糖酸钙锌口服液等普遍受婴幼儿欢迎。葡萄糖酸钙的结构是什么？怎么制备？

葡萄糖酸钙的结构如图3-3所示。在我国目前均采用发酵法生产，其工艺过程为：淀粉经糖化后用黑曲霉发酵，发酵液用石灰乳中和后经浓缩、结晶、精制得到葡萄糖酸钙成品。在此过程中通过葡萄糖氧化酶的作用是将醛基氧化成羧基生成葡萄糖酸。

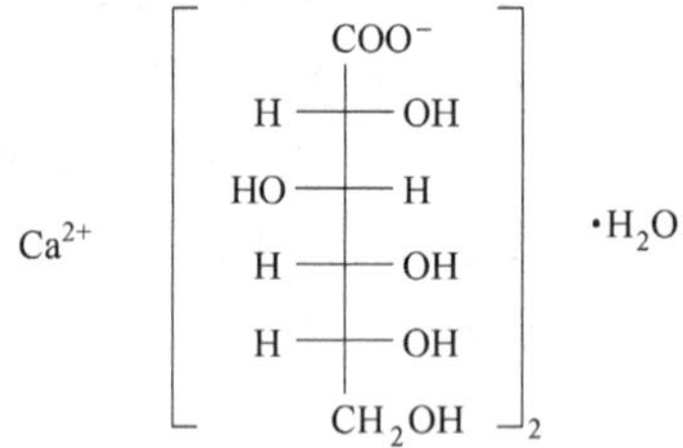

图3-3 葡萄糖酸钙结构式

二、低聚糖

寡糖又称为低聚糖，可溶于水，普遍存在于自然界。自然界中以游离状态存在的低聚糖的聚合度一般不超过6个糖单位，其中主要是二糖和三糖，熟知的二糖有蔗糖、麦芽糖，三糖有棉子糖，其中食品中主要为双糖类的蔗糖、麦芽糖和乳糖。低聚糖的命名通常采用系统命名法，但在食品工业上常用习惯名称，如蔗糖、乳糖、麦芽糖、海藻糖、棉籽糖、水苏四糖等。低聚糖根据还原性质又可分为还原性低聚糖和非还原性低聚糖。

此外，在食品工业中常用到一些分子量较大的低聚糖，如饴糖和玉米糖浆中的麦芽糖低聚物（聚合度或单糖残基数为4～20），以及环状糊精或简称环糊精。环状糊精是由6～8个D-吡喃葡萄糖通过α-1,4-糖苷键连接而成的低聚物，分别称为α-环状糊精、β-环状糊精和γ-环状糊精。这三种环状糊精除分子量不同外，水中溶解度、空穴内径等也随着结构的差异而有不同，如α-环状糊精内侧与外侧相比有较强的疏水性；因此，环状糊精能稳定地将一些非极性化合物截留在环状空穴内，从而起到稳定食品香味的作用。

（一）低聚糖的结构和构象

低聚糖通过糖苷键结合，即醛糖 C1 上（酮糖则在 C2 上）半缩醛的羟基（—OH）和其他单糖的羟基经脱水，通过缩醛式结合而成。糖苷有 α 型和 β 型两种，结合的位置为 1→2、1→3、1→4、1→6 等。参与聚合的单糖均是一种或两种以上。

低聚糖的糖残基单位几乎全部是己糖构成的，除果糖为呋喃环结构外，葡萄糖、甘露糖和半乳糖等均是吡喃环结构。低聚糖也存在分支，一个单糖分子同两个糖残基结合可形成三糖分子结构，它主要存在于多糖类支链淀粉和糖原的结构中。低聚糖的构象主要靠氢键维持稳定。

低聚糖的名称和结构式通常采用系统命名及构型，即用规定的符合 D 或 L 和 α 或 β 分别表示单糖残基的构型和糖苷键的方位，用阿拉伯数字和箭头（→）表示糖苷键连接的碳原子和连接方向，用 *O* 表示取代位在羟基氧上。对于还原性低聚糖，其全称为某糖基某醛（酮）糖，如麦芽糖的系统名称为 4-*O*-α-D-吡喃葡萄糖基-（1→4）-D-吡喃葡萄糖苷，乳糖的系统名称为 *O*-β-D-吡喃半乳糖基-（1→4）-D-吡喃葡萄糖苷；对于非还原低聚糖，其全称为某糖基某醛（酮）糖苷，如蔗糖系统名称为 *O*-β-D-呋喃果糖基-（2→1）-α-D-吡喃葡萄糖（蔗糖）。蔗糖、乳糖和麦芽糖的结构式见图 3-4。

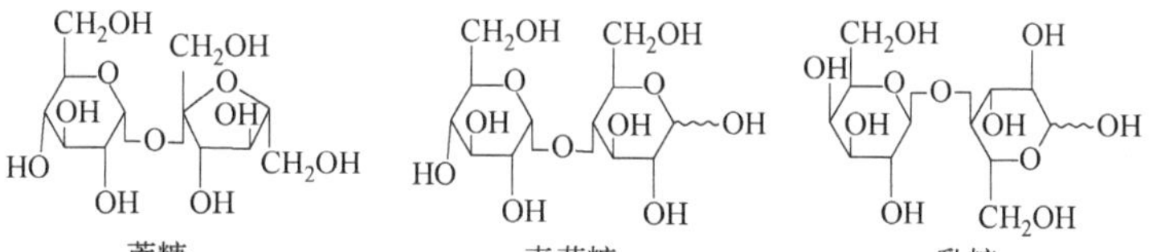

蔗糖　　麦芽糖　　乳糖

图 3-4　蔗糖、乳糖和麦芽糖的结构式

（二）低聚糖的性质

1. 水解

低聚糖如同其他糖苷一样易被酸水解，但对碱较稳定。蔗糖水解叫做转化，生成等摩尔的葡萄糖和果糖的混合物，称为转化糖。

2. 氧化还原性

还原性低聚糖，由于其含有半缩醛羟基，可以被氧化剂氧化生成糖酸，也可被还原剂还原成醇。而非还原性的低聚糖，如蔗糖、半乳糖，则不具有氧化还原性。

3. 褐变反应

食品在加热处理中常发生色泽与风味的变化，如蛋白饮料、焙烤食品、油炸食品、酿造食品中的褐变现象，均与食品中的糖类尤其是单糖与氨基酸、蛋白质之间发生的美拉德反应及糖在高温下产生的焦糖化反应密切相关。低聚糖发生褐变的程度尤其是参与美拉德反应的程度相对单糖较小。某些食品，如焙烤食品、酿造食品等，为了增加色泽和香味，适当的褐变是必要的。但某些食品，如牛奶和豆奶等蛋白饮料、果蔬脆片，则应对褐变加以控制，以防止变色对质量产生不良影响。

（1）美拉德反应 美拉德反应又称为羰氨反应，即指羰基与氨基经缩合、聚合生成类黑色素的反应。由于该反应最早是由法国化学家美拉德（L.C.Maillard）于 1912 年发现的，故称为美拉德反应。美拉德反应的产物是棕色缩合物，所以该反应也称为褐变反应。这种褐变反应不是由酶引起的，所以属于非酶褐变。几乎所有的食品均含有羰基（来源于糖或油脂氧化酸败产生的醛和酮）和氨基（来源于蛋白质），因此都可能发生羰氨反应，故在食品加工中由羰氨反应引起食品颜色加深的现象比较普遍。如焙烤面包产生的金黄色、烤肉产生的棕红色、熏干产生的棕褐色、松花皮蛋蛋清的茶褐色、啤酒的黄褐色、酱油和陈醋的黑褐色等均与其有关。

美拉德反应过程主要包括三个过程：

① 开始阶段。还原糖如葡萄糖和氨基酸或蛋白质中的自由氨基失水缩合生成 *N*-葡萄糖基胺，*N*-葡萄糖基胺经阿马道里重排反应（Amadori rearrangement）生成 1-氨基-1-脱盐-2-酮糖。

② 中间阶段。1-氨基-1-脱氧-2-酮糖根据 pH 的不同发生降解，当 pH 等于或小于 7 时，Amadori 产物主要发生 1,2-烯醇化而形成糠醛（当糖是戊糖时）或羟甲基糠醛（HMF）（当糖为己糖时）。当 pH 大于 7、温度较低时，1-氨基-1-脱氧-2-酮糖较易发生 2,3-烯醇化而形成还原酮类，还原酮较不稳定，既有较强的还原作用，也可异构成脱氢还原酮（二羰基化合物类）。当 pH 大于 7、温度较高时，1-氨基-1-脱氧-2-酮糖较易裂解，产生包括 1-羟基-2-丙酮、丙酮醛、二乙酰基在内的很多产物。所有这些都是高活性的中间体，将继续参与反应。如脱氢还原酮易使氨基酸发生脱羧、脱氨反应形成醛类和 α-氨基酮类，这个反应又称为 Strecker 反应。

③ 结束阶级。反应过程中形成的醛类、酮类都不稳定，它们可发生缩合作用产生醛醇类及脱水合物类。在有氨基存在时，碳水化合物与氨基发生一系列反应，包括缩合、脱氢、重排、异构化等，最终形成含氮的棕色聚合物或共聚物，统称为类黑素。类黑素是分子结构未知的复杂高分子色素。在聚合作用的早期，色素是水溶性的，在时间光谱范围内没有特征吸收峰，它们的吸光值随波长降低而以连续的无特征吸收光谱的状态增加。红外光谱、化学成分分析等试验表明，类黑素类色素中含有不饱和键、杂环结构以及一些完整的氨基酸残基等。类黑素广泛存在于食品中，尤其是谷类烘烤类食品中类黑素含量较高。

（2）焦糖化反应 糖类在没有含氨基化合物存在时加热到熔点以上，会变为黑褐的色素物质，这种反应称为焦糖化作用（caramelization）。温和加热或初期热分解能引起糖异头移位、环的改变和糖苷键断裂以及生成新的糖苷键。热分解脱水主要引起左旋葡聚糖的形成或者在糖环中形成双键，后者可产生不饱和的环状中间体，例如呋喃环。共轭双键具有吸收光和产生颜色的特性，也能发生缩合反应使之聚合，使食品产生色泽和风味。一些食品，例如焙烤、油炸食品，如果焦糖化作用控制得当，可使产品得到悦人的色泽与风味。各种糖类生成的焦糖在成分上都相似，但较复杂，至今还不清楚。一般可将焦化作用所产生的成分分为两类：一类是糖脱水后的聚合产物，即焦糖或称酱色；另一类是一些热降解产物，如挥发性的醛、酮、酚类等物质。焦糖化作用的历程可概括为焦糖的形成和热降解产物的产生。

① 焦糖的形成。糖类在无水及无含氨基化合物存在条件下加热或高浓度时以稀酸处理，可发生焦糖化作用。焦糖化作用是以连续的加热失水、聚合作用为主线，所产生的焦糖是一

类结构不明的大分子物质；与此同时，糖环的大小改变和糖苷键断裂以及产生一些热分解产物，使食品产生色泽和风味。焦糖的水溶液呈胶态，其等电点（p*I*）多数在 pH 3.0～6.9 范围内，少数可低于 pH 3.0。催化剂可加速这类反应的发生，例如蔗糖在酸或酸性铵盐存在的溶液中加热可制备出焦糖色素，并广泛用于食品的调色。

由蔗糖形成焦糖素的反应历程可分为三个阶段：

第一阶段由蔗糖熔化开始，经一段时间起泡，蔗糖脱去一水分子，生成异蔗糖酐，无甜味而具温和的苦味，这是焦糖化的开始反应，起泡暂时停止。

第二阶段是持续较长时间的失水阶段，在此阶段由异蔗糖酐脱去一水分子缩合为焦糖酐。焦糖酐是由 2 个蔗糖脱去 4 个水分子所形成，浅褐色色素，可溶于水及乙醇，味苦。

第三阶段是由焦糖酐进一步脱水形成可溶于水且具有苦味的焦糖烯，若再继续加热，则生成高分子量的难溶性具有苦味且呈深褐色的焦糖素。铁的存在能强化焦糖色泽。磷酸盐、无机盐、碱、柠檬酸、氨水或硫酸铵等对焦糖形成有催化作用。氨和硫酸铵可提高糖色出品率，加工也方便，其缺点是在高温下形成 4-甲基咪唑，它是一种惊厥剂，长期食用，影响神经系统健康。

焦糖是一种焦状物质，溶于水呈棕红色，是我国一种传统的着色剂，主要用于酱油、糖果、醋、啤酒等的着色。它的等电点在 pH 3.0～6.9 之间，甚至可低于 pH 3，随制造方法而异。一种 pH 4～5 的饮料，若使用等电点为 pH 4.6 的焦糖，就会发生絮凝、混浊以至沉淀的现象，应注意。

② 热降解产物的产生。在酸性条件下加热形成醛类化合物，醛糖或酮糖进行烯醇化，生成 1,2-烯醇式己糖。随后进行一系列的脱水步骤，形成羟甲基糠醛。

在碱性条件下加热形成醛类化合物，还原糖在碱性条件下发生互变异构作用，形成中间产物 1,2-烯醇式己糖，如果糖；1,2-烯醇式己糖形成后在强热下可裂解为水合丙酮醛及甘油醛。

4. 抗氧化性

糖液具有抗氧化性，因为氧气在糖溶液中的溶解度大大减少，如 20 ℃时 60%的蔗糖溶液中氧气溶解度约为纯水的 1/6。糖液可延缓糕饼中油脂的氧化酸败，也可以用于防止果蔬氧化，它可阻隔水果与大气中氧的接触，使氧化作用大为降低，同时防止水果挥发性酯类的损失。若在糖液中加入少许抗坏血酸和柠檬酸，则可以增加其抗氧化效果。

此外，糖和氨基酸产生的美拉德反应的中间产物也具有明显的抗氧化作用。如将葡萄酒与赖氨酸的混合物加入焙烤食品中，对成品的油脂有较好的稳定作用。

5. 黏度

糖浆的黏度特性对食品加工具有现实的生产意义。蔗糖的黏度比单糖高，低聚糖的黏度比蔗糖高，在一定黏度范围内可使由糖浆熬煮的糖膏具有可塑性，以适合糖果工艺中的拉条和成型的需要。在搅拌蛋糕蛋白时加入熬好的糖浆，就是利用其黏度包裹稳定蛋白中的气泡。

6. 渗透压

高浓度的糖浆具有较高的渗透压，食品加工中常利用此性质降低食品中的水分，抑制微生物的生长繁殖，从而提高食品的贮藏性并改善风味。

7. 发酵性

糖类发酵对食品的生产具有重要的意义，酵母菌能使葡萄糖、果糖、麦芽糖、蔗糖、甘露糖等发酵生成酒精，现场产生CO_2，这是酿酒生产及面包疏松的基础。但各种糖的发酵速度不一样，大多数酵母发酵糖的顺序为：葡萄糖＞果糖＞蔗糖＞麦芽糖。乳酸菌除可发酵上述糖类外，还可以发酵乳糖产生乳酸。但大多数低聚糖却不能被酵母菌和乳酸菌等直接发酵，低聚糖要在水解后产生单糖才能被发酵。

由于蔗糖具有发酵性，在某些食品的生产中可用其他甜味剂代替，以避免微生物生长繁殖而引起食品变质或汤汁混浊现象的发生。

8. 吸湿性、保湿性与结晶性

低聚糖多数具有较低的吸湿性，因此可作为糖衣材料，可用于硬糖、酥性饼干的甜味剂。蔗糖易结晶，晶体粗大；淀粉糖浆是葡萄糖、低聚糖和糊精的混合物，不能结晶，并可防止蔗糖结晶。在糖果生产中，就利用糖结晶的性质上的差别。例如，生产硬糖不能单独用蔗糖，否则当熬煮到水分小于3%时冷却下来就会出现蔗糖结晶，而得不到透明坚韧的产品。如果在生产硬糖时添加适量的淀粉糖浆（DE值42，DE值是以葡萄糖计的还原糖占糖浆干物质的百分比），则会得到相当好的效果。这是因为淀粉糖浆不含果糖，吸湿性较小糖果保存性好，同时因淀粉糖浆中糊精不结晶，能增加糖果的黏性、韧性和强度，糖果不易破裂。

蜜饯需要高糖浓度，若使用蔗糖易产生返砂现象，不但影响外观，而且防腐效果降低。因此可利用果糖或果葡糖浆的不易结晶性，适当添加果糖和果葡糖浆替代蔗糖，可大大改善产品的品质。

（三）代表性低聚糖——蔗糖

蔗糖，是食糖的主要成分，是双糖的一种，由一分子葡萄糖的半缩醛羟基与一分子果糖的半缩醛羟基彼此缩合脱水而成。蔗糖外观呈无色晶体或白色粉末，有甜味，无气味，易溶于水和甘油，微溶于醇，熔点185～187 ℃。有旋光性，但无变旋作用。蔗糖几乎普遍存在于植物界的叶、花、茎、种子及果实中，在甘蔗、甜菜及槭树汁中含量尤为丰富，制糖工业常用甘蔗、甜菜为原料提取。蔗糖味甜，广泛用于含糖食品的加工中，是重要的食品和甜味调味品，有白砂糖、赤砂糖、绵白糖、冰糖、粗糖（黄糖）等蔗糖制品。

我国栽蔗产糖的历史，最早可追溯到两千多年前春秋战国时期的周代，在屈原的《楚辞·招魂》中有云："胹鳖炮羔，有柘浆些。"经季羡林等学者考证，"柘"即"甘蔗"，"柘浆"即甘蔗浆。《糖史》记载，中国在唐代以前已经能够自制蔗糖，利用甘蔗榨浆取汁经初步加工的蔗汁、石蜜、蔗饴等糖类，甚至出现了粗制的红糖。唐太宗曾派人到印度学习制糖法，在原有制糖技术上吸收了印度的技术后，中国制造出来的糖，"色味逾西域远甚"。据《唐会要》记载，白糖生产是从唐代开始，能生产质量更好的砂糖、糖霜。明代宋应星在《天工开物》记述了种蔗、制糖的各种方法："凡种获蔗，冬初霜将至将蔗斫伐，去杪与根，埋藏土内……凡栽蔗必用夹沙土，河滨洲土为第一……凡栽蔗治畦，行阔四尺，犁沟深四寸。"明清时，我国是世界上重要的蔗糖生产国和出口国，糖在中国重要的出口商品中位列第三，产量和价值仅次于茶叶和丝绸。

三、多糖

（一）多糖的结构

多糖的分子量较大，聚合度值由 21 到几千；多糖的形状有直链和支链两种，其中呈直链的多糖主要有纤维素和直链淀粉，呈支链的多糖主要有支链淀粉、糖原和瓜尔豆聚糖。多糖可由一种或几种单糖单位组成，单糖残基序列可以是周期性交替重复，一个周期包含一个或几个交替的结构单元；结构单元序列也可能包含非周期性链段分隔的较短或较长的周期性排列残基链段；也有一些多糖链的糖基序列全是非周期性的。

多糖的聚合度实际上是不均一的，即多糖的分子量没有固定值，多呈高斯分布。多糖分子不均一，这主要与体内代谢状态有关，如动物体内的糖原分子量与血糖水平有密切关系。当血糖较低时，肝脏中糖原进行水解，以补充血液中葡萄糖，此时糖原的分子量较小；否则反之。此外，某些多糖以糖复合物或混合物形式存在，如糖蛋白、糖肽、糖脂、糖缀合物等糖复合物，它们的分子量大小受影响更多。

（二）多糖的理化性质

1. 溶解性

多糖物质由于分子中含有大量的极性基团羟基，对于水分子具有较大的亲和力，易于水合和溶解；一般多糖分子链中的每个糖基单位平均含有 3 个羟基，每个羟基均可和一个或多个水分子形成氢键；但是随着分子量增大，其疏水性增加。因此，分子量较小、分支程度低的多糖在水中有一定的溶解度，加热情况下溶解度增大；而分子量大、分支程度高的多糖类在水中溶解度低。

水虽能使多糖分子溶剂化，但多糖不会增加水的渗透性而显著降低水的冰点，因此，多糖是一种冷冻稳定剂，例如淀粉溶液冻结时形成了两相体系，一相为结晶水（即冰），另一相是由大约 70%淀粉与 30%非冻结水组成的玻璃态。非冻结水构成了高浓度的多糖溶液，由于黏度很高，因而体系中的非冻结水的流动性受到限制。另一方面多糖在低温时的冷冻浓缩效应，不仅使分子的流动性受到了极大的限制，而且使水分子不能被吸附到晶核和结合在晶体生长的活性位置上，从而抑制了冰晶的生长。上述原因使多糖在低温下具有很好的稳定性。因此在冻藏温度（−18 ℃）以下，多糖能有效阻止食品的质地和结构受到破坏，从而有利于提高产品的质量和贮藏稳定性。

在大分子碳水化合物中还有一部分高度有序的多糖，其分子链因相互紧密结合而形成结晶结构，与水接触的羟基极大地减少，因此不溶于水，只有使分子链间氢键断裂才能增溶。例如纤维素，由于它的结构中 β-D-吡喃葡萄糖基单位的有序排列和线性伸展，使得纤维素分子的长链和另一个纤维素分子中相同的部分相结合，导致纤维素分子在结晶区平行排列，使得水不能与纤维素的这些部位发生氢键键合，所以纤维素的结晶区不溶于水，而且非常稳定。

在大分子碳水化合物中大部分多糖不具有结晶结构，因此易在水中溶解或溶胀。在食品工业和其工业中使用的水溶性多糖和改性多糖，通常被称为胶或亲水胶体。

大分子多糖溶液都有一定的黏稠性，其溶液的黏度取决于分子的大小、形状、所带净电荷和溶液中的构象。多糖（胶或亲水胶体）的增稠性和胶凝性对食品有重要的影响。

2. 水解反应

多糖在酸或酶的催化下也易发生水解，并伴随黏度降低、甜度及溶解性增加。在果汁、果葡糖浆等生产过程中常利用酶水解多糖。工业上采用 α-淀粉酶和葡萄糖糖化酶水解玉米淀粉得到近乎纯的 D-葡萄糖。然后用异构酶使 D-葡萄糖异构化，形成由 54% D-葡萄糖和 42% D-果糖组成的平衡混合物，称为果葡糖浆，这种廉价甜味剂可以代替蔗糖。多糖的水解速率也受它的结构、pH、时间、温度和酶活性等因素的影响。

3. 酯化与醚化反应

糖分子中的羟基与小分子醇的羟基类似，能同有机酸和一些无机酸形成酯，如 D-葡萄糖-6-磷酸酯、D-果糖-1,6-二磷酸酯等。马铃薯淀粉中发现含有少量磷酸酯基，卡拉胶中含有硫酸酯基。商业上常将玉米淀粉衍生化生成单酯和双酯，最典型的是琥珀酸酯、琥珀酸半酯和二淀粉己二酸酯。蔗糖脂肪酸酯是食品中一种常用的乳化剂。

糖中羟基，除能形成酯外还可生成醚。但天然存在的多糖醚类化合物不如多糖酯那样多。然而多糖醚化后可明显改善其性能，例如食品中使用的羧甲基纤维素钠和羟丙基淀粉等。

4. 乙酰化反应

多糖的乙酰化修饰是改变其理化性质的常用方法，天然多糖链上羟基基团，在适当条件下可与乙酰化试剂（如乙酸或乙酸酐）发生亲核取代反应，生成相应的多糖酯。

多糖的乙酰取代度大小将影响多糖的理化性质。乙酰化后的多糖水溶性明显增加，且随着取代度增大越容易溶解，如低取代的乙酰化绿豆淀粉溶解度及膨润力均增大，其水溶液的透明度增加；乙酰化淀粉的抗凝沉性增强，同时具有较好的凝胶特性。近年来，乙酰化反应已被广泛用于增加多糖的疏水性，多糖经乙酰化后显示出更好的降低油/水界面张力，赋予其两亲性。

（三）食品中重要的多糖

1. 淀粉

淀粉是多数食品的主要组成成分之一，也是人类营养最重要的碳水化合物来源。淀粉生产的原料为玉米、小麦、马铃薯、甘薯、稻、藕等农作物（表 3-5）。糖原是动物淀粉，是肌肉和肝脏组织中储存的主要碳水化合物，它在肌肉和肝脏中的浓度都很低，所以糖原在食品中的含量很少。

表 3-5 主要食物中淀粉含量

品种	含量/%	品种	含量/%
糙米	73	马铃薯	16
玉米	70	小麦	66

续表

品种	含量/%	品种	含量/%
大麦	40	高粱	60
藕	58	荞麦面	72
甘薯（鲜）	19	豌豆	58

淀粉一般由直链淀粉和支链淀粉构成。常见的食物中直链淀粉和支链淀粉的构成见表3-6。当直链淀粉比例较高时不易糊化，容易发生“老化”；甚至有的在温度100 ℃以上才能糊化，形成的糊化物不稳定；否则反之。直链淀粉糊化形成的糊化物不稳定，而支链淀粉糊化后是非常稳定的。

表3-6　一些淀粉中直链淀粉与支链淀粉的比例

淀粉来源	直链淀粉/%	支链淀粉/%	淀粉来源	直链淀粉/%	支链淀粉/%
高直链玉米	50～85	15～50	籼米	26～31	74～69
玉米	26	74	马铃薯	21	79
蜡纸玉米	1	99	木薯	17	83
小麦	28	72	粳米	17	83
藕	14	77	苦荞	19	49

（1）**淀粉的结构**（图3-5）

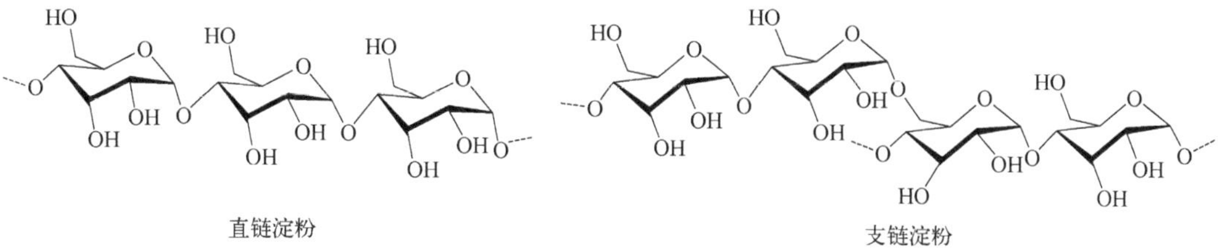

直链淀粉　　支链淀粉

图3-5　直链淀粉和支链淀粉的局部结构

① 直链淀粉的结构。直链淀粉是由葡萄糖以*α*-1,4-糖苷键缩合而成，分子量为3.2×10^4～1.6×10^5，甚至更大，聚合度为100～6000之间，直链淀粉在水溶液中并不是线型分子，而是由分子内的氢键作用使之卷曲成螺旋状，每个环转含有6个葡萄糖残基。

② 支链淀粉的结构。支链淀粉也是由葡萄糖组成的，但葡萄糖的连接方式与直链淀粉有所不同，是“树枝”状支叉结构。支链淀粉具有A、B和C 3种链，链的尾端具有一个非还原端基。A链是外链，经由*α*-l,6-糖苷键与B链连接，B链又经由*α*-l,6-糖苷键与C链连接，A链和B链的数目大致相等。C链是主链，每个支链淀粉只有一个C链。C链的一端为非还原端基，另一端为还原端基，A链和B链只有非还原端基。每个分支平均含20～30个葡萄糖残基，分支与分支之间相距一般有11～12个葡萄糖残基，各分支卷曲成螺旋状。支链淀粉分子是近似球形的大分子，相对分子质量约在10^7～5×10^8之间。

（2）**淀粉的糊化**　淀粉分子结构上虽有许多羟基，但由于羟基之间通过氢键缔合形成完整的淀粉粒不溶于冷水，能可逆地吸水并略微溶胀。如果给水中淀粉粒加热，则随着温度上升淀粉分子的振动加剧，分子之间的氢键断裂，因而淀粉分子有更多的位点可以和水分子发生氢键缔合。水渗入淀粉粒，使更多和更长的淀粉分子链分离，导致结构的混乱度增大，同时结晶区的数目和大小均减小。继续加热，淀粉发生不可逆溶胀。此时支链淀粉由于水合作用而出现无规卷曲，淀粉分子的有序结构受到破坏，最后完全成为无序状态，双折射和结晶结构也完全消失，淀粉的这个过程称为糊化。淀粉糊化的本质是淀粉微观结构从有序转变成无序。

淀粉糊化分为三个阶段。第一阶段：水温未达到糊化温度时，水分只是由淀粉粒的孔隙进入粒内，与许多无定形部分的极性基相结合，或简单地吸附，此时若取出脱水，淀粉粒仍可以恢复。第二阶段：加热至糊化温度，这时大量的水渗入到淀粉粒内，引起淀粉粒溶胀并像蜂窝一样紧密地相互推挤。扩张的淀粉粒流动受阻使之产生黏稠性，可用 Brabender 仪记录淀粉糊的黏度-温度曲线。第三阶段：膨胀的淀粉粒继续分离支解。当在 95 ℃恒定一段时间后，淀粉黏度急剧下降。淀粉糊冷却时，一些淀粉分子重新缔合形成不可逆凝胶。

利用淀粉的糊化的特性在食品加工中应用广泛，经高度糊化的食品松软、适口性好、容易复水速食、易被淀粉酶水解消化。如方便面、方便米饭等方便食品，就是充分利用糊化和防老化原理制成的食品。方便面生产工艺过程中的蒸面工序，就是使淀粉成为糊化淀粉，并添加一定量的水溶性乳化油脂或单甘油酯等表面活性剂，再经过油炸或真空干燥快速脱水，迅速固定原有的糊化度，而成为能快速复水的速食面。若蒸面时温度、湿度掌握不当，淀粉糊化度低，又没有采取抑制老化的措施，这种方便面的组织硬实，不易用开水泡开，无法食用。其他还有如方便米粉、膨化食品（各种虾条、米花棒、代乳粉、速食麦片等）都是分别经过蒸熟、迅速干燥，或经过高温高压膨化干燥，或经过蒸汽滚筒机快速糊化和干燥制成的糊化食品。优质的面包和糕点也是应用糊化原理并添加了相应的食品添加剂，制成保鲜期较长的食品。所以，加工食品要充分掌握淀粉的特性，工艺参数和配方，使淀粉充分糊化而不老化，才能制得理想的各类食品。

（3）**淀粉的老化** 热的淀粉糊冷却时，通常形成黏弹性的凝胶，凝胶中联结区的形成表明淀粉分子开始结晶，并失去溶解性。通常将淀粉糊冷却或贮藏时，淀粉分子通过氢键相互作用产生沉淀或不溶解的现象，称作淀粉的老化。淀粉老化实质上是一个再结晶的过程。许多食品在贮藏过程中品质变差，如面包的陈化、米汤的黏度下降并产生白色沉淀等，都是淀粉老化的结果。影响淀粉老化的因素主要有以下方面。

① 淀粉的种类。直链淀粉分子呈直链状结构，在溶液中空间障碍小，易与氢键结合，所以容易老化。分子量大的直链淀粉由于取向困难，比分子量小的老化慢。聚合度在 100～200 的直链淀粉，由于易于扩散，最易老化。而支链淀粉分子呈树枝状结构，不易老化。

② 淀粉的浓度。溶液浓度大，分子碰撞机会多，易于老化。但水分含量在 10%以下时，淀粉难以老化；水分含量在 30%～60%，尤其是在 40%左右，淀粉最易老化。

③ 无机盐的种类。无机盐离子有阻碍淀粉分子定向取向的作用，阻碍作用大小的顺序如下：$SCN^- > PO_4^{3-} > CO_3^{2-} > I^- > NO_3^- > Br^- > Cl^-$，$Ba^{2+} > Ca^{2+} > K^+ > Na^+$。

④ 食品的 pH。溶液的 pH 对淀粉老化有影响，pH 在 5～7 时，老化速度快；而在偏酸或偏碱性时，因带有同种电荷，淀粉老化减缓。

⑤ 温度的高低。淀粉老化的最适温度是 2～4 ℃，60 ℃以上或-20 ℃以下就不易老化，

但温度恢复至常温，老化仍会发生。

⑥ 冷冻的速度。糊化的淀粉缓慢冷却时，淀粉分子有足够的时间取向排列，会加重老化。而速冻使淀粉分子间的水分迅速结晶，不易"脱水收缩"，阻碍淀粉分子靠近，淀粉分子来不及取向，分子间的氢键结合不易发生，故可降低老化程度。

⑦ 共存物的影响。脂类和乳化剂可抗老化；多糖（果胶例外）、蛋白质等亲水大分子可与淀粉竞争水分子，干扰淀粉分子平行靠拢，从而起到抗老化作用。表面活性剂或具有表面活性的极性脂如单酰甘油及其衍生物硬脂酰-α-乳酸钠（SSL）添加到面包和其他食品中，可延长货架期。直链淀粉的疏水螺旋结构，使之可与极性脂分子的疏水部分相互作用形成配合物，从而影响淀粉糊化、抑制淀粉分子的重新排列，可推迟淀粉的老化过程。

粉条的制作就是利用淀粉的老化特性，使淀粉经糊化后，迅速老化凝沉，制成产品。传统手工粉条是经打芡（少量淀粉糊化）、调制面团、漏粉、煮粉糊化、冷却或冷冻（老化）、干燥等工序制成。机制粉条是在调制面团后，挤压成颗粒蒸熟，再用粉条机成型，经冷凝、干燥而成（为二步法）。还有一步法工艺，即在调制面团后，用粉条机一次完成加热糊化和成型，再冷凝、干燥。这几种加工工艺的共同点都是加热糊化和冷却老化，它是制得优质粉条的关键工艺。粉皮与龙虾片的加工工艺也与粉条大体相同。

（4）淀粉的改性 尽管天然淀粉具有廉价易得、成本低、可再生和绿色安全等优点，但存在如易老化、脱水收缩、高回生倾向、热稳定性差、抗剪切能力低等缺点，因此在工业领域应用中受到了限制。例如未经改良的甘薯产品具有不可接受的硬度和较差的透明度，进而降低了消费者的接受度。因此，需要在天然淀粉原有特性的基础上通过外界方法对淀粉进行改性从而获得所需特性的改性淀粉。根据淀粉的结构特点，分子链中存在着大量的羟基和糖苷键，这些官能团可以依靠物理、化学、酶技术或它们的组合方式进行改性。

改性淀粉可提高淀粉糊的透明度，改善食品外观，提高其光泽度；还可以在高温、高剪切力和低 pH 条件下保持较高的黏度稳定性，从而保持增稠能力，改善乳化性能，形成稳定的水、油混合体系。改性处理可提高淀粉浓度，降低淀粉黏度，还可提高淀粉形成凝胶的能力，提高淀粉溶解度或改善其在冷水中的吸水膨胀能力，改善淀粉在食品中的加工性能，满足食品工业应用。

常用的制备改性淀粉的方法主要有物理、化学、酶的单一改性技术和它们的双重组合改性技术。制备改性淀粉的主要原理是在淀粉分子上引入新的官能团或改变淀粉分子大小和淀粉颗粒性质，从而提高淀粉的特性和质量。化学改性因其成本效益和简单性而在行业中使用最多。这种方法通常涉及通过酯化、醚化和氧化改变淀粉分子 C2、C3 和 C6 位置的羟基。然而，传统的化学方法存在潜在的环境危害。因此，可以使用环保方法来修饰淀粉性质，这些方法包括物理修饰、酶修饰。酶改性方法安全有效，但成本高于其他两种方法。这两种非化学改性方法在环境影响、特异性和对食品工业应用的适用性方面都具有独特的优势，为改性淀粉以满足特定功能要求提供了广泛的可能性。另外，改性淀粉也可以应用于造纸业、食品包装、医药等领域。

2. 纤维素和半纤维素

（1）纤维素 纤维素是自然界存量最多的多糖，是植物细胞壁的主要结构成分，通常与半纤维素、果胶和木质素结合在一起，其结合方式和程度对植物源食品的质地影响很大。

而植物在成熟和后熟时质地的变化则是由果胶物质发生变化引起的。人体消化道不存在纤维素酶，所以无法直接利用，是一类重要的膳食纤维。纤维素的结构与直链淀粉一样，是D-葡萄糖呈直链状连接的，不同的是纤维素通过β-1,4-糖苷键结合。

纤维素不溶于水，对稀酸和稀碱特别稳定，几乎不还原费林试剂。只有用高浓度的酸（60%～70%硫酸或 41%盐酸）或稀酸在高温下处理才能分解，分解的最后产物是葡萄糖。这个反应用于从木材直接生产葡萄糖（木材糖化），用针叶树糖化生产的是己糖，用落叶树糖化生产的是戊糖。

纤维素用于造纸、纺织品、化学合成物、炸药、胶卷、医药和食品包装、发酵（酒精）、饲料生产（酵母蛋白和脂肪）、吸附剂和澄清剂等。它的长链中常有许多游离的羟基，具有羟基的各种特征反应，如成酯和成醚等。纤维素经改性后的典型代表如羧甲基纤维素、甲基纤维素及羟丙基纤维素，在食品加工中得到广泛应用。

（2）半纤维素 半纤维素也是一种多糖，是植物细胞壁的构成成分，水解时生成大量戊糖、葡萄糖醛酸和某些脱氧糖。食品中最普遍存在的半纤维素是由β-1,4-D-吡喃木糖单位组成的木聚糖，这种聚合物通常含有连接在某些D-木糖基C3 位上的β-L-呋喃阿拉伯糖基侧链，其他特征成分包括D-葡萄糖醛酸-4-*O*-甲基醚、D-或L-半乳糖和乙酰酯基。

半纤维素在食品焙烤中最主要的作用是提高面粉对水的结合能力，改善面包面团的混合品质，降低混合所需能量，有助于蛋白质的掺和，增加面包体积。含植物半纤维素的面包比不含半纤维素的面包变干硬的时间长。半纤维素也是膳食纤维的来源之一。

半纤维素是膳食纤维的一个重要来源，对肠蠕动、粪便量和粪便通过时间产生有益生理效应，对促使胆汁酸的消除和降低血液中的胆固醇方面也会产生有益的影响。研究表明，它可以减轻心血管疾病、结肠紊乱，特别是防止结肠癌。食用高纤维膳食的糖尿病病人可以减少对胰岛素的需求量，但是，多糖胶和纤维素在小肠内会减少某些维生素和必需微量元素的吸收。

3. 其他多糖

除了淀粉、纤维素和半纤维素外，在植物、动物及微生物中蕴含多种多糖，如果胶、琼胶、卡拉胶、褐藻胶、阿拉伯胶、瓜尔豆胶、刺槐豆胶、魔芋胶、黄原胶、黄杆菌胶、壳聚糖等，这些天然的多糖物质被广泛用作食品加工行业。

第三节　糖类化合物在食品加工中的作用

一、亲水功能

糖类化合物对水的亲和力是其基本的物理性质之一。这类化合物有许多亲水性羟基，羟基靠氢键键合与水分子相互作用，使糖及其聚合物发生溶剂化或者增溶。糖类化合物对水的结合速度和结合量有极大的影响。

虽然 D-果糖和 D-葡萄糖的羟基数目相同，但 D-果糖的吸湿性比 D-葡萄糖要大得多，在 100%相对湿度环境中，蔗糖和麦芽糖的吸收水量相同，而乳糖所能结合的水则很少。实际上，结晶好的糖完全不吸湿，因为它们的大多数氢键键合位点已经形成了糖-糖氢键。不纯的糖或糖浆一般比纯糖吸收水分更多、速度更快，“杂质”是糖的异头物时也可明显产生吸湿现象；有少量低聚糖存在时吸湿更为明显，如饴糖、淀粉糖浆中存在异麦芽低聚糖。“杂质”可干扰糖-糖间的作用力，主要是妨碍糖分子间形成氢键，使糖的羟基更容易和周围的水分子发生氢键键合。

糖类化合物结合水和控制食品中水的活性是最重要的功能之一，结合水的能力通常称为“保湿性”。根据这些性质可以确定不同种类食品需要限制从外界吸入水分或者是控制食品中水分的损失，如生产糖霜粉时需添加不易吸收水分的糖，生产蜜饯、焙烤食品时需要添加吸湿性较强的淀粉糖浆、转化糖、糖醇等。

二、风味前体功能

低分子量的糖类化合物的甜味是最容易辨别和令人喜爱的性质之一。蜂蜜和大多数果实的甜味主要取决于蔗糖、D-果糖或 D-葡萄糖的含量。人所能感受到的甜味因糖的组成、构型和物理形态而异。

糖醇可作为食品甜味剂。有的糖醇如木糖醇的甜度超过其母体糖（木糖）的甜度，并具有低热量或不致龋齿等优点。此外，可作为甜味剂的还有山梨糖醇、赤藓糖醇、甘露糖醇、麦芽糖醇、乳糖醇、异麦芽糖醇等。

自然界中还存在少量有较高甜味的糖苷，如甜菊苷、甜菊双糖苷、甘草甜素等。一些多糖水解后的产物可作为甜味剂，如淀粉水解的产物淀粉糖浆、麦芽糖浆、果葡糖浆、葡萄糖等。

一些糖的非酶褐变反应除了产生深颜色黑精色素外，还生成多种挥发性风味物质，这些挥发性物质有些是需宜的，有些则是非需宜的，例如花生、咖啡豆在焙烤过程中产生的褐变风味。这些褐变产物除了使食品产生风味外，它本身可能具有特殊的风味或者能增强其他风味，具有这种双重作用的焦糖化产物是麦芽酚和乙基麦芽酚。

糖的热分解产物有吡喃酮、呋喃、呋喃酮、内酯、羰基化合物、酸和酯类等。这些化合物总的风味和香气特征使某些食品产生特有的香味。美拉德反应也可以形成挥发性香味剂，这些化合物主要是吡啶、吡嗪和吡咯等。但当产生的挥发性和刺激性产物超过一定范围时，也会使人产生厌恶感。

三、风味结合功能

很多食品，特别是喷雾或冷冻干燥脱水的食品，糖类化合物在这些脱水过程中对于保持食品的色泽和挥发性风味成分起重要的作用，它可以使糖-水相互作用转变成糖-风味剂相互作用。

食品中的双糖比单糖更有效地保留挥发性风味成分，这些风味成分包括多种羰基化合物（醛或酮）和羧酸衍生物（主要是酯类），双糖中分子量较大的低聚糖是有效的风味结合剂。沙丁格糊精能形成包合结构，所以能有效地截留风味剂和其他小分子化合物。大分子量糖类化合物是一类很好的风味固定剂，应用最普遍和最广泛的是阿拉伯树胶。阿拉伯树胶在风味物颗粒的周围形成一层薄膜，从而可以防止水分的吸收、蒸发和化学氧化造成的损失。阿拉伯树胶和明胶还用作柠檬、甜橙和可乐等乳浊液的风味乳化剂。

四、增稠、胶凝和稳定作用

1. 多糖溶液的增稠与稳定作用

多糖（亲水胶体或胶）主要具有增稠和胶凝的功能，此外还能控制液体食品与饮料的流动性质与质构以及改变食品的变形性等。在食品生产中，一般使用 0.25%～0.5%的胶即能产生极大的黏度，甚至形成凝胶。

高聚物溶液的黏度同分子的大小、形状及其在溶液中的构象有关。在食品和饮料中，多糖的溶液是含有其他溶质的水溶液。一般多糖分子在溶液中呈无序的无规则线团状态，但是大多数多糖的状态与严格的无规则线团存在偏差，它们形成紧密的线团。线团的性质同单糖的组成与连接有关，有些是紧密的，有些是松散的。

溶液中线型高聚物分子旋转时占很大的空间，分子间彼此碰撞频率高，产生摩擦，因而具有很高的黏度。线型高聚物溶液黏度很高，甚至当浓度很低时其溶液的黏度仍很高。黏度同高聚物的分子量大小、溶液化高聚物链的开关及柔顺性有关。高度支链的多糖分子比具有相同分子量的直链的多糖分子占有的体积小得多，因而相互碰撞频率也低，溶液的黏度也比较低。

对于带一种电荷的直链多糖（一般是带负电荷，它由羧基或硫酸半酯基电离而得），由于同种电荷相互排斥，溶液的黏度大大提高。一般情况下，一带电荷的直链均匀多糖分子倾向于缔合和形成部分结晶，这是因为不带电的直链多糖分子通过加热溶于水形成不稳定的分子分散体系，它会非常快地出现沉淀或胶凝。此过程的主要机理是不带电的多糖分子链段相互碰撞形成分子间键，因而分子间产生缔合，在重力作用下产生沉淀或形成部分结晶。

亲水胶体溶液的流动性质同水合分子的大小、形状、柔顺性、所带电荷的多少有关。多糖溶液一般具有两类流动性质：一类是假塑性，一类是触变性。假塑性流体是剪切稀释，剪切速率增高黏度快速下降；流动越快则黏度越小，流动速率随外力增加而增加；黏度变化与时间无关。线型高聚物分子溶液一般是假塑性的。一般来说，分子量越高的胶，假塑性越大。假塑性大的称为“短流”，其口感是不黏的，假塑性小的称为“长流”，其口感是黏稠的。触变性也是剪切变稀，随流动速率增加黏度降低不是瞬时发生的，但在恒定的剪切速度下黏度降低与时间有关，剪切停止后需要一定的时间才能恢复到原有的黏度。触变性溶液在静止时显示出弱凝胶结构。

2. 多糖的胶凝作用

在许多食品中，一些共聚物分子（多糖或蛋白质）能形成海绵状的三维网状凝胶结构。连续的三维网状结构是由高聚物分子通过氢键、疏水相互作用力、范德瓦尔斯力、离子键、缠结或共价键形成联结区，网孔中充满了液相，液相是由低分子量溶质和部分高聚物组成的水溶液。

凝胶具有二重性，既具有固体性质，也具有液体性质。海绵状三维网状凝胶结构是具有黏弹性的半固体，显示部分弹性和部分黏性。虽然多糖凝胶只含有 1%高聚物、含有 99%水分，但能形成很强的凝胶，如甜食凝胶、果冻等。

第四节　膳食纤维

膳食纤维，作为继蛋白质、脂肪、碳水化合物等之后的第七大营养素，因其独特的生理功能在食品工业中占据重要地位。膳食纤维不仅有助于控制血糖、降低胆固醇、促进肠道健康，还能有效预防便秘及结肠癌等慢性疾病，显著提升食品的营养价值和健康效益。

1972 年，H.C. Trowell 首次引入，膳食纤维，（dietary fiber）这个词，并将其定义为“食物中那些不被人体消化吸收的植物成分”。1976 年 Trowell 重新给膳食纤维下了定义，即“将那些不被人体消化吸收的多糖类碳水化合物与木质素统称为膳食纤维”。2001 年美国化学家协会对膳食纤维的最新定义为：膳食纤维是指能抗人体小肠消化吸收而在人体大肠能部分或全部发酵的可食用的植物性成分、碳水化合物及其相类似物质的总和，包括多糖、寡糖、木质素以及相关的植物物质。膳食纤维的化学组成主要包括三大部分：①纤维状碳水化合物——纤维素；②基料碳水化合物——果胶、果类化合物和半纤维素；③填充类化合物——木质素。

从具体组成成分来看，膳食纤维包括阿拉伯半乳聚糖、阿拉伯聚糖、半乳聚糖、半乳聚糖醛酸、阿拉伯木聚糖、木糖葡聚糖、蛋白、纤维素和木质素等。各种不同来源的膳食纤维制品，其化学成分的组成与含量各不相同。

一般来说，膳食纤维可按溶解性分为水溶性膳食纤维（SDF）和水不溶性膳食纤维（IDF）两大类；按来源又可分为大豆膳食纤维、玉米膳食纤维、麦麸膳食纤维等。可溶性膳食纤维能溶于水，并在水中形成凝胶，包括果胶、树胶等亲水胶体物质和部分半纤维素。主要存在于水果、燕麦、豆类、海藻类和某些蔬菜中，如苹果、猕猴桃、油麦菜、燕麦、魔芋等。此外，果胶、藻胶、豆胶及树胶等也属于可溶性膳食纤维。可溶性膳食纤维主要功能是可减少血液中的胆固醇水平，调节血糖水平，从而降低心脏病的危险，改善糖尿病，有助于心血管健康。不溶性膳食纤维，包括纤维素、木质素和部分半纤维素，主要存在于谷物的外皮、根茎类蔬菜以及粗粮中，如荞麦、绿豆、麦片、玉米皮等。非可溶性膳食纤维主要功能是膨胀，可以调节肠的功能，防止便秘，保持身体健康。

思考题

1. 根据所学知识解释，没有煮熟的地瓜冷却后很难再煮软的原因是什么？
2. 为何面包在烘焙之后会产生金黄色？
3. 什么是淀粉的糊化和老化？如何预防淀粉的老化。
4. 简述膳食纤维及其生理活性。

参考文献

［1］ Belitz H D，Grosch W，Schieberle P. Food Chemistry. 4th ed. Berlin・Heidelberg：Springer-Ver Lag，2009.
［2］ 阚建全. 食品化学. 2 版. 北京：中国农业大学出版社，2008.
［3］ 谢笔钧. 食品化学. 2 版. 北京：科学出版社，2004.
［4］ 赵新淮. 食品化学. 北京：化学工业出版社，2006.
［5］ 汪东风，等. 食品化学. 4 版. 北京：化学工业出版社，2023.
［6］ 迟玉杰. 食品化学. 北京：化学工业出版社，2012.
［7］ 卢燕霞. 膳食纤维在食品加工中的应用研究进展. 现代食品，2024，30（17）：26-18.
［8］ 周建芹，等. 淀粉糊老化研究及应用. 郑州工程学院学报，2002，23（4）：80-83.
［9］ 唐联坤. 淀粉糊化、老化特性与食品加工. 陕西粮油科技，1996，21（3）：26-28.
［10］ 吴宇昊，等. 不同莲藕品种的营养品质分析与评价. 中国瓜菜，2024，37（4）：127-132.
［11］ 王延平，等.美拉德反应产物抗氧化性能研究进展. 食品与发酵工业，1998，24（1）：70-73.
［12］ 欧仕益，等. 淀粉老化//农业科学编委会. 10000 个科学难题・农业科学卷. 北京：科学出版社，2011：428-430.
［13］ 房芳，等. 多糖乙酰化修饰的最新研究进展. 黑龙江八一农垦大学学报，2017，29（2）：42.
［14］ 赵谋明，等. 淀粉结构与食品品质//农业科学编委会. 10000 个科学难题・农业科学卷. 北京：科学出版社，2011：425-426.
［15］ 景浩. 食品加工中的美拉德反应//农业科学编委会. 10000 个科学难题・农业科学卷. 北京：科学出版社，2011：437-441.
［16］ 袁翰青. 我国制糖的历史. 化学通报，1995，（08）：505-511.

第四章
脂　类

油炸食品香酥可口、各种糕点甜美诱人，这些食品的制作都离不开脂类化合物，脂类化合物在食品加工过程中起到哪些作用？

市面上含欧米伽 3、欧米伽 6 和欧米伽 9 的保健品或胶囊，有的甚至还被商家宣传具有治疗高血压、高血脂等各种疾病，什么是欧米伽 3、欧米伽 6 和欧米伽 9？真的有商家说的那些功能吗？

为什么要学习本章？

脂类是食品的重要组成成分和人类的营养物质，是必须脂肪酸和脂溶性维生素的载体，不仅可以作为传热介质用于油炸脱水，而且赋予食品特殊的外观、质构和色香味。但是，富含脂类物质在食品加工和贮藏过程中的化学变化，特别是氧化、水解等反应，会给食品的品质带来有利的或不利的影响。此外，过高的脂肪摄入量还会带来一系列健康问题，如增加肥胖症、心血管疾病的患病风险。

第一节 概 述

脂类是生物体内的一类重要化合物，不溶于水但能溶于有机溶剂。脂类主要包括脂肪（三酰基甘油）、磷脂、糖脂和固醇等，其中脂肪酸甘油酯即三酰基甘油是其主要存在形式，约占总量的99%。习惯上将室温条件下呈液态的脂类称为油，呈固态的脂类称为脂肪，它们统称为油脂或中性脂肪。尽管脂类的化学结构及功能因种类不同而有所差异，但它们通常具有以下共同特征：①绝大多数不溶于水，而易溶于乙醚、石油醚、氯仿等有机溶剂；②大多数具有三酰基甘油的结构，并以脂肪酸形成的酯最多；③都是由生物体产生，并能被生物体所利用。

一、脂类的分类

按化学结构及其组成，可将脂类分为简单脂类、复合脂类和衍生脂类。简单脂类是由脂肪酸和醇类形成的酯，包括酰基甘油酯（最丰富的为甘油三酯）、蜡类（含14～36个碳原子的饱和或不饱和脂肪酸与含16～30个碳原子的一元醇形成的酯）；复合脂类指单纯脂类的生物，包括甘油磷脂（甘油与脂肪酸、磷酸盐和其他含氮基团形成）、糖脂（甘油与脂肪酸、单糖或双糖形成）和硫脂（甘油与硫酸、脂肪酸及其他含硫基团形成）等；衍生脂类由单纯脂类或复合脂类衍生而来，包括萜类天然色素、香精油、类固醇、脂溶性维生素（A、D、E、K）等。

按饱和程度，可将脂类分为干性油、半干性油和不干性油。干性油指碘值＞130的脂类，如桐油、亚麻子油、红花油等；半干性油指碘值为100～130的脂类，如棉子油、大豆油等；不干性油指碘值＜100的脂类，如花生油、菜子油、蓖麻油等。

按常温下的状态，可将脂类分为油（呈液态）和脂（呈固态）。

按来源可将脂类分为植物油、动物油、合成油脂、海产品油、微生物油、乳脂等。

按照酰基能够皂化，可分为不可皂化的简单脂质（如脂肪酸、类固醇、类胡萝卜素等）和可皂化的酰基脂质（包括脂肪酸甘油酯和磷脂等）。

二、脂类的结构和命名

知识拓展

在一档电视节目中推销鱼油，主持人问嘉宾“欧米伽3的效果怎么样？”，嘉宾说之前有高血压、高血糖和高血脂，现在吃了欧米伽3之后，“各个部位的检查都比较正常”。那么什么是欧米伽3？这个推销是否涉及虚假宣传？

根据《中华人民共和国反不正当竞争法》第八条，保健品虚假宣传的认定主要包括以下几个方面：①经营者对其商品的性能、功能、质量、销售状况、用户评价、曾获荣誉等作虚假或者引人误解的商业宣传，欺骗、误导消费者。②经营者通过组织虚假交易等方式，帮助其他经营者进行虚假或者引人误解的商业宣传。

（一）脂肪酸的结构和命名

1. 脂肪酸的结构

天然油脂中绝大多数是脂肪酸甘油三酯，故构成甘油三酯的脂肪酸种类、长度、双键数量以及几何构型等对油脂的性质有重要影响。自然界中存在的天然脂肪酸绝大多数是含偶数碳的长链（碳数≥14）直链脂肪酸，也有少量其他脂肪酸，如奇数碳脂肪酸、支链脂肪酸和羟基脂肪酸等。根据分子中烃基是否饱和，脂肪族羧酸可以分为饱和脂肪酸和不饱和脂肪酸。

（1）**饱和脂肪酸** 天然食用油中的饱和脂肪酸主要是长链、直链且偶数碳原子的脂肪酸，如棕榈酸和硬脂酸等；但在乳脂中也有一定数量的短链脂肪酸，奇数碳原子及支链的饱和脂肪酸很少见。

（2）**不饱和脂肪酸** 天然食用油脂的不饱和脂肪酸常含有一个或多个双键，而且双键之间含有一个亚甲基。根据含有双键的数量多少，分为单不饱和脂肪酸（含 1 个双键）和多不饱肪酸（含 2 个及以上的双键），前者包括油酸、棕榈油酸等，后者包括亚油酸（含 2 个双键）、亚麻酸（3 个双键）、花生四烯酸（含 4 个双键）。某些多不饱和脂肪酸，如亚油酸和亚麻酸等，在人体内有特殊的生理作用，是机体不可或缺的，但人体不能自身合成，必须从食物中摄取，这类脂肪酸被称为必需脂肪酸。

2. 脂肪酸的结构

（1）**俗名或普通名** 通常是根据其来源命名，例如棕榈酸、月桂酸、酪酸、花生酸和油酸等。常见脂肪酸的命名见表 4-1。

（2）**系统命名法**

① 根据国际纯粹与应用化学联合会（International Union of Pure and Applied Chemistry，IUPAC）颁布命名的规则，选择含有羧基和双键（对于不饱和脂肪酸）的最长碳链为主链，从羧基端开始编号，然后按照有机化学中的系统命名法进行命名，并标出双键的位置。例如：

$CH_3（CH_2）_4CH{=\!=}CHCHCH{=\!=}CH（CH_2）_7COOH$ 9,12-十八碳二烯酸

② ω 编号系统 从离羧基最远的碳原子开始计数，第一个双键出现的碳原子位置即为 ω 值。常常使用希腊字母 Ω（大写）或 ω（小写）表示，Ω 的英文名称是 Omega，中文名称是欧米伽。ω-3（欧米伽 3）主要包括 *α*-亚麻酸（ALA）、二十碳五烯酸（EPA）和二十二碳六烯酸（DHA）；ω-6（欧米伽 6）主要包括亚油酸、*γ*-亚麻酸、皮诺敛酸和花生四烯酸；ω-9（欧米伽 9）主要包括油酸、芥酸。

（3）数字命名法 用 n∶m 的形式来表示，其中 n 表示碳原子数，m 表示双键数。例如：$CH_3(CH_2)_{14}COOH$十六碳酸（棕榈酸），表示为16∶0；$CH_3(CH_2)CH{=\!=}CHCHCH{=\!=}CH(CH_2)_7COOH$ 9,12-十八碳二烯酸，表示为18∶2。

对于不饱和脂肪酸，有时还需标出双键的位置，可从碳链甲基端开始编号，以“ω 数字”或“n 数字”表示其第一个双键的碳原子位置。由于天然多烯酸（一般含 2～6 个双键）的双

键都是被亚甲基隔开，因此，只要确定了第一个双键的位置，其余双键的位置也就确定了，如油酸为 18∶1 ω9，亚油酸为 18∶2 ω6，*α*-亚麻酸则为 18∶3 ω3。

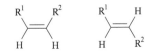

图 4-1　顺式（*cis*-）和反式（*trans*-）

不饱和脂肪酸双键的几何构型一般可用顺式（*cis*-）和反式（*trans*-）来表示，它们分别表示烃基在分子同侧或异侧（图 4-1）。不饱和脂肪酸天然存在的形式多为顺式构型，但在加工和贮藏过程中部分双键会转变为反式，反式构型在热力学上更稳定。近年来，反式脂肪酸与人体健康的关系备受关注。

（4）英文缩写　每种脂肪酸可以用其英文名称的第一个字母表示。例如，P 和 O 分别表示棕榈酸和油酸。

表 4-1　常见脂肪酸的命名

分类	分子结构式	系统命名	数字命名	俗名	英文缩写
饱和脂肪酸	$CH_3(CH_2)_2COOH$	丁酸	4∶0	酪酸	B
	$CH_3(CH_2)_4COOH$	己酸	6∶0	己酸	H
	$CH_3(CH_2)_6COOH$	辛酸	8∶0	辛酸	Oc
	$CH_3(CH_2)_8COOH$	癸酸	10∶0	癸酸	D
	$CH_3(CH_2)_{10}COOH$	十二酸	12∶0	月桂酸	La
	$CH_3(CH_2)_{12}COOH$	十四酸	14∶0	肉豆蔻酸	M
	$CH_3(CH_2)_{14}COOH$	十六酸	16∶0	棕榈酸	P
	$CH_3(CH_2)_{16}COOH$	十八酸	18∶0	硬脂酸	St
	$CH_3(CH_2)_{18}COOH$	二十酸	20∶0	花生酸	Ad
不饱和脂肪酸	$CH_3(CH_2)_5CH{=}CH(CH_2)_7COOH$	9-十六碳烯酸	16∶1	棕榈油酸	Po
	$CH_3(CH_2)_7CH{=}CH(CH_2)_7COOH$	9-十八碳烯酸	18∶1 ω9	油酸	O
	$CH_3(CH_2)_3(CH_2CH{=}CH)_2(CH_2)_7COOH$	9,12-十八碳烯二酸	18∶2 ω6	亚油酸	L
	$CH_3(CH_2CH{=}CH)_3(CH_2)_7COOH$	9,12,15-十八碳烯三酸	18∶3 ω3	*α*-亚麻酸	*α*-Ln
	$CH_3(CH_2)_3(CH_2CH{=}CH)_3(CH_2)_4COOH$	6,9,12-十八碳烯三酸	18∶3 ω6	*γ*-亚麻酸	*γ*-Ln
	$CH_3(CH_2)_4(CH{=}CHCH_2)_4(CH_2)_2COOH$	5,8,11,14-二十碳四烯酸	20∶4 ω6	花生四烯酸	ARA
	$CH_3CH_2(CH{=}CHCH_2)_5(CH_2)_2COOH$	5,8,11,14,17-二十碳五烯酸	20∶5 ω3	二十碳五烯酸	EPA
	$CH_3(CH_2)_7CH{=}CH(CH_2)_{11}COOH$	13-二十碳一烯酸	20∶1 ω9	芥酸	E
	$CH_3CH_2(CH{=}CHCH_2)_6CH_2COOH$	4,7,10,13,16,19-二十二碳六烯酸	22∶6 ω3	二十二碳六烯酸	DHA

（二）脂肪的结构和命名

1. 酰基甘油的结构

天然油脂是由甘油与脂肪酸结合而成的单酰基甘油、二酰基甘油和三酰基甘油混合物，但主要是以三酰基甘油形式存在，食用油脂几乎完全是由三酰基甘油组成，其结构式如图 4-2 所示。

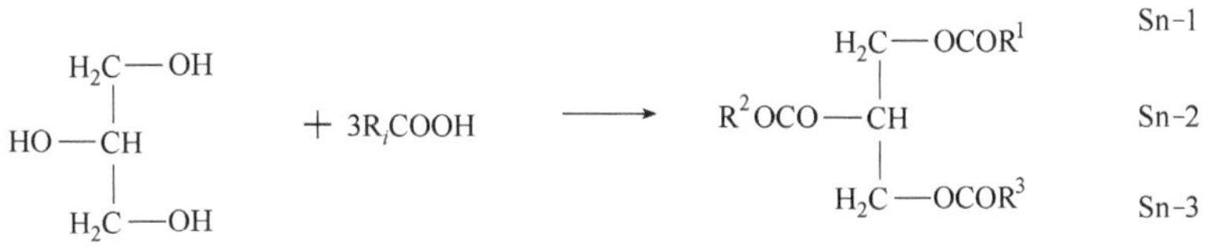

$$
\begin{array}{l} H_2C-OH \\ \quad | \\ HO-CH \\ \quad | \\ H_2C-OH \end{array} + 3R_iCOOH \longrightarrow \begin{array}{ll} \quad\quad H_2C-OCOR^1 & \text{Sn-1} \\ \quad\quad\quad | & \\ R^2OCO-CH & \text{Sn-2} \\ \quad\quad\quad | & \\ \quad\quad H_2C-OCOR^3 & \text{Sn-3} \end{array}
$$

图 4-2　三酰基甘油酯结构式

如果 R^1、R^2 和 R^3 相同，就称之为简单三酰基甘油，否则称之为混合三酰基甘油。当 R^1、R^2 和 R^3 不完全相同时，C2 原子具有手性，天然油脂构型多为 L 型。

2. 酰基甘油的命名

对三酰基甘油的命名，目前广泛采用赫尔斯曼（Hirschman）提出的立体有择位次编排命名法（stereospecific numbering，Sn）命名。它是在甘油的 Fischer 投影式中，将中间的羟基写在中心碳原子的左边，碳原子由上至下编号为 1、2、3。

例如，当硬脂酸在 Sn-1 位酯化、油酸在 Sn-2 位酯化、亚油酸在 Sn-3 位酯化时，形成的三酰基甘油可命名为：Sn-甘油-1-硬脂酸酯-2-油酸酯-3-亚油酸酯，或 Sn-18∶0-18∶1-18∶2，或 Sn-StOL。

在 Sn 系统命名法中，常用一些词头来指明脂肪酸在三酰基甘油分子中分布的位置。

Sn：在甘油的前面，表明 Sn-1、Sn-2 和 Sn-3 的位置。

Rac：表示两个对映体的外消旋混合物，缩写中的中间脂肪酸连接在 Sn-2 位置，而其余两种脂肪酸在 Sn-1 和 Sn-3 之间均等分配，如 Rac-StOM 表示等量的 Sn-StOM 和 Sn-MOSt 的混合物。

β：表示缩写符号中间的脂肪酸在 Sn-2 位置，而其余两种脂肪酸的位置可能是 Sn-1 或 Sn-3，如 β-StOM 表示任何比例的 Sn-StOM 和 Sn-MOSt 的混合物。

简单三酰基甘油（如 MMM）或者脂肪酸的分布位置是未知的，也可以不写词头，可能是异构体的混合物，如 StOM 用来表示 Sn-StOM、Sn-MOSt、Sn-OStM、Sn-MStO、Sn-StMO 和 Sn-OMSt 的任一比例的混合物。

第二节　脂类的理化性质

一、脂类的物理特性

1. 色泽和气味

纯净的油脂是无色的，绝大多数油脂是无味的，油脂的气味是由非脂成分产生的，如芝麻油的香味是由乙酰吡嗪引起的，椰子油的香味是由壬基甲酮引起的。此外，脱臭不完全、油脂氧化会使油脂中带有原料本身特征风味或异味。

2. 熔点和沸点

天然脂肪是各种甘油酯的混合物，所以没有确定的熔点和沸点，只有一段油脂熔化或沸腾的温度范围。油脂的熔点一般最高在 40～55 ℃。

饱和脂肪酸的熔点主要取决于碳链的长度，但在偶数碳和奇数碳饱和脂肪酸之间存在交互现象，即奇数碳饱和脂肪酸的熔点低于相邻偶数碳饱和脂肪酸的熔点，这种熔点差随着碳链的增长而减小。支链脂肪酸熔点低于同碳数的直链脂肪酸。羟基脂肪酸由于形成氢键而导致熔点上升。不饱和脂肪酸的熔点通常低于饱和脂肪酸。双键数量越多，熔点越低；双键越靠近碳链的两端，熔点越高。

游离脂肪酸、单酰基甘油、二酰基甘油和三酰基甘油熔点依次降低，这是由于它们之间的极性依次降低，相互间作用力依次减弱的缘故。三酰基甘油的熔点随其所含饱和脂肪酸的量及脂肪酸碳链长度的增加而升高（分子间作用力增大）；含有反式脂肪酸的脂肪的熔点高于含有顺式脂肪酸相应的脂肪的熔点（顺式双键由于空间形状妨碍了脂肪酸之间的相互作用）；含共轭双键的脂肪也比含非共轭双键的脂肪熔点高（共轭作用有利于脂肪酸之间的相互作用）。

油脂的沸点一般在 180～220 ℃，它随着脂肪酸链增长而增高，但碳链长度相同、饱和度不同的脂肪酸沸点变化不大。油脂在贮藏和使用过程中，随着游离脂肪酸增多，其冒烟的发烟点会逐渐低于沸点。

3. 烟点、闪点和着火点

（1）**烟点**　是指油脂受热时肉眼能看见样品的热分解物或杂质连续挥发的最低温度。精炼的油脂烟点一般在 240 ℃左右，对于含有较多游离脂肪酸的油脂（如未经精炼加工的油脂），其烟点会大幅度下降。

（2）**闪点**　是在严格规定的条件下加热油脂，油脂挥发物能被点燃但不能维持燃烧的温度。油脂的闪点一般在 340 ℃左右。

（3）**着火点**　是在严格规定的条件下加热油脂，油脂被点燃后能够维持燃烧 5 s 以上时的温度。油脂的着火点一般在 370 ℃左右。

烟点、闪点和着火点俗称油脂的三点，是加工过程中反映油脂品质的重要指标。

4. 油脂的晶体性质

研究表明，固态脂的微观结构是高度有序的晶体结构，由一些列面平行的晶胞在三维空间中并列堆积。脂类是长碳链化合物，温度处于凝固点以下时通常会以一种以上的晶型存在，出现同质多晶现象。由于脂类的长碳链性质，脂肪酸的最小重复单元为亚乙基，故而表现出烃类的许多特性，有 3 种同质多晶晶型，即 α、β′ 和 β 晶型。

一般来说，单纯酰甘油酯易形成稳定的 β 晶型；混合酰甘油酯由于碳链长度不同，易停留在 β′ 型。天然油脂中倾向于结晶成 β 型的脂类有豆油、花生油、玉米油、橄榄油、椰子油、红花油、可可脂和猪油，而棉子油、棕榈油、菜子油、牛乳脂肪、牛脂及改性猪油倾向于形成 β′ 晶型。除此之外，脂类的晶型还取决于冷却时的温度和速度，油脂从熔融状态快速冷却时首先形成α型，随着温度的升高，冷却后逐渐转变为β′晶型，而β′晶型被加热到其熔点则发生熔融并转变成稳定的β晶型。

油脂晶体性质在食品加工中有很高的应用价值。如制备起酥油、人造奶油以及焙烤产品时，这就要求人造奶油的晶型为β型。在生产上通过优化工艺可以使油脂先经过急冷形成α型晶体，然后再保持在略高的温度继续冷冻，使之转化为熔点较高的β′型结晶。这样它能使固化的油脂软硬适宜，有助于大量的空气以小的空气泡形式被搅入，从而形成具有良好塑性和奶油化性质的产品，而且具备良好的涂布性和细腻的口感。在利用棉子油加工色拉油时要进行冬化，以除去高熔点的固体脂，这个工艺要求缓慢冷却，以充分形成晶粒粗大的β晶型，以便过滤。

巧克力的熔点需控制在 35 ℃左右，使之能够在口腔中熔化而且不产生油腻感，同时表面要光滑，晶体颗粒不能太粗大。在生产上可以通过对可可脂结晶温度和速度的精确控制来得到稳定且符合要求的β型结晶。具体操作流程是，以 55 ℃以上温度加热可可脂使之熔化，随后缓慢冷却，在 29 ℃时停止降温，然后继续加热到 32 ℃，目的是使β型以外的晶体熔化。重复多次 29 ℃冷却到 32 ℃加热的处理过程，最终使可可脂完全转化成β型结晶。

5. 油脂的塑性

室温下呈固态的油脂（如猪油、牛油）实际是由液体油和固体脂两部分组成的混合物，通常只有在低的温度下才能完全转化为固体。这种由液体油和固体脂均匀融合并经一定加工而成的脂肪称为塑性脂肪。这种脂肪在一定的外力范围内具有抗变形的能力。油脂的塑性主要取决于以下几点：

① 油脂中固液两相比适当时，塑性最好。固体脂过多，则形成刚性交联，油脂过硬塑性不好；液体油过多则流动性大，油脂过软，易变形，塑性也不好。

② 油脂的晶型油脂为β型时，塑性最好。β′型在结晶时会包含大量小气泡，从而赋予产品较好的塑性；β型结晶所包含的气泡大而少，塑性较差。

③ 熔化温度范围从开始熔化到熔化结束的温度范围越大，油脂的塑性越好。

6. 油脂的乳化特性

油与水不相溶，但油与水能形成乳浊液，即其中一相以直径 0.1～50 pm 的小滴分散于另一相中，前者称为分散相，后者称为连续相。乳浊液传统地分为水包油型（oil in water，O/W）和油包水型（water in oil，W/O），前者如牛乳，后者如奶油。乳浊液是热力学不稳定体系，在一定条件下会出现分层、絮凝甚至聚结。常常会受以下因素而发生失稳：①重力导致沉降或分层，沉降速度遵循 Stokes 定律。②分散相表面静电荷不足而导致絮凝。如脂肪球表面静电荷不足，因而斥力不足，脂肪球互相接近而絮凝。③两相间界面膜破裂而导致聚结。脂肪球经过絮凝等过程发生界面膜破裂，界面面积减小，脂肪球互相结合变为大液滴，严重时发生油相与水相的完全分相。这是乳浊液失稳的最重要的途径。

乳浊液体系在食品中随处可见，牛奶、奶油、冰激凌均属于 O/W 型乳浊液，黄油和人造奶油为 W/O 型乳浊液。如何阻止乳浊液聚结是食品加工过程中非常重要的问题。通常通过添加乳化剂来防止乳浊液聚结。乳化剂是乳浊液的稳定剂，是一类表面活性剂。食品乳化剂需求量最大的为单脂肪酸甘油酯，其次是蔗糖酯、山梨醇酯、大豆磷脂、月桂酸单甘油酯、丙二醇脂肪酸酯等。

二、脂类的化学性质

1. 脂类的水解

脂类化合物在酸、碱、加热条件或酶作用下发生水解反应，释放出游离脂肪酸。三酰基甘油的水解是逐步进行的，经由二酰基甘油、单酰基甘油最后生成甘油。

在活体动物的脂肪组织中不存在游离脂肪酸，但动物被宰杀后在脂水解酶的作用下会有游离脂肪生成。新鲜的乳脂水解生成 C_4～C_{12} 游离脂肪酸，会导致乳制品有酸败气味。成熟的油料种子在收获时，油脂已经发生明显水解，并产生游离脂肪酸。由于游离脂肪酸不如油脂稳定，对氧更为敏感，会导致油脂更快地氧化酸败，因此，为提高油脂的品质，延长货架期，油脂精炼过程中需要用碱进行中和处理，以降低游离脂肪酸含量。

在食品油炸过程中，高温条件下水分与油脂作用，引起油脂水解，释放出游离脂肪酸，导致油的发烟点降低，食品品质劣化。

在大多数情况下，油脂的水解反应对食品品质是不利的，应尽量防止其发生。但在某些特殊情况下，如制作面包和酸奶时，油脂的轻度水解会赋予食品特有的风味。此外，在有些干酪的生产中，也会通过加入微生物和乳脂酶来促进特殊风味的形成。

2. 脂类的氧化

脂类氧化是油脂及含脂食品品质劣变的主要原因之一。油脂受空气中氧气、光照、微生物、酶等因素的影响，产生令人不愉快的气味和苦涩味，同时伴有有害化合物的生成，该过程统称为油脂的酸败。氧化反应通常会降低食品的营养价值，甚至产生某些毒性化合物，因此，如何防止油脂氧化是油脂化学中的一个重要问题。但某些情况下油脂的适度氧化，对于油炸、腌制等食品风味的产生又是必需的。

油脂氧化包括自动氧化、光敏氧化、酶促氧化、热氧化等类型。其中，以自动氧化最具代表性，也最为重要。

（1）自动氧化　脂类的自动氧化是指活化的含不饱和键的脂肪酸或脂肪与基态氧发生的自由基反应，是脂类氧化变质的主要原因。多不饱和脂肪酸以游离脂肪酸、甘油三酯、磷脂等形式通过自动氧化过程发生氧化变质。脂类自动氧化的主要初始产物氢过氧化物是不稳定的，无挥发性，而且没有气味，但是经过无数次裂解和相互作用等复杂反应，会产生很多具有不同分子量、风味阈值及生物价值的化合物。

（2）光敏氧化　光敏氧化是脂类的不饱和脂肪酸双键与单重态氧发生的氧化反应。光敏氧化可以引发脂类的自动氧化反应。食品中存在的天然色素如叶绿素、核黄素和血红蛋白是光敏剂，受到光照后吸收能量被激发，成为活化的分子。光敏氧化有两种途径：第一种是光敏剂（Sens）被激发后，直接与油脂作用，生成自由基，从而引发油脂的自动氧化反应；第二种途径是光敏剂被光照激发后，通过与基态氧（三重态 $^3O_2$）反应生成激发态氧（单重态 $^1O_2$），高度活泼的单重态氧可以直接进攻高电子云密度的不饱和脂肪酸双键部位上的任一碳原子，双键位置发生变化，生成反式构型的氢过氧化物，生成氢过氧化物的种类数为双键数的两倍。

（3）酶促氧化　脂肪在酶参与下发生的氧化反应，称为脂类的酶促氧化。该类反应主要由脂肪氧合酶催化，它广泛分布于生物体中，特别是植物体内。脂肪氧合酶专一性作用于具有顺式1,4-戊二烯结构且其中心亚甲基处于ω-8位的多不饱和脂肪酸，如亚油酸、亚麻酸、花生四烯酸等，生成氢过氧化物。以亚油酸为例，首先在ω-8位的亚甲基脱氢生成自由基，自由基再通过异构化使双键位置转移，并转变为反式构型，形成具有共轭双键的ω-6和ω-10氢过氧化物。

在动物体内脂肪氧合酶选择性地氧化花生四烯酸，生成前列腺素、凝血素等活性物质。大豆加工中产生的豆腥味与脂肪氧合酶对亚麻酸的氧化有密切关系。植物中的己醛、己醇、己烯醛是脂肪氧合酶作用下生成的典型青嫩叶臭味物质。

酮型酸败通常也属于酶促氧化，是由某些微生物如灰绿青霉、曲霉等繁殖时产生的酶（如脱氢酶、脱羧酶、水合酶）的作用引起的。该氧化反应多发生在饱和脂肪酸的α-C位和β-C位之间，因而也称为β-氧化作用。氧化的最终产物酮酸和甲基酮具有令人不愉快的气味，故称为酮型酸败。

3. 脂类在高温下参与的化学反应

油脂在高温下的反应十分复杂，在不同条件会发生氧化、分解、聚合、缩合等反应，生成低级脂肪酸、羟基酸、酯、醛以及产生二聚体、三聚体，导致油脂的品质下降，如色泽加深、黏度增大、碘值降低、烟点降低、酸价升高等，还会产生刺激性气味，例如炸油条时经过长时间使用会使油脂黏度增高、产生异味等。一般来说，油脂在油炸过程中的变化与油脂组成、油炸食品种类、油炸温度、油炸时间、金属离子的存在等因素有关。

（1）热分解　在高温下，饱和脂肪酸和不饱和脂肪酸都会发生热分解反应。热分解反应可以分为氧化热分解反应和非氧化热分解反应。饱和脂肪酸酯在很高温度下才会发生非氧化热分解反应。饱和脂肪酸酯在高温及有氧时会发生氧化热分解反应，脂肪酸的全部亚甲基都可能受到氧的攻击。但一般优先在脂肪酸的α-C、β-C和γ-C上形成氢过氧化物。形成的氢过氧化物裂解生成醛、酮、烃等低分子化合物。不饱和脂肪酸酯的非氧化热分解反应主要生成各种二聚化合物，此外还生成一些低分子量的物质。不饱和脂肪酸酯的氧化热分解反应与低温下脂类的自动氧化反应的主要途径是相同的，只是反应速度要快得多。

（2）热聚合　脂类的热聚合反应将导致油脂黏度增大，泡沫增多。热聚合反应分为非氧化热聚合和氧化热聚合。非氧化热聚合是Diels-Alder反应，即共轭二烯烃与双键加成反应，生成环己烯类化合物。这个反应可以发生在不同脂肪分子间，也可以发生在同一个脂肪分子的两个不饱和脂肪酸酰基之间。脂类的氧化热聚合是在高温220～230℃下，甘油酯分子在双键的α-C上均裂产生自由基，通过自由基互相结合形成非环二聚物，或者自由基对一个双键加成反应，形成环状或非环状化合物。

（3）缩合 在高温下，脂类还会发生缩合反应。食品中的水进入油中，相当于水蒸气蒸馏，将油中的挥发性氧化物赶走，同时也使油脂发生部分水解，酸价增高，发烟点降低。然后，水解产物通过缩合形成分子量较大的环氧化合物。

油脂热分解对食品品质的影响主要表现在：油炸食品香气的形成与油脂在高温条件下反应生成的某些产物有关，如羰基化合物（烯醛类）；然而，油脂在高温下的过度反应，对油的品质及营养价值均是不利的，因此，在食品加工时通常将油脂的加热温度控制在150℃以下为宜。

第三节 油脂加工化学

一、油脂的精炼

油料作物、动物脂肪组织等经过压榨、有机溶剂浸提、熬炼处理得到的油脂称为毛油或粗油。毛油中含有各种杂质，如游离脂肪酸、磷脂、糖类、蛋白质、水、色素等，这些杂质不但会影响油脂的色泽、风味、稳定性，甚至还会影响到食用安全性（如花生油中的黄曲霉素，棉子油中的棉酚等）。除去这些杂质的加工过程即为油脂的精炼，旨在提高油的品质，改善其风味并延长油的货架期；但是，精炼过程中也会造成油脂中脂溶性维生素、胡萝卜素和天然抗氧化物质（如生育酚）的损失。

（1）除杂 通过静置、过滤、离心等机械方式处理，去除悬浮于油中的杂质。

（2）脱胶 将粗油中的胶溶性杂质脱除的工艺过程称为脱胶，主要是除掉油脂中的磷脂。磷脂存在时，油脂加热易产生泡沫、冒烟、变色并伴有臭味形成，影响油炸食品的感官质量，甚至在加工时产生危险。而且磷脂易氧化，也不利于油脂的贮藏。目前，脱胶工艺大致可分为添加剂法（通常加入酸、碱、磷脂、EDTA等）、酶法、膜法三大方法。

当油脂含水量很低或不含水时，磷脂可以溶于油中；而当油脂中水分含量较多时，磷脂则可发生水合形成胶团，易于从油中析出。在脱胶预处理时，向油中加入2%～3%的水或通入水蒸气，加热油脂并搅拌，然后静置或机械分离水相即可实现脱胶。脱胶也可除去油脂中的部分蛋白质。

（3）脱羧 脱羧（又称碱炼）主要是除去粗油中的游离脂肪酸。一般向油脂中加入适宜浓度的氢氧化钠、碳酸钠和氢氧化钙等，食品工业普遍采用氢氧化钠。游离脂肪酸被碱中和生成脂肪酸钠盐（钠皂）不溶于油而溶于水，会形成絮凝胶状物而沉淀。该过程可同时去除部分磷脂、色素等杂质。碱炼同时可除去棉子油的棉酚，对黄曲霉素也有破坏作用。

（4）脱色 油脂中含有叶绿素、叶黄素、胡萝卜素等色素，色素会影响油脂的外观，同时叶绿素还是光敏剂，会影响油脂的稳定性。脱色可脱除油脂中的色素物质外，同时还能除去残留的磷脂、皂脚以及油脂氧化产物，提高油脂的品质和稳定性。经脱色处理后的油脂呈淡黄色甚至无色。

脱色方法较多，如氧化脱色、加热脱色和试剂脱色等。目前，工业上主要通过活性白土、酸性白土活性炭等吸附剂处理，最后过滤除去吸附剂。脱色时应注意防止油脂氧化。

（5）**脱臭** 油脂中含有的异味化合物主要是由油脂氧化产生的，这些化合物的挥发性大于油脂的挥发性，可以用减压蒸馏的方法，即在高温、减压的条件下向油脂中通入过热蒸汽来除去。这种处理方法不仅可除去挥发性的异味化合物，也可以使非挥发性异味物质通过热分解转变成挥发性物质，并蒸馏除去。但是，脱臭不当会造成油中天然生育酚、甾醇大量损失，稳定性降低，贮藏时易回色回味，低温出现浑浊；其次是异构化油脂增加，如反式酸、氧化甾醇衍生物等。

油脂精炼处理可对油脂中的一些杂质、有害物质进行有效脱除，其残留量得到了很好的控制，使油脂的食用品质得到有效提高。但精炼过程中同样会造成油脂中有用成分如脂溶性维生素、天然抗氧化物质等的损失。因此，精炼处理后，需向油脂中补充抗氧化剂以提高油脂的抗氧化性能。

二、油脂氢化

油脂氢化是指在高温和催化剂的作用下，三酰基甘油的不饱和脂肪酸双键与氢发生加成反应的过程。天然来源的固体脂难以满足需求，通过油脂的氢化可以把室温下呈液态的油转化为半固态的脂，用于造起酥油或人造奶油等。

由于氢化条件不同，油脂氢化分为全氢化和部分氢化。当油脂中所有双键都被氢化后，得到全氢化脂肪，用于制造肥皂。部分氢化的油脂中减少了油脂中含有的多不饱和脂肪酸的含量，稍微减少亚油酸的含量，增加油酸的含量，不生成太多的饱和脂肪酸，使油脂具有适当的熔点和稠度、良好的热稳定性和氧化稳定性。部分氢化可以用镍粉催化，在 0.5～0.25 MPa、125～190 ℃条件下进行氢化，产品为乳化型可塑性脂肪，主要用于食品工业中制造人造奶油和起酥油。但是，在催化剂催化作用下氢原子与不饱和脂肪酸发生加成反应后可能会导致双键的异构化，从而产生反式脂肪酸（TFA）。据世界卫生组织报道，部分氢化后的油品体系中 TFA 的平均质量分数可达到 25%～45%；人体的必须脂肪酸都是顺式构型，相对于反式脂肪酸更具安全性，反式脂肪酸的摄入与心血管等非传染性疾病密切相关，因此控制和减少油脂中反式不饱和脂肪酸的产生量是当前油脂行业面临的一个严峻的健康挑战。

三、油脂的改性

天然油脂中脂肪酸的分布模式，赋予了油脂特定的物理性质，如结晶特性、熔点等，但某些天然分布模式有时会限制油脂在工业上的应用。因此，可以通过化学改性的方法如酯交换改变脂肪酸在三酰基甘油中的分布，使脂肪酸与甘油分子自由连接或定向重排，以改善其性能，并满足特定的需求。如天然猪油的结晶颗粒粗大、口感粗糙，不利于产品形成合适的稠度，也不适合应用于糕点等产品的制作。但经过酯交换后，改性猪油可结晶成细小颗粒，稠度改善，熔点和黏度降低，就很适合作为人造奶油和糖果用油。此外，酯交换在制备零反式塑性脂肪方面也受到人们青睐。

目前酯交换的最大用途是生产起酥油。除此之外，酯交换还广泛用于可可脂和稳定性高的人造奶油以及具有理想熔化质量的硬奶油生产。色拉油就是棕榈油经定向酯交换后分级制得的，具有浊点较低的特点。

知识拓展

“DHA”这几个字母几乎出现在所有配方奶粉的包装上，就连孕妇需要的营养品推荐列表中，都会有它的身影。商家们铺天盖地的宣传中，将其赞誉为“聪明因子”“脑黄金”，宣称它对宝宝的神经、认知和智力发育都有良好的促进作用。孕期吃了 DHA 补充剂，孩子的智力和神经发育就一定比没有吃更好吗？

Gould J. F.等人对早产儿进行了随机临床试验的随访，研究人员观察了受试者五岁时的行为和认知发展，其中一些人在新生儿时期接受了 DHA 补充剂。研究发现，是否为妊娠不到 29 周出生的婴儿补充 DHA 对孩子以后的行为功能没有影响。尽管先前发现补充 DHA 可以提高智商，但该研究强调了行为和认知领域的独特性，这表明虽然 DHA 可能会影响认知，但它可能无法影响行为，相关研究结果发表在《美国医学会儿科杂志》（JAMA Pediatrics）中。

思考题

1. 脂肪酸和脂肪的常用命名方法有哪些？
2. 脂类氧化包括哪几种？
3. 油脂精炼过程主要包括哪些流程？
4 反复煎炸用的油会发生哪些变化？

参考文献

［1］ Belitz H D，Grosch W，Schieberle P. Food Chemistry. 4th ed. Berlin • Heidelberg：Springer-Ver Lag，2009.

［2］ 阚建全. 食品化学. 2 版. 北京：中国农业大学出版社，2008.

［3］ 谢笔钧. 食品化学. 2 版. 北京：科学出版社，2004.

［4］ 赵新淮. 食品化学. 北京：化学工业出版社，2006.

［5］ 汪东风，等. 食品化学. 4 版. 北京：化学工业出版社，2023.

［6］ 迟玉杰. 食品化学. 北京：化学工业出版社，2012.

［7］ Gould J F，et al. High-dose docosahexaenoic acid in newborns born at less than 29 weeks’ gestation and behavior at age 5 years：Follow-up of a randomized clinical trial. JAMA Pediatr. 2024，178：45-54.

［8］ Gould J F，et al. A protocol for assessing whether cognition of preterm infants ＜29 weeks’ gestation can be improved by an intervention with the omega-3 long-chain polyunsaturated fatty acid docosahexaenoic acid（DHA）：A follow-up of a randomised controlled trial. BMJ Open. 2021，11：1-6.

［9］ Gould J F，et al. Protocol for assessing if behavioural functioning of infants born ＜29 weeks’ gestation is improved by omega-3 long-chain polyunsaturated fatty acids：Follow-up of a randomised controlled trial.

BMJ Open. 2021，11：1-10.
［10］ 姚梦莹，等. 不饱和脂肪酸自动氧化形成反式脂肪酸机理研究进展.中国粮油学报，2020，35（2）：170-179.
［11］ 殷晗迪，等. 油脂中反式脂肪酸来源及控制技术研究进.中国粮油学报，1-12［2025-01-06］.
［12］ 金青哲，等. 我国植物油料油脂加工技术新进展. 中国油脂，2024，49（6）：1-5.
［13］ 金青哲，等. 国内外食用油脂加工技术发展. 粮食与油脂，2011，6：1-4.
［14］ 朱婷伟，等. 酶促酯交换对速冻专用油脂理化性质的影响. 华南理工大学学报：自然科学版，2017，45（03）：132.

第五章

蛋白质

为什么牛奶或奶粉等食品中需要在外包装盒的营养成分表中标明蛋白质含量？

鸡蛋清经过搅打后为什么会起泡，体积会变大？

为何在制备蔬菜面饼时，没有经过发酵的面粉即使加入蔬菜制作的面饼仍然会很硬，但加入鸡蛋后即使不加蔬菜、不经发酵也能变得很松软？

为什么要学习本章？

蛋白质是人体所需重要营养素之一，对食品的营养性和安全性有着重要的影响。因此，学习蛋白质的种类及功能对人们平衡饮食具有重要的指导意义。另外，学习影响蛋白质的营养性和安全性的因素，可以指导人们对富含蛋白质食品的加工、运输或贮藏。

第一节 概 述

蛋白质是食品最重要的成分之一，是衡量食品营养价值的重要指标。蛋白质是一类复杂的有机大分子，分子量约为 5×10^3～10^6，主要包括碳、氢、氧、氮、硫和磷等元素，其含量占比分别为 50%～55%、6%～7%、20%～23%、12%～19%、0.2%～3%、0～3%，部分蛋白质还含有铁、锌、镁、锰、钴、铜等元素。蛋白质的基本结构单元是氨基酸。大多数蛋白质由 20 种氨基酸构成，这些氨基酸以不同的数量、顺序和酰胺键连接，形成含量达几百个氨基酸的肽链，其种类和排序决定了蛋白质的结构，进而构成功能各异的蛋白质分子。

知识拓展

根据中华人民共和国国家标准《食品安全国家标准 乳粉和调制乳粉》（GB 19644—2024），乳粉中蛋白质含量（g/100 g）的标准要求如下：牛乳粉、羊乳粉≥34%，牦牛乳粉、骆驼乳粉≥39%，马、驴乳粉、骆驼乳粉≥18%，调至牛、羊乳粉≥16.5%。根据中华人民共和国国家标准《食品安全国家标准 预包装食品营养标签通则》（GB 28050—2011）的规定，蛋白质能量和营养成分含量声称的要求和条件如表 5-1 所示。

表 5-1 蛋白质能量和营养成分含量声称的要求和条件

含量声称方式	含量要求	限制性条件
低蛋白	来自蛋白质的能量≤总能量的 5%	总能量指每 100 g/mL 或每份
蛋白来源或含有蛋白质	每 100 g 含量≥10%NRV（营养素参考值百分比） 每 100 mL 含量≥5%NRV 或者 每 420 kJ 的含量≥5%NRV	
高或富含蛋白质	每 100 g 含量≥20%NRV 每 100 mL 含量≥10%NRV 或者 每 420 kJ 的含量≥10%NRV	

一、氨基酸的结构和分类

氨基酸是蛋白质的基本组成单位，是一类带有氨基的有机酸。天然氨基酸中，除脯氨酸外，分子结构都至少含有 1 个氨基、1 个羧基和 1 个侧链 R 基团（脯氨酸和羟基脯氨酸的 R 基团属于吡咯烷类，不符合结构通式），R 基团决定了氨基酸的物理和化学性质。最简单的氨基酸的 R 基是 H，其他氨基酸的 R 基结构主要有脂肪族残基、芳香族残基、杂环残基等。除部分微生物中存在 D 构型氨基酸外，绝大部分氨基酸都以人体能够利用的 L 构型存在。

自然界中存在的已知的氨基酸有 200 多种，但组成蛋白质的氨基酸只有 20 多种。根据侧链基团 R 的极性，可将氨基酸分为 4 类：非极性（疏水性）氨基酸、不带电荷极性氨基酸、带电荷氨基酸（环境条件接近 pH 7）、带负电荷氨基酸（环境条件接近 pH 7）。常见氨基酸的分类、缩写符号及结构见图 5-1。

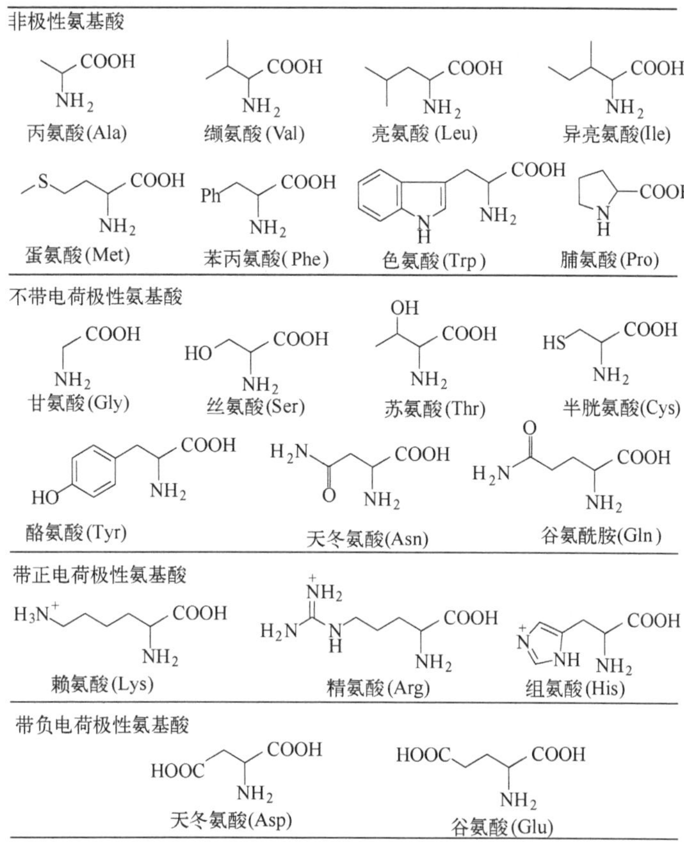

图 5-1 常见氨基酸的分类、缩写符号及结构

常见的 20 种氨基酸还有许多衍生结构，如胶原蛋白中的羟脯氨酸和 5-羟赖氨酸，动物肌肉蛋白中的 3-甲基组氨酸、*ε*-*N*-甲基赖氨酸和 *ε*-*N*-3-甲基赖氨酸，弹性蛋白中的锁链素和异锁链素。

二、氨基酸的性质

（一）氨基酸的一般性质

1. 氨基酸的酸碱性质

氨基酸同时含有酸性基团和碱性基团，因而具有离子化能力，在中性水溶液中主要以偶极离子或两性离子的离子化状态存在（图 5-2）。

R—CH(COO$^-$)—NH_3^+

图 5-2 氨基酸在中心水溶液中存在状态

氨基酸的这种特殊结构使其水溶液具有两性性质，当溶液介质的 pH 发生改变时，氨基酸会以不同的解离状态存在。当离子化氨基酸在一定 pH 的溶液介质中，正负电荷数量相等时，其静电荷数为零，整体呈电中性，此时的pH即为该氨基酸的等电点（p*I*）。当溶液介质pH小于p*I*时，氨基酸残基发生质子化，带正电荷；当溶液介质pH大于p*I*值时，氨基酸残基处于去质子化状态，带负电荷。以最简单的氨基酸甘氨酸为例，受溶液介质pH的影响，可能有3种不同的解离状态（图5-3）。因此，利用不同氨基酸的等电点差异，可以从氨基酸混合物中选择性地分离某种氨基酸。

$$H_3N^+\text{—}COOH \underset{H^+}{\overset{K_1}{\rightleftharpoons}} H_3N^+\text{—}COO^- \underset{H^+}{\overset{K_2}{\rightleftharpoons}} H_2N\text{—}COO^-$$

酸性　　中性　　碱性

图5-3　甘氨酸存在的3种不同解离状态

2. 氨基酸的疏水性

蛋白质的结构和功能特性受其基本组成单元氨基酸的性质影响，其中氨基酸残基侧链的疏水性对蛋白质的结构、溶解性、结合风味物质和脂肪能力等理化性质有重要影响。

3. 氨基酸的光学性质

除甘氨酸外，其他的氨基酸都含有手性碳原子，因而具有旋光性，其旋光方向和大小不仅取决于侧链R基团的性质，还与溶解介质有关，人们可以利用氨基酸的旋光性质进行定性和定量分析，在天然存在的蛋白质中，只存在L-氨基酸。另外也可以根据蛋白质中的酪氨酸和色氨酸残基在280 nm波长附近有最大吸收的特征，用于蛋白质的定量分析。

4. 氨基酸的溶解性

氨基酸的溶解性和结构存在很大的相关性，不同种类的氨基酸溶解性差别很大，其中脯氨酸、酪氨酸、天冬氨酸和谷氨酸等的溶解性较差，而精氨酸和赖氨酸的溶解性较好；在酸性或碱性溶液中，氨基酸都有不同程度的溶解性（表5-2）。

表5-2　氨基酸在水中的溶解度（25 ℃）

氨基酸	溶解度/（g/L）	氨基酸	溶解度/（g/L）	氨基酸	溶解度/（g/L）
丙氨酸	167.2	甘氨酸	249.9	脯氨酸	1620.0
精氨酸	855.6	组氨酸	—	丝氨酸	422.0
天冬酰胺	28.5	异亮氨酸	34.5	苏氨酸	13.2
天冬氨酸	5.0	亮氨酸	21.7	色氨酸	13.6
半胱氨酸	—	赖氨酸	739.0	酪氨酸	0.4
谷氨酰胺	7.2（37 ℃）	蛋氨酸	56.2	缬氨酸	58.1
谷氨酸	8.5	苯丙氨酸	27.6		

（二）氨基酸的化学性质

氨基酸和蛋白质分子中含有氨基、羧基、巯基、酚羟基、咪基、胍基等活性官能团，其羧基具有一元羧酸羧基的基本性质（如成盐、成酯、成酰胺、脱羧、酰化等），氨基则具有一级胺（R—NH_2）氨基的性质（如脱氨、与HNO_2作用等）。可以通过某些反应改变蛋白质的理化性质，或定量测定蛋白质分子中特定氨基酸残基的含量。

1. 与茚三酮反应

弱酸性条件下，α-氨基酸与茚三酮溶液共热，生成紫红、蓝色或紫色物质，在 570 nm 波长下有最大吸收。脯氨酸和羟脯氨酸与茚三酮反应形成黄色化合物，在 440 nm 波长下有最大吸收。可利用比色法测定氨基酸含量。

2. 与荧光胺反应

α-氨基酸和荧光胺反应生成强荧光衍生物，可快速测定氨基酸、蛋白质含量，灵敏度较高（激发波长 390 nm，发射波长 475 nm）。

3. 与异硫氰酸苯酯反应

弱碱性条件下，α-氨基酸可与异硫氰酸苯酯反应生成苯氨基硫甲酰氨基酸，PTC-AA 在酸性条件下环化生成苯乙内酰硫脲氨基酸。

第二节　蛋白质分类、结构、性质及功能

一、蛋白质分类

蛋白质有多种分类方法。按照化学组成可以将蛋白质分为单纯蛋白质和结合蛋白质；依据溶解度不同可将蛋白质分为可溶性蛋白质、不溶性蛋白质；根据分子形状可将蛋白质分为纤维状蛋白质、球状蛋白质和膜蛋白质；按照来源可以分为植物蛋白质、动物蛋白质及微生物蛋白质。食品中常见的蛋白质主要是传统食物蛋白质，包括植物蛋白质和动物蛋白质。

1. 植物蛋白质

常用的植物蛋白质主要包括谷物蛋白质和大豆蛋白质，它不但是人类蛋白质的重要来源，而且也是肉蛋奶动物蛋白质的初级提供者。从营养学上说，植物蛋白质大致分为两类，即完全蛋白质和不完全蛋白质。绝大多数的植物蛋白质属于不完全蛋白质，如大部分植物蛋白质中缺乏免疫球蛋白，谷类中则相对缺乏赖氨酸等。植物蛋白质主要有三类来源：一是油料种子，包括花生、芝麻、油菜籽等；二是豆类种子，豆类蛋白质中大部分蛋白质为球蛋白，营养价值与肉类蛋白质相近，含有足够的赖氨酸，但是缺乏含硫氨基酸；三是谷类蛋白质，在谷物胚中也含有较多的蛋白质，且必需氨基酸比较齐全，营养价值较高。其中，谷物蛋白质约占植物蛋白质资源的 70%，主要来源为稻谷、大麦、小麦、玉米和燕麦等谷物的胚乳和胚中分离提取的蛋白质。

虽然植物蛋白质资源丰富，价格相对低廉，但大部分植物蛋白质外侧包被有纤维层，消化率比较低，而且一些主要的植物蛋白质还伴随有害物或感官难以接受的物质，如大豆会使人产生胀气且有豆腥味。随着科技的进步，植物蛋白质的利用水平越来越高。目前，大豆蛋白质的脱腥、缺乏赖氨酸以及食用易胀气的问题都已解决。大豆蛋白肽得到进一步开发，通

过加热、挤压、喷雾等工艺过程把大豆蛋白粉制成大小、形状不同的瘦肉片状植物蛋白——“蛋白肉”等。

2. 动物蛋白质

动物蛋白质是一种优质的、营养全面的蛋白质资源，人们对蛋白质资源的研究与新蛋白质食品的开发，总是围绕着模拟肉类蛋白质制品而进行。从来源上讲，动物蛋白质主要三类：①动物的肉，主要包括牲畜类（如牛、羊、猪）和家禽类（如鸡、鸭等）的肌肉；②乳制品，主要包括牛乳、羊乳等；③蛋类，主要包括鸡蛋、鸭蛋、鹌鹑蛋等卵生动物的卵等。动物蛋白质大部分为完全蛋白质，人们在摄取这些蛋白质资源的同时，也伴随着摄入了大量的脂肪、胆固醇等。随着现代高新技术的发展及广泛应用，如利用酶法脱脂技术对鸡肉、鱼肉等进行加工，在获得高蛋白质含量的新型食品的同时，也降低了食用动物性食品时伴随摄入超量脂肪的风险。

肉类蛋白质是人类重要的食物蛋白来源之一，主要存在于肌肉组织中，肌肉蛋白质占肌肉组织湿重的18%～20%。动物肌肉组织中的蛋白质主要分为肌原纤维蛋白、肌浆蛋白、肌质蛋白3种，含量分别约为55%、30%、15%。其中，肌原纤维蛋白质由肌球蛋白、肌动蛋白以及被称为调节蛋白的原肌球蛋白和肌钙蛋白组成，是肌肉质量变化的关键。

乳蛋白质主要有酪蛋白、乳清蛋白两大类，还有一些生物活性蛋白、肽类等，如乳铁蛋白、免疫蛋白、溶菌酶等。酪蛋白以固体微胶粒形式分散于乳清中，是乳中含量最多的蛋白质，占牛乳蛋白质的80%，等电点pH 4.6，带有相对较高的电荷。酪蛋白与钙结合形成酪蛋白酸钙，再与磷酸钙构成酪蛋白酸钙-磷酸钙复合体，复合体与水形成悬浊状胶体（酪蛋白胶团）存在于鲜乳（pH 6.7）中。酪蛋白胶团在牛乳中比较稳定，但经冻结或加热等处理也会发生胶凝现象，如在130 ℃加热数分钟，酪蛋白会发生变性而凝固沉淀。添加酸或者凝乳酶，酪蛋白胶粒的稳定性会遭到破坏，从而发生凝固；人们利用该性质制备了奶酪等食品。乳蛋白中的酪蛋白是食品加工中的重要配料，常用的如干酪素、乳清蛋白浓缩物、乳清蛋白分离物等，其中酪蛋白的钠盐（干酪素）能起到保水剂、乳化剂、胶凝剂和增稠剂等作用。

知识拓展

2014年，在中国新疆罗布泊小河墓地，科学家发现公元前1615年的奶酪实物，堪称世界上迄今发现的最古老的奶酪遗存。通过古蛋白质组学，该奶酪被鉴定为开菲尔奶酪，它源自开菲尔酸奶，由类似酒曲的开菲尔粒在奶中发酵而成。2024年9月25日，中国科学院古脊椎动物与古人类研究所付巧妹团队联合中国科学院大学人文学院杨益民教授及新疆文物考古研究所、新疆大学、国家文物局考古研究中心等多家单位，在国际顶尖学术期刊*Cell*上发表了题为“Bronze Age cheese reveals human-Lactobacillus interactions over evolutionary history”的研究论文。研究团队的一系列技术探索和系统性古微生物基因组研究，得以重建世界首例古代奶制品的发酵微生物基因组数据，揭示乳酸菌3500年以来在奶制品发酵环境中功能基因的演化历程，追溯新疆人群对发酵微生物的应用驯化和传播交流历史，为深入理解相关人群生活方式的演变和技术文化的交流发展，以及与环境高度动态的相互作用提供了全新思路和独特维度。

禽蛋蛋白是以鸡蛋蛋白为代表的一种具有悠久食用历史的蛋白质食品，可分为蛋清蛋白和蛋黄蛋白。蛋清蛋白主要为球蛋白，并含有其他如溶菌酶、抗生物素蛋白、免疫球蛋白和蛋白酶抑制剂等活性物质；蛋黄蛋白主要成分为蛋白质和脂肪，大多数脂类与蛋白质结合，以脂蛋白形式存在，在食品加工中具有乳化剂作用。

知识拓展

人们普遍认为规模养殖鸡鸡蛋的营养价值没有散养鸡鸡蛋的营养价值高，很多时候往往仅通过鸡蛋黄的颜色来判断。由于两者饲养方式不同、产量不同，造成价格上也存在较大的差异，普通的鲜鸡蛋价格一般在4.5～5.5元/斤，土鸡蛋的价格一般在10元/斤。鸡蛋的蛋黄颜色与哪些因素有关？能否通过颜色的不同确定是圈养鸡鸡蛋或者散养鸡鸡蛋？

研究表明，鸡蛋蛋黄的颜色与散养和圈养的方式没有直接的关系，与饲养时采用饲料所含色素的含量及种类有关。人们常常认为家庭散养鸡的鸡蛋黄黄色较深，原因主要是饲养过程中饲料多为玉米，而玉米中含有大量的玉米黄素。从营养成分方面分析，研究表明散养鸡和圈养鸡的全鲜蛋的蛋白质及蛋黄中蛋白质在风干后占全蛋含量的比例无明显差异，散养的鸡蛋组全鲜蛋中的干物质、脂肪、蛋黄占全蛋含量的比例，以及蛋黄中的水分、蛋白质、脂肪在风干后全蛋中的含量高于规模养殖鸡蛋。其他各营养成分含量规模养殖鸡蛋均高于散养鸡蛋。

二、蛋白质的结构

蛋白质是一种以氨基酸为基本结构单元通过酰胺键连接而成的复杂生物大分子，由碳、氢、氧、氮、硫等元素组成，某些蛋白质分子中含有铁、碘、磷和锌等元素。氨基酸种类和排列顺序决定了蛋白质结构和功能的差异，而且氨基酸之间化学键在空间的旋转状态不同会导致蛋白质大分子产生构象差异，因此蛋白质分子具有极为复杂的空间立体结构。蛋白质的结构层次总体上可分为一级结构、二级结构、三级结构、四级结构，其中二级结构、三级结构、四级结构又统称为高级结构。

1. 一级结构

蛋白质的一级结构是指通过共价键连接而成的肽链中氨基酸残基的排列顺序。蛋白质肽链中带有游离氨基的一端称作N端，带有游离羧基的一端称作C端。蛋白质的一级结构是最基本结构，决定蛋白质的高级结构，其三维立体结构的全部信息也贮存于氨基酸的序列中。许多蛋白质的一级结构已经明确，已知的短蛋白质肽链（肠促胰液肽和胰高血糖素）由20～100个氨基酸残基组成，大多数蛋白质含有100～500个氨基酸，一些不常见的蛋白质肽链多达几千个氨基酸残基。

2. 二级结构

蛋白质的二级结构是指多肽链中相邻氨基酸残基间通过氢键作用排列成沿一个方向、具有周期性结构的构象，主要有α螺旋、β折叠、β转角、π螺旋和无规则卷曲等。

（1）α 螺旋 α 螺旋是蛋白质分子中最常见、含量最丰富的稳定且规则的结构。蛋白质肽链由 N 端到 C 端可形成右手螺旋或左手螺旋两种结构，因为右手螺旋结构的空间位阻小，易于形成且构象稳定，所以 α 螺旋几乎都是右手结构，主链呈螺旋上升。相邻两圈螺旋之间肽键中 C═O 和 H 形成许多链内氢键。

（2）β 折叠 又称 β 片层结构，是由两条或两条以上几乎完全伸展的肽链通过氢键连结而成。β 片层结构的形式多样，正、反平行能相互交替，包括分平行式和反平行式两种结构，平行式 β 折叠的两条肽链从 N 端到 C 端的方向相同，反平行式则相反。纤维状蛋白质中 β 折叠主要以反平行式存在，球状蛋白质中则同时含有反平行式和平行式两种结构。

（3）β 转角 β 转角是蛋白质中常见的结构，是肽链形成 β 折叠时反转 180°形成的，在球状蛋白质中含量丰富，多数情况下处于球状蛋白质分子的表面，是蛋白质生物活性的重要空间结构部位。β 转角中常见的氨基酸有天冬氨酸、半胱氨酸、天冬酰胺、甘氨酸、脯氨酸和酪氨酸。

（4）无规则卷曲 无规律卷曲或称卷曲结构，指不能归入明确的二级结构中（如螺旋结构），肽链空间结构呈有序而非重复性特点。无规则卷曲结构并非卷曲或完全无规则状态，只是这类结构不像其他二级结构那样具有明确而稳定的结构。无规则卷曲结构是蛋白质分子结构中重要的活性部位，普遍存在于各种天然蛋白质分子中。

3. 三级结构

蛋白质的多肽链在各种二级结构的基础上，在氢键、离子键、二硫键等力的作用下，再进一步盘曲或折叠形成具有一定规律的三维空间结构。三级结构中不同基团间的相互作用使体系内能降到最低，以保持其稳定性。三级结构形成过程中，疏水性氨基酸残基一般会排列分布在蛋白质结构内部，亲水性氨基酸残基会配置在蛋白质表面，使体系自由能降至最低。但这种分布并不绝对，许多极性基团有时也不可避免地埋在蛋白质分子结构内部。

4. 四级结构

蛋白质的四级结构是指两条或两条以上的肽链以特殊方式结合在一起，构成具有生物活性的高级结构。四级结构中的每条具有自己的一级、二级和三级结构的肽链称为亚基。游离状态的亚基没有生物活性，亚基之间通过相互作用聚合在一起后呈现出具有独特的生物活性。

三、蛋白质的物理和化学性质

1. 蛋白质的酸碱性

蛋白质分子结构中除了有可解离的 C 端的 α-羧基和 N 端的 α-氨基外，还有侧链上的可解离氨基酸残基等官能团。因此，蛋白质具有与氨基酸相同的部分理化性质。

2. 蛋白质的水解

蛋白质的酰胺键能在酸、碱、酶催化下发生水解作用。依据水解度的不同分为完全水解和部分水解，完全水解的产物是氨基酸的混合物，部分水解的产物是肽段和氨基酸的混合物。蛋白质的水解过程及生成产物为：蛋白质→蛋白胨→蛋白短肽→二肽→氨基酸。酸性水解可以将蛋白质完全水解为氨基酸，而且无消旋现象。碱性水解在一定条件下亦可使蛋白质完全水解，但会发生外消旋化现象。酶催化水解蛋白质的条件比较温和，对氨基酸的破坏性较少，不产生消旋作用。

3. 蛋白质的颜色反应

蛋白质分子中一些特定基团能与不同显色剂产生颜色反应，如常用双缩脲反应和茚三酮反应来对蛋白质进行定性或定量测定。

4. 蛋白质的疏水性

蛋白质的疏水性与空间结构、表面性质、脂肪结合能力等多种性质密切相关，是维持蛋白质构象稳定的重要因素。蛋白质表面疏水性是研究蛋白质功能性质的重要参数，有利于了解蛋白质与水和其他物质发生作用的程度。

四、蛋白质的功能性质

蛋白质的功能性是指，在加工、运输、贮藏和消费过程中，食品中所包含的蛋白质赋予食品特殊的物理和化学特性，如在某种食品加工中蛋白质体现出的胶凝作用、溶解性、起泡性、乳化性等功能特性，不同种类食品对蛋白质功能特性的要求是不一样的（表 5-3）。

表 5-3 食品体系中蛋白质的功能特性

功能	作用机制	食品	蛋白质类型
溶解性	亲水性	饮料	乳清蛋白
黏度	持水性，流体动力学的大小和形状	汤、调味汁、色拉调味汁、甜食	明胶
持水性	氢键、离子水合	香肠、蛋糕、面包	肌肉蛋白，鸡蛋蛋白
胶凝作用	水的截留和不流动性，网络的形成	肉、凝胶、焙烤食品和奶酪	肌肉蛋白，鸡蛋蛋白，牛奶蛋白
黏结-黏合	疏水作用，离子键和氢键	肉、香肠、面条、焙烤食品	肌肉蛋白，鸡蛋蛋白，乳清蛋白
弹性	疏水键，二硫交联键	肉和面包	肌肉蛋白，谷物蛋白
乳化性	界面吸附和膜的形成	香肠、汤、蛋糕、甜食	肌肉蛋白，鸡蛋蛋白，乳清蛋白
起泡性	界面吸附和膜的形成	搅打配料，冰淇淋，蛋糕，甜食	鸡蛋蛋白，乳清蛋白
风味结合性	疏水键，界面吸附	低脂肪焙烤食品，油炸面圈	牛奶蛋白，鸡蛋蛋白，谷物蛋白

蛋白质的这些功能性质之间相互影响、彼此联系，如蛋糕的风味、质地、颜色和形态等性质，是由原料的热胶凝性、起泡性、吸水作用、乳化作用、黏弹性和褐变等多种功能性综合作用的结果。因此，研究和掌握蛋白质的结构与功能关系可以为新型食品和加工工艺提供指导。

1. 水合性质

蛋白质的水合是蛋白质通过肽键和氨基酸侧链（主要为蛋白质分子表面的极性基团）与水分子间的相互作用的特性，该作用赋予蛋白质许多功能性质，如分散性、湿润性、溶解性、持水能力、胶凝作用、增稠、黏度、凝结、乳化和起泡等。此外，食品的流变性质和质构性质也取决于水与蛋白质等食品组分的相互作用，对食品的感官品质、质地结构以及产品质量都有直接的影响，因此，了解蛋白质的水合性质和复水性质对食品加工有重要的意义。除了与水结合的能力以外，持水能力也是表征蛋白质水合性质的重要指标。影响蛋白质水合性质的因素有很多，除了自身内在因素外，还有如蛋白质浓度、pH、温度、离子强度和时间等外在因素。

（1）**溶解性**　蛋白质的溶解是“蛋白质-蛋白质”和“蛋白质-溶剂”相互作用达到热力学平衡时的表现形式。蛋白质的溶解性大小与蛋白质本身的特性以及外界因素（如 pH、离子强度、温度和蛋白质浓度等）密切相关，可以用水溶性蛋白质（WSP）、水可分散性蛋白质（WDP）、蛋白质分散性指标（PDI）和氮溶解性指标（NSI）等来评价。

（2）**黏度**　黏度反映了溶液对成分分散流动所表现出的阻力，影响蛋白质黏度的主要因素是溶液中蛋白质分子或颗粒的表观直径，而表观直径主要取决于蛋白质分子固有的特性，即“蛋白质-溶剂”和“蛋白质-蛋白质”间的相互作用。此外，高温杀菌、蛋白质水解等加工处理以及是否存在无机离子等因素也会影响溶液的黏度。

2. 表面性质

蛋白质是两性分子，它们能自发地迁移至气-水界面或油-水界面，不同蛋白质具有不同的表面性。蛋白质的表面性质受内在因素和外在因素影响：前者主要包括蛋白质中氨基酸组成、结构、立体构象、分子中极性和非极性残基的分布与比例、二硫键的数目与交联情况，以及分子的大小、形状和柔顺性；后者则与外界环境中 pH、温度、离子强度和盐的种类、界面的组成、蛋白质浓度、是否存在糖类和低分子量表活性剂、是否有能量的输入，甚至与形成界面加工的容器和操作顺序等有关。

（1）**乳化性**　乳化性是指两种以上互不相溶的液体，例如油和水，经机械搅拌或添加乳化剂后形成均相乳浊液的能力。富含蛋白质食品的乳状液类产品种类繁多，如牛奶、豆奶、奶油等，但是蛋白质一般对水/油（W/O）型乳状液的稳定性较差。由于蛋白质的乳化性受多种因素影响，包括蛋白质中氨基酸组成、结构、立体构象、分子中极性和非极性残基的分布与比例等内在因素，以及制备乳状液的设备类型、几何形状、能量输入强度和剪切速度等外在因素，因此，迄今为止尚没有对蛋白质乳化性能的标准评价指标。

（2）**起泡性**　泡沫通常是指气体在连续液相或半固体的分散体系。泡沫型食品种类较多，如搅打奶油、蛋糕、冰淇淋等。蛋白质能作为起泡剂主要取决于蛋白质的表面活性和成膜性，例如鸡蛋清中的水溶性蛋白质在搅打蛋液时可被吸附到气泡表面来降低表面张力，又因为搅打过程中的变性，该水溶性蛋白质逐渐凝固在气液界面间形成具有一定刚性和弹性的薄膜，从而使泡沫稳定。

产生泡沫主要有三种方法。一是让鼓泡的气体通过多孔分配器通入到低浓度（质量分数 0.01%～2.0%）蛋白质水溶液中。最初的气体乳胶体因气泡上升和排出而被破坏，由于气泡被压缩成多面体而发生畸变，使泡沫产生一个大的分散相体积（φ）。如果通入足够量气体，液体可完全转变成泡沫，甚至用稀蛋白质溶液同样也能得到非常大的泡沫，溶液体积一般可膨胀 10 倍（膨胀率为 1000%），在某些情况下可能达到 100 倍，对应的 φ 值分别为 0.9 和 0.99（假定全部液体都转变成泡沫），泡沫密度也相应地改变。二是在有大量气相存在时搅打（搅拌）或振摇蛋白质水溶液产生泡沫。搅打是对食品充气最常用的方法，与鼓泡法相比，搅打可产生更强的机械应力和剪切作用，使气体分散更均匀。剧烈的机械应力会影响气泡的聚集和形成，特别是阻碍蛋白质在界面的吸附，导致对蛋白质的需求量也相应增加（质量分数 1%～40%）。在搅打时，试样体积通常增加 300%～2000%不等。在意大利咖啡卡奇诺等饮品的调制中常用到奶沫，而奶沫的制作就是用了搅打法。三是突然解除预先加在溶液上的压力，例如在分装气溶胶容器中加工成的掼奶油（搅打奶油）。

影响蛋白质泡沫形成和稳定性的因素较多，如蛋白质的氨基酸组成和空间构象，溶液的 pH、糖类、盐类、脂类和蛋白质浓度，设备或容器种类、搅打速度及强度等。

pH 对泡沫的影响主要与蛋白质溶解度有关。一般说来，蛋白质的溶解度是起泡能力大和泡沫稳定性高的必要条件，但不溶性蛋白质微粒（在等电点时的肌原纤维蛋白、胶束和其他蛋白质）也能起到稳定泡沫的作用。有些蛋白质在等电点 pH 时泡沫膨胀量不大，但稳定性相当好，如球蛋白（pH 5～6）和乳清蛋白（pH 4～5）都具有这种特性。但也有某些蛋白质在高 pH 时泡沫的稳定性增大，可能是由于黏度增加的原因。卵清蛋白在天然泡沫的 pH（8～9）和接近等电点 p*I*（4～5）时都显示最大的起泡性能。大多数食品泡沫都是在与它们的蛋白质等电点不同的 pH 条件下制成的。

糖类通常能抑制泡沫膨胀，但可提高泡沫的稳定性，这与糖类能增大体相黏度、降低薄片流体的脱水速率有关。糖类提高了蛋白质结构的稳定性，使蛋白质不能在界面吸附和伸长，因此，在搅打时蛋白质就很难产生大的界面面积和大的泡沫体积。所以制作蛋白酥皮和其他含糖泡沫甜食，最好在泡沫膨胀后再加入糖。

盐类通过影响蛋白质的溶解度、黏度、伸展和聚集等特性来影响蛋白质起泡性和稳定性。因此，盐的种类和蛋白质在盐溶液中的溶解特性都是蛋白质起泡性的影响因素。包括牛血清白蛋白、卵清蛋白、谷蛋白和大豆蛋白等在内的大多数球状蛋白质的起泡性和泡沫稳定性随着氯化钠浓度的增加而增加。相反，另外一些蛋白质（如乳清蛋白，特别是β-乳球蛋白），由于盐溶效应，其起泡性和泡沫稳定性则随着盐浓度的增加而降低。在特定盐溶液中，蛋白质的盐析作用通常可以改善起泡性；反之，盐溶使蛋质显示较差的起泡性。氯化钠通常能增大膨胀量并降低泡沫稳定性，该现象可能是由其降低了蛋白质溶液黏度所致。二价阳离子（如 Ca^{2+}和 Mg^{2+}）在 0.02～0.04 mol/L 范围，能与蛋白质的羧基反应生成桥键，并产生黏弹性较好的蛋白质膜，从而提高泡沫的稳定性。

3. 风味

蛋白质能与风味成分或其他物质结合，在加工过程中或食用时释放出来，从而对食品的感官质量产生影响。蛋白质与风味物质的结合方式包括物理吸附和化学吸附。物理吸附主要是通过范德华力和毛细管作用吸附；化学吸附主要是静电吸附、氢键的结合和共价键的结合等。在制作食品时，蛋白质可以用作风味物质的载体和改良剂，如在加工含有植物蛋白质的仿真肉制品时，成功地模仿肉类风味是这类产品能被消费者接受的关键。作为风味载体的蛋白质，必须能同风味物质牢固结合并保护其在加工过程中不被破坏，当食品被咀嚼时，风味就可释放出来。

除了与水分、脂类、挥发性物质结合之外，蛋白质还可以与金属离子、色素、调味料以及其他生物活性成分相结合。上述结合反应会对食品的营养性、食品中所包含有害成分的毒性等产生多种影响。从有利的角度看，蛋白质与金属离子的结合可以促进人体对某些矿物质的吸收，也可减少有害重金属的安全隐患；与色素的结合便于研究人员对蛋白质进行定量分析；与大豆蛋白中的异黄酮结合，则增强了大豆蛋白的营养功能特性。

4. 质构性

（1）蛋白质的质构化 蛋白质是许多食品质地或结构的构成基础，但是有些天然蛋白质不具备相应的组织结构和咀嚼性，将它们应用到食品中时就会存在一些限制，如从植物组织中分离出的植物蛋白或从牛乳中得到的乳蛋白。通过加工处理使它们形成具有良好咀嚼性能和持水性能的薄膜或者纤维状的制品，仿造出肉或其代用品，就是蛋白质的质构化。蛋白质的质构化是在开发利用植物蛋白和新蛋白质中特别强调的一种功能性质。此外，质构化加工方法还可用于一些动物蛋白的“重组织化”或“重整”。

常见的蛋白质质构化方式有三种：热凝固和形成薄膜、热塑性挤压、形成纤维。目前用于植物蛋白质质构化的主要方法是热塑性挤压。挤压较为经济，工艺也较为简单，对原料要求比较宽松。采用该方法可得到干燥的纤维状多孔颗粒或小块，待复水时具有耐咀嚼质地。蛋白质含量较低的原料（如脱脂大豆粉）可以进行热塑性挤压组织化加工，蛋白质含量为90%以上的分离蛋白也可以作为加工原料。

（2）热诱导凝胶化 热诱导凝胶是蛋白质最重要的功能特性之一。当加热一定浓度的蛋白质溶液时，蛋白质分子会因变性而解折叠发生聚集，然后形成凝胶。蛋白质变性和聚集的相对速度决定了凝胶的结构和特性，当蛋白质变性速度大于聚集速度时，蛋白质分子能充分伸展、发生相互作用从而形成高度有序的半不透明凝胶；当蛋白质变性速度低于聚集速度时会形成粗糙、不透明凝胶。蛋白质凝胶既具有液体黏性又表现固体弹性，是介于固体和液体之间的一种状态。热诱导凝胶对产品的质构、形状、黏聚性、保油性、保水性等具有重要作用。热诱导凝胶过程中，蛋白质从天然状态到变性状态的转变包括二级、三级和四级结构构象的变化，涉及疏水相互作用、静电力、二硫键等化学作用力的参与，这些变化决定了蛋白质凝胶的最终结构。加热时蛋白质结构的变化使疏水基团暴露在分子的表面，形成疏水相互作用，疏水基团在胶凝过程中起很重要的作用。

迄今为止，蛋白质热诱导凝胶的形成机制及形成过程中涉及的相互作用尚未明晰，但一般认为，蛋白质网络的形成是由于“蛋白质-蛋白质”“蛋白质-溶剂”和“蛋白质-脂肪”等的相互作用以及邻近肽链之间的吸引力和排斥力达到平衡的结果。

（3）面团的形成 小麦、大麦、燕麦等谷物食品具有一个共同的特性，就是胚乳中面筋蛋白质在与水混合后经过揉搓可形成黏稠具有弹性和可塑性的面团。其中，小麦粉形成面团的能力最强，这也是以小麦面粉为原料制作面团并经发酵烘烤形成面包的基础。

面筋蛋白主要由麦谷蛋白和麦醇溶蛋白组成，占面粉中蛋白质总量的80%，其性质与面团特性密切相关。其一，这些蛋白质中可解离的氨基酸含量低，在中性水中不溶解；其二，面筋蛋白含有大量的谷氨酰胺和羟基氨基酸，易形成分子间氢键，使面筋具有强吸水能力和黏聚性质；其三，面筋蛋白含有巯基，能形成二硫键，增强疏水作用，使面筋蛋白转化形成立体、网状结构。

因为面筋蛋白在面粉中部分伸展，在揉搓面团时得到进一步伸展，因此，在正常温度下焙烤面包时面筋蛋白不会再伸展变形。但是焙烤能使面粉中可溶性蛋白质变形和凝集，这有利于面包的形成。当烤温度高于 80 ℃时，面筋蛋白释放出来的水分能被部分糊化的淀粉颗粒吸收，故即使在焙烤时，面筋蛋白也能使面包柔软和保持水分。

第三节 蛋白质在食品加工和贮藏中的变化

一、蛋白质变性

蛋白质分子在受到外界一些物理或化学因素影响时，其性质会发生改变，如溶解度降低或活性丧失等。这些变化是蛋白质分子空间结构改变的结果，并不涉及一级结构的变化。蛋白质分子的这类变化称为变性作用，变性后的蛋白质称为变性蛋白质。

引起蛋白质变性的原因可分为物理因素和化学因素。物理因素有加热、加压、脱水、搅拌、振荡、紫外线照射、超声波作用等；化学因素有强酸、强碱、尿素、重金属盐、十二烷基磺酸钠（SDS）等。在温和条件下，蛋白质的空间构象只是松弛而不混乱，当变性因素解除后蛋白质可恢复到天然构象，这种变性称为可逆变性。例如，核糖核酸酶与 8 mol/L 的尿素和巯基乙醇作用时，由于分子中的二硫键被还原，酶蛋白的空间结构也随之破坏，失去活性。但用透析法除去这些试剂后，变性的酶蛋白就自动氧化恢复原来的空间结构，酶的活性也随之恢复。

大部分蛋白质在变性以后，不能恢复其原来的各种性质，这种变性称为不可逆变性。如生鸡蛋蛋白煮熟变成蛋白块就是不可逆的，大豆制作成豆腐的过程中蛋白质的变性也是不可逆的。蛋白质变性是否可逆与导致变性的因素、蛋白质的种类以及蛋白质空间结构变化程度有关。一般认为在可逆变性中，蛋白质分子的三级、四级结构遭到了破坏，而二级结构不被破坏，故在除去变性因素后，有可能恢复天然状态。然而在不可逆变性中，蛋白质分子的二级、三级、四级结构均遭破坏，不能恢复原来的状态，因此也不能恢复原有功能。

二、蛋白质氧化

食品蛋白质氧化是指所有导致电子从蛋白质结合位点移出和后续的已被氧化的蛋白质稳定的反应，包括个别游离氨基酸和多肽的氧化。该反应可在食品加工过程中的各个环节发生，其反应历程类似脂质氧化；如暴露在紫外线或γ-射线辐射下。

蛋白质的氧化导致蛋白质结构与功能发生变化，易于水解、聚合、交联，致使细胞功能损害甚至死亡，一些蛋白质的食品功能性也发生了改变，例如，新鲜肉类产品发生蛋白质氧化后会使得加工肉制品的持水性和质构变差，从而影响产品的嫩度和多汁性。此外，氨基酸降解形成的衍生物包括羰基类化合物等，也会引起蛋白质变性。这些变化改变了肉制品的功能性，如改变了肌肉蛋白的凝胶性、乳化性和持水能力，甚至会导致产品色泽发暗、口感和风味劣化等。

三、蛋白质分解

食物蛋白质在加工与贮藏过程中由于受到微生物、光、热、水等外界因素的作用，部分蛋白质会被水解，其氨基酸残基会发生侧链衍生化或者分解反应等，生成一系列分解产物，其中，有些具有多种生理功能，如活性肽；有些则有安全隐患，如生物胺等。

1. 活性肽

蛋白质水解后，会产生由不同的氨基酸组成和序列构成的肽类，这些肽类不仅更易被消化吸收，而且某些肽类还具有多种生理功能，如有促进免疫、激素调节、抗菌、抗病毒、降血压、降血脂等作用，这类肽又称活性肽。目前，高纯度且稳定的活性肽因难以规模化生产而尚未实现产品商业化，除少量的保健品外，在食品中应用更不多见。随着“组学技术”和计算机预测与分析技术的发展，不难预见活性肽类产品将很快在功能食品市场占领自己的一席之地。

2. 生物胺

食品中生物胺的产生需要三个条件：①可利用的自由氨基酸；②存在产生氨基酸脱羧酶的微生物；③利于细菌生长、脱羧酶合成和提高脱羧酶活性的适宜环境条件。生物胺通常是由自由氨基酸在细菌中酶的作用下脱羧基而形成的。无论是在新鲜的还是经过加工的肉类产品中都可以检测出多种生物胺。4 ℃不包装牛肉贮藏 12 d 和真空包装牛肉贮藏 35 d 相比，腐胺、尸胺和组胺含量的变化明显，在不包装的样品中，12 d 时腐胺和尸胺的含量分别达到 10.4 mg/g 和 5.2 mg/g，5 d 时组胺含量达到 2.2 mg/g，牛肉质量显著下降。而在发酵食品中，由于杂菌的作用，生物胺的产生更是屡见不鲜，现有研究表明，在香肠的发酵过程中或成熟贮存阶段，发酵剂和原料肉中的微生物会产生蛋白酶，这些蛋白酶作用于蛋白质生成氨基酸，而后经过脱羧作用形成生物胺，发酵香肠中大部分生物胺是经此途径形成的。

3. 亚硝胺

亚硝胺是一种致癌物质，在已检测的 300 种亚硝胺类化合物中，大部分被证明具有致癌作用。一般新鲜的肉制品中不含有挥发性的 *N*-亚硝胺，但腌肉制品中常含有 *N*-亚硝胺物质，这主要是因为在腌制加工时，蛋白质分解产生了胺类物质，而且在腌制过程中使用的亚硝酸盐，在适宜的条件下也会与胺类发生亚硝基化作用。

4. 赖丙氨酸

碱性条件下蛋白质肽链上特定残基易发生交联反应，生成赖丙氨酸（LAL）。LAL 产生机理包括两步：①Ser 或 Cys 发生消去反应，生成脱氢丙氨酸；②脱氢丙氨酸反应活性较高，易与 Lys 侧链氨基发生反应，生成 LAL。LAL 是一种潜在的有害物质，可导致小白鼠肾细胞肥大、降低蛋白质消化率和部分金属酶活性等。

四、变性蛋白质的特性

蛋白质变性往往会导致其物化性质和生物活性的改变。

① 原来包埋在分子内部的疏水基暴露在分子表面，空间结构和水化层同时遭到破坏，导致蛋白质溶解度显著下降，如煮熟的鸡蛋。

② 失去了天然蛋白质原有的结晶能力。

③ 空间结构变为无规则的散漫状态，分子间摩擦力增大、流动性下降，从而使蛋白质黏度增大，扩散系数下降。

④ 变性的蛋白质旋光性发生变化，等电点也有所提高。

⑤ 变性后的蛋白质易被酶水解。如天然血红蛋白变性后能被胰蛋白酶水解，这可能是由于变性导致肽链结构松散开来，使肽键更易被酶作用。这也是食品经加热煮熟后更易被消化吸收的原因之一。

⑥ 蛋白质分子侧链中反应基团数目增加，如巯基、羟基等。这是由于蛋白质构象改变使原来包埋在分子内部的基团暴露出来。利用这些增加的基团与相应试剂的特异性反应，可判断蛋白质的变性程度。

⑦ 原有的生物活性往往减弱或丧失，这是蛋白质变性的主要特征。例如，酶变性后，失去催化活性；血红蛋白变性后，失去输送氧气的功能；抗体蛋白变性后则丧失免疫能力等。

思考题

1. 食品蛋白质的主要来源及各自的特点有哪些？
2. 影响蛋白质变性的因素主要有哪些？
3. 简述蛋白质定性和定量分析的方法。
4. 蛋白质变性后会发生哪些变化？

参考文献

［1］ Belitz H D，Grosch W，Schieberle P. Food Chemistry. 4th ed. Berlin • Heidelberg：Springer-Ver Lag，2009.
［2］ 阚建全. 食品化学. 2 版. 北京：中国农业大学出版社，2008.
［3］ 谢笔钧. 食品化学. 2 版. 北京：科学出版社，2004.
［4］ 赵新淮. 食品化学. 北京：化学工业出版社，2006.
［5］ 汪东风，等. 食品化学. 4 版. 北京：化学工业出版社，2023.
［6］ 迟玉杰. 食品化学. 北京：化学工业出版社，2012.

［7］ 王盼盼. 食品中蛋白质的功能特性综述. 肉类研究，2010，（05）：62.

［8］ 孟彤，等. 蛋白质氧化及对肉品品质影响. 中国食品学报，2015，15（1）：173.

［9］ 郑子懿，等. 面条冷冻过程中蛋白质组分和二硫键的变化研究. 粮食与饲料工业，2013，（07）：34.

［10］ 胡燕，等. 食品加工中蛋白质结构变化对食品品质的影响. 食品研究与开发，2011，32（12）：204.

［11］ Albarracin W，et al. Salt in food processing：usage and reduction. International Journal of Food ScienTechnology，2011，46（7）：1329.

［12］ Gastaldello A，et al. The rise of processed meat alternatives：A narrative review of the manufacturing，composit nutritional profile and health effects of newer sources of protein，and their place in healthier diets. Trends in Food Science Technology，2022，127：263.

［13］ 张泽泉，等. 凯氏定氮法蛋白质测定的改进探讨. 海峡预防医学杂志，2017，23（1）：64.

［14］ 邬晓娟，等. 不同饲养条件下鸡蛋营养成分比较研究. 中国畜牧兽医文摘. 2012，28（03）：37.

第六章
维生素

经常会听到家长嘱咐孩子要多吃蔬菜，这样才能补充维生素，也常常见到一些补充维生素的保健品，为什么要摄入维生素?

维生素主要包括哪些种类？不同的维生素都具有什么样的生理功能？如果缺乏会对身体造成怎样的后果？

为什么要学习本章？

人体维生素供给量不足，就会出现营养缺乏症或某些疾病，摄入过多也会发生中毒。人体需要的维生素有哪些种类？它们都有哪些功能？怎样才能从食品中获得?食品加工和贮藏过程中维生素会不会发生变化?虽然食品中的维生素既不是构成机体组织的成分，也不是能量的来源，但在人体生长、代谢、发育过程中起着不可或缺的调节作用，只有充分了解维生素，才能更好地指导人们在生活中对富含维生素食品或保健品的食用。

第一节 概 述

维生素（vitamin）是生物体为维持正常生命活动所必需的一类不同于脂肪、碳水化合物和蛋白质的微量有机化合物的总称。它们在体内不能提供能量，人体每日需要量较少，通常在毫克（mg）或微克（μg）水平，但却对人体正常的生长发育、生理功能的维持和发挥起着重要作用，如果缺少或不足将引起特殊的缺失综合征。

目前已发现有几十种维生素和类维生素物质，但对人体营养和健康有直接关系的约为20种。大部分维生素不能在人体内合成或者合成量不足，所以必须从食物中摄入，均衡的饮食可以满足机体对维生素的需求。到目前为止，已有多种维生素如维生素A、维生素E等可通过化学方法人工合成。

由于维生素化学结构复杂，一般根据维生素在非极性、极性溶剂中的溶解性特征将其分为两大类：①脂溶性维生素，常与脂肪混存，包括维生素A、维生素D、维生素E和维生素K；②水溶性维生素，能溶于水和稀酒精，包括B族维生素和C族维生素。

维生素在体内具有多方面的生理功能，主要包括：①作为辅酶或它们的前体（如各种B族维生素）；②作为抗氧化保护体系的组分，如抗坏血酸、某些类胡萝卜素及维生素E等；③基因调控过程中的影响因素（维生素A、维生素D以及潜在的其他几种）；④具有特定的生理功能，如维生素A对视觉、抗坏血酸对各类羟基化反应以及维生素K对特定羧基化反应的影响。虽然维生素具有多种营养功能，但是摄入过多对健康有害，易引起中毒反应，特别是维生素 A、维生素 D、维生素E和维生素K等脂溶性维生素。主要维生素分类及生理功能见表6-1。

还有一些化合物，如肉碱、肌醇、胆碱、吡咯喹啉醌、泛醌等，它们的活性类似维生素，成为类维生素，即维生素类似物。

表6-1 主要维生素分类及生理功能

分类		名称	俗名	生理功能
脂溶性维生素		维生素A	视黄醇	替代视觉细胞内感光物质，预防表皮细胞角质化，促进细胞生长，防治干眼病
		维生素D	钙化醇	调节钙、磷代谢，预防佝偻病和软骨病
		维生素E	生育酚	预防不育症
		维生素K	凝血维生素	促进血液凝固
水溶性维生素	B族维生素	维生素B_1	硫胺素	抗神经类、预防脚气病
		维生素B_2	核黄素	预防唇、舌发炎，促进生长
		维生素B_3或维生素PP	烟酸或尼克酸	预防癞皮病，形成辅酶Ⅰ、Ⅱ的成分
		维生素B_5	泛酸	促进代谢

续表

分类		名称	俗名	生理功能
水溶性维生素	B 族维生素	维生素 B_6	吡哆醇	与氨基酸代谢有关
		维生素 B_{11}	叶酸	预防恶性贫血
		维生素 B_{12}	钴铵素	预防恶性贫血
		维生素 B_7 或维生素 H	生物素	预防皮肤病，促进脂类代谢
	C 族维生素	维生素 C	抗坏血酸	预防及治疗坏血病、促进细胞间质生长
		维生素 P	芦丁或柠檬素	维持血管正常透过性

第二节 脂溶性维生素

脂溶性维生素大多有芳香或脂肪性基团，每种脂溶性维生素全部或基本由五碳类异戊二烯单位（即 2-甲基-1,3-丁二烯）构成，这些异戊二烯单位来源于动物或植物生物合成中的乙酰辅酶 A；脂溶性维生素在食品加工过程中具有较高的稳定性，而水溶性维生素稳定性较差。

一、维生素 A

（1）**结构** 维生素 A 又称抗干眼病维生素，是一类具有营养活性的不饱和烷烃，包括视黄醇及相关化合物和一些类胡萝卜素。视黄醇及其含有 4 个类异戊二烯单位的化学衍生物统称为类视黄醇，如图 6-1。视黄醇结构中含有共轭双键，属于异戊二烯类，因此可以有多种顺、反立体异构体。其中，全反式异构体具有最高的维生素 A 活性，同时也是食品中天然存在的视黄醇的主要形式。

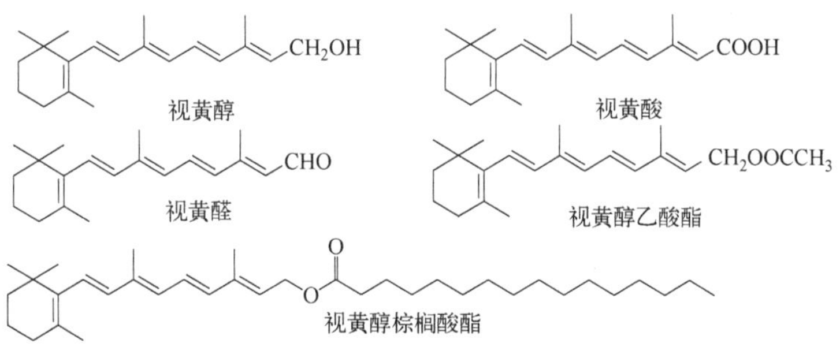

视黄醇 视黄酸

视黄醛 视黄醇乙酸酯

视黄醇棕榈酸酯

图 6-1 常见类视黄醇的化学结构

在动物性组织中，视黄醇及其酯是维生素 A 活性的主要形式，而视黄酸的含量较少，在鱼肝油中维生素 A 的含量最多，其次是动物的肝脏及卵黄。在植物和真菌中并不存在预先形成的维生素 A，而是以具有维生素 A 活性的类胡萝卜素形式存在，经动物摄取吸收后，类胡萝卜素可经代谢转变为维生素 A，主要存在于绿叶蔬菜、胡萝卜、棕榈油等植物性食物中。在 600 多种已知的类胡萝卜素中，约有 50 种在体内能部分转化为维生素 A，称为维生素 A 原。在类胡萝卜素中，β-胡萝卜素具有最高的维生素 A 原活性，它在小肠黏膜处被氧化酶打断 C15 和 C15’间的单键，从而释放出 2 分子活性视黄醇。常见类胡萝卜素的结构与维生素 A 前体及其活性见图 6-2。食物中维生素 A 的含量多以视黄醇当量表示，1 μg 视黄醇等于 6 μg β-胡萝卜素，也可用国际单位（IU）表示，1 个国际单位维生素 A 等于 0.3 μg 视黄醇。

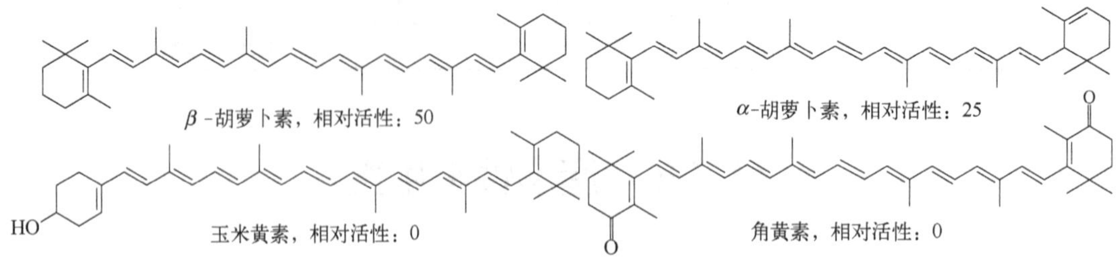

图 6-2　类胡萝卜素结构、维生素 A 前体及相对活性

（2）**性质与稳定性**　维生素 A 不溶于水，溶于乙醇，易溶于包括脂肪和油在内的有机溶剂；对碱稳定；不与空气接触的情况下，对热稳定，即使加热至 120～130 ℃，也不会遭到破坏。但是，空气、氧化剂和紫外线都能使它氧化而被破坏（图 6-3）。天然存在的类胡萝卜素都是以全反式构象为主，受热作用可转变为顺式构象，同时失去维生素 A 前体的活性。类胡萝卜素的这种异构化在不适当的贮藏条件下也常发生。如水果和蔬菜的罐装将会显著引起异构化和维生素 A 活性损失。此外，光照、酸化、次氯酸或稀碘溶液都可能导致热异构化，使类视黄醇和类胡萝卜素全反式部分转变为顺式结构。

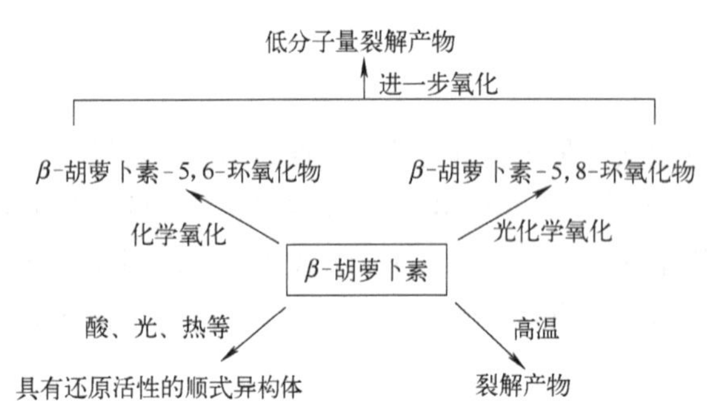

图 6-3　β-胡萝卜素的裂解

（3）**生理功能及缺乏症**　维生素 A 与其他维生素一样能促进年幼动物的生长，其主要生理功能是维持上皮细胞组织的完整与健康，以及维持正常视觉。长期食用缺乏维生素 A 的食物，最初产生夜盲症，失去对黑暗的适应能力。严重时，消化道及眼部的角膜都会产生上皮细胞的角质化。最具特征的是干眼病，即眼角膜充血、硬化和感染发炎，故维生素 A 又叫抗干眼病维生素。但如果长期摄入过多维生素 A，例如每日超过 75000～500000 IU，3～6 个月后即可引起中毒症状，严重者危害健康，停止供给维生素 A 几天后症状就会消失。

二、维生素 D

维生素 D 又称抗软骨病或抗佝偻病维生素，是具有胆钙化醇生物活性的类固醇的统称，现已确知的有六种，即维生素 D_2、维生素 D_3、维生素 D_4、维生素 D_5、维生素 D_6 和维生素 D_7，其中以维生素 D_2 和维生素 D_3 最为重要。维生素 D 的含量用国际单位表示。1 IU 的维生素 D 等于 0.025 μg 晶形维生素 D_3，因此，每微克维生素 D_3 等于 40 IU 的维生素 D。鱼类脂肪及动物肝脏中含有丰富的维生素 D，其中以海产鱼肝油中的含量最多，蛋黄、牛奶、奶油次之。

（1）**结构**　维生素 D 是一种具有环戊烷多氢菲结构的类固醇，化学结构式见图 6-4。

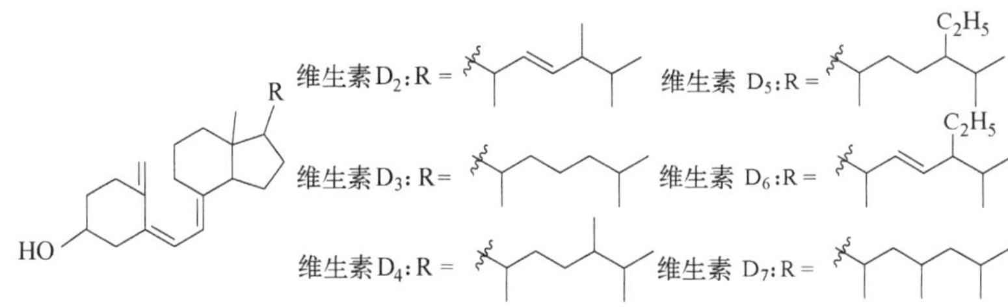

图 6-4　维生素 D 的化学结构

（2）**性质与稳定性**　维生素 D 是无色晶体，不溶于水，而溶于脂肪和有机溶剂。其性质相当稳定，不易被酸或氧破坏，有耐热性，但可被光及过度的加热（160～190 ℃）所破坏。动物及大多数植物中都含有固醇，不同的固醇经紫外线照射后可转变为相应的维生素 D，这些固醇类物质称为维生素 D 原，这是由于夏季的阳光较强有利于动物体产生维生素 D 的缘故。例如，植物中含有的麦角固醇经紫外线照射后可以变成维生素 D_2，即麦角钙化醇；人和动物皮肤中的 7-脱氢胆固醇经紫外线照射后可转变为维生素 D_3，即胆钙化醇，这也是日光浴促进机体合成维生素 D_3 的原理，也是夏天的牛奶和奶油中维生素 D 的含量比冬天多的原因。维生素 D 的性质相当稳定，在食品加工及贮藏过程中不易损失，如冷冻、消毒、煮沸、高压灭菌等操作都不影响其活性；但是维生素 D 对光和氧比较敏感，在有光照、氧存在的条件下会迅速遭到破坏，因此维生素 D 应保存在不透光的密封容器中。

（3）**生理功能及缺乏症**　维生素 D 的主要功能是调节钙、磷代谢，维持血液钙、磷浓度正常。维生素 D 的需要量必须与钙、磷的供给量联系起来考虑。在钙、磷供给充分的条件下，成人每日获得 300～400 IU 的维生素 D 即可使钙的储留量达到最高水平。孕妇或乳母由于对钙、磷的需要量增加，必须膳食补充维生素 D。缺乏维生素 D 会使儿童骨骼发育不良，发生佝偻病。患者骨质软化，膝关节发育不良，两腿形成内曲或外曲畸形。成人则引起骨骼脱钙，而发生骨质软化病。孕妇或乳母脱钙严重时导致骨质疏松病，患者骨骼易折，牙齿易脱落。但是，维生素 D 摄取过量也会引起中毒，因为维生素 D 不易排泄。急性中毒表现为食欲下降、恶心、呕吐、腹泻、头痛、多尿等。慢性中毒伴有体重减轻，皮肤苍白，便秘和腹泻交替发生，发热，以及骨化过度，甚至软组织也钙化。严重时能导致肾脏功能衰竭。

三、维生素 E

维生素 E 又称生育酚，是一类具有类似于生育酚维生素活性的母育酚和生育三烯酚的统称。自然界中具有维生素 E 功效的物质已知有 8 种，其中 α-生育酚、β-生育酚、γ-生育酚、

δ-生育酚四种生育酚较为重要，以 α-生育酚的生理效价最高。一般所谓的维生素 E 即指 α-生育酚。维生素 E 的分布甚广，特别是植物油中含量较多（表 6-2）。维生素 E 的含量也用国际单位表示，1 IU 维生素 E 等于 1 mg DL-α-生育酚醋酸酯，1 mg D-α-生育酚等于 1.49 IU。

表 6-2 植物油中各种生育酚的含量 单位：mg/100 g

食品	α-生育酚	α-生育三烯酚	β-生育酚	β-生育三烯酚	γ-生育酚	γ-生育三烯酚	δ-生育酚
葵花籽油	56.4	0.013	2.45	0.207	0.43	0.023	0.087
花生油	14.1	0.007	0.396	0.394	13.1	0.03	0.922
大豆油	17.9	0.021	2.80	0.437	60.4	0.078	37.1
棉籽油	40.3	0.002	0.196	0.87	38.3	0.089	0.457
玉米胚芽油	27.2	5.37	0.214	1.1	56.6	6.17	2.52
橄榄油	9.0	0.008	0.16	0.417	0.471	0.026	0.043
棕榈油	9.1	5.19	0.153	0.4	0.84	13.2	0.002

（1）结构 维生素 E 是苯并二氢吡喃（色满环）的衍生物，其他区别在于侧链取代基不同，具体结构如图 6-5 所示。

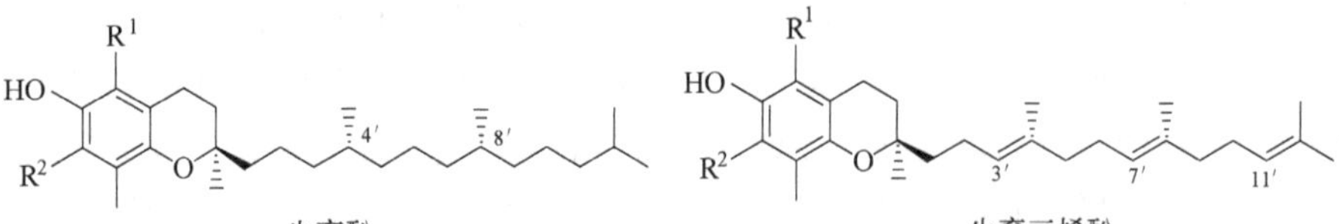

生育酚	R^1	R^2	体外相对抗氧化活性/%	相对生理效价
α-	CH_3	CH_3	100	1
β-	CH_3	H	71	0.5
γ-	H	CH_3	68	0.2
δ-	H	H	28	0.1

图 6-5 维生素 E 的基本结构

（2）性质与稳定性 维生素 E 为透明的淡黄色油状液体，不溶于水而溶于脂肪及有机溶剂，不易被酸、碱及热破坏，在无氧时加热至 200 ℃也很稳定，但极易被氧化（主要在羟基及氧桥处氧化）。对白光相当稳定，但易被紫外线破坏，在紫外线 259 nm 处有一吸收光带。维生素 E 的氧化通常伴随着脂肪氧化，也就是说维生素 E 在抗脂肪氧化的同时，它本身被氧化损失。如 α-生育酚在清除脂肪氧化过程中产生的过氧自由基时，它本身被氧化成 α-生育酚氧化物、α-生育酚醌及 α-生育酚氢醌（图 6-6）。此外，单重态氧还能攻击生育酚分子的环氧体系，使之形成氢过氧化物衍生物，再经过重排生成 α-生育酚醌和 α-生育酚醌-2,3-环氧化物，因此维生素 E 是一种单重态氧抑制剂。正是因为维生素 E 具有消除自由基、单重态氧等作用，所以维生素 E 是食品的天然抗氧化剂。食品在加工和贮藏过程中都会造成维生素 E 的大量损失，如肉类的烹饪处理会损失 5%～56%；豆类会损失 7%～40%；将小麦磨成面粉及加工玉米、燕麦和大米时，维生素 E 损失约 80%；在油脂精炼过程中也能造成维生素 E 损失。

α-生育酚
过氧化自由基(ROO·)
氢过氧化物(ROOH)
α-生育酚氧化物　α-生育酚醌　α-生育酚氢醌

图 6-6 维生素 E 与过氧化自由基作用的降解途径

（3）生理功能及缺乏 维生素 E 作为一种很强的抗氧化剂，在体内可以保护细胞面免受自由基损害；提高运动能力、抗衰老；调节体内某些物质，如 DNA、辅酶 Q 的合成等。另外，维生素 E 与动物的生殖功能有关，动物缺乏维生素 E 时，其生殖器官受损而不育；雄性呈睾丸萎缩，不能产生精子；雌性虽仍能受孕，但易死胎，或胚胎的神经肌肉机能失调，导致早期流产。

四、维生素 K

维生素 K 又称为凝血维生素。常见的天然的维生素 K 有维生素 K_1 和维生素 K_2 两种。维生素 K_1 为叶绿醌或叶绿甲基萘醌，在绿色植物如苜蓿、白菜、菜花、菠菜中存在；维生素 K_2 为甲萘醌或聚异戊烯基萘醌，是从腐败的鱼肉中获得的结晶体。其中，维生素 K_1 的含量特别丰富。哺乳动物的肠道细菌也能合成维生素 K。

（1）结构 维生素 K_1 和维生素 K_2 都是 2-甲基-1,4-萘醌的衍生物，其化学结构式如图 6-7 所示。

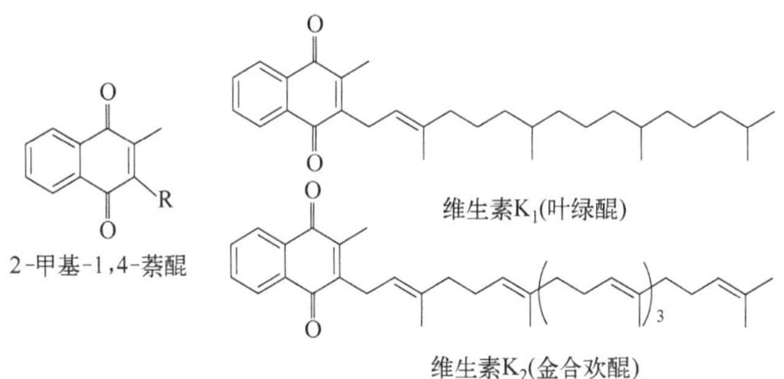

图 6-7 维生素 K 的结构

（2）性质和稳定性 维生素 K 为脂溶性物质，对热很稳定，但易被碱、氧化剂和光（特别是紫外线）破坏，必须避光保存。由于维生素 K 相对稳定且不溶于水，因此在正常的烹饪过程中损失较少。

（3）生理功能及缺乏症 维生素 K 的主要功能是促进血液凝固，因为它是促进肝脏合成凝血酶原（prothrombin）的必需因子。如果缺乏维生素 K，则血浆内凝血酶原含量降低，便会使血液凝固时间延长。此外，维生素 K 还具有还原性，可以消除食品体系中的自由基，保护食品成分不被氧化。

第三节　水溶性维生素

一、维生素 B_1

维生素 B_1 又称硫胺素。广泛存在于整个动植物界，以酵母为最多，瘦肉、核果、全谷、豆类及动物内脏中的含量也较多。

（1）**结构**　维生素 B_1 的分子中含有一个带氨基的嘧啶环和一个含硫的噻唑环，因而又称硫胺素，化学结构见图 6-8。该类化合物的商品形式为其盐酸盐或硝酸盐，大多数天然的硫胺素主要以硫胺素焦磷酸盐的形式存在，也有少量非磷酸化的硫胺素、硫胺素单磷酸盐和硫胺素三磷酸盐。

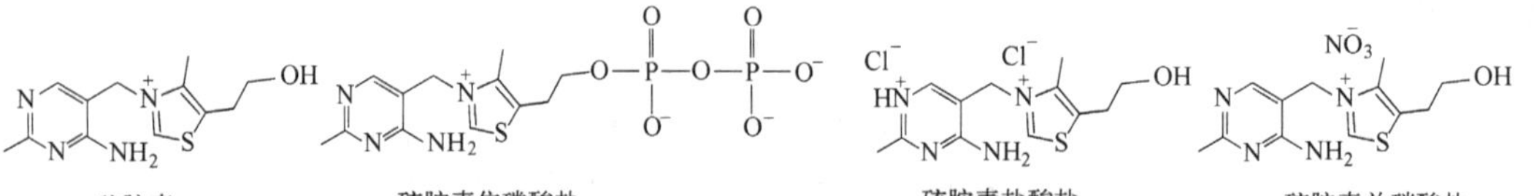

硫胺素　　硫胺素焦磷酸盐　　硫胺素盐酸盐　　硫胺素单硝酸盐

图 6-8　不同形式硫胺素的化学结构

（2）**性质和稳定性**　维生素 B_1 盐酸盐是白色结晶体。这种形式耐热性很好，可以在 100 ℃条件下稳定存在超过 24 h，但大于 249 ℃会分解。硫胺素盐酸盐具有潮解性，能溶于水和甘油，但几乎不溶于乙醚、丙酮、氯仿或苯等有机溶剂。硫胺素的硝酸盐不易溶于水。

硫胺素稳定性易受 a_w、pH、温度、离子强度、缓冲液以及其他反应物的影响。硫胺素在低水分活度和室温时，稳定性很高。硫胺素在强酸和光下较稳定，但在中性或碱性水溶液中稳定性差。硫胺素在溶液 pH＜3.5 时较稳定，加热至 120 ℃仍可保持其生理活性；当溶液的 pH＞3.7 时，则不稳定，在高温下特别容易分解。当 pH 为 4.3 时，在 97 ℃下加热 1 h，硫胺素的破坏率为 25%；当 pH 为 7.0 时破坏率可达 80%。在碱性条件下，硫胺素结构单元中的噻唑环容易被破坏而发生降解。

（3）**生理功能及缺乏症**　维生素 B_1 在生物体内可经硫胺素激酶催化与 ATP 作用转化成硫胺素焦磷酸（TPP），TPP 在糖代谢中有重要作用，主要生理功能是以辅酶的形式参加单糖代谢中间产物 *α*-酮酸（例如丙酮酸、*α*-酮戊二酸）的氧化脱羧反应。人体缺乏维生素 B_1 时，血液组织内便有丙酮酸累积。同时过量的丙酮酸可以阻止脱氢酶对乳酸的作用，这样又造成乳酸的积累，以致新陈代谢不正常，从而影响到神经组织的正常功能。维生素 B_1 还可以促进年幼动物的发育，对幼小动物的影响比维生素 A 更加显著。人类食物中缺乏维生素

B_1时，最初神经系统失常，身体容易疲乏，消化不良，食欲缺乏，继续发展则成多发性神经炎，即脚气病。

二、维生素 B_2

维生素 B_2 又称核黄素，它是一类具有核黄素生物活性物质的总称。动物性食品中核黄素含量较高，尤其是动物内脏如肝、肾以及蛋黄、乳类等，鱼类以鳝鱼中含量最高。乳类中核黄素主要以黄素腺嘌呤二核苷酸（FAD）和核黄素为主。植物性食品中，绿叶蔬菜如菠菜、油菜及豆类中含量较高，一般蔬菜中的含量相对较低。

（1）结构 核黄素是D-核糖醇与7,8-二甲基异咯嗪的缩合物（图6-9），其母体结构为7,8-二甲基-10-（1'-核糖基）异咯嗪，核糖基侧链上的5'-位经磷酸化可形成黄素单核苷酸（FMN），而黄素腺嘌呤二核苷酸（FAD）还含有一个5'-腺嘌呤单磷酸部分。在磷酸酶的作用下，FMN和FAD易转化为核黄素。

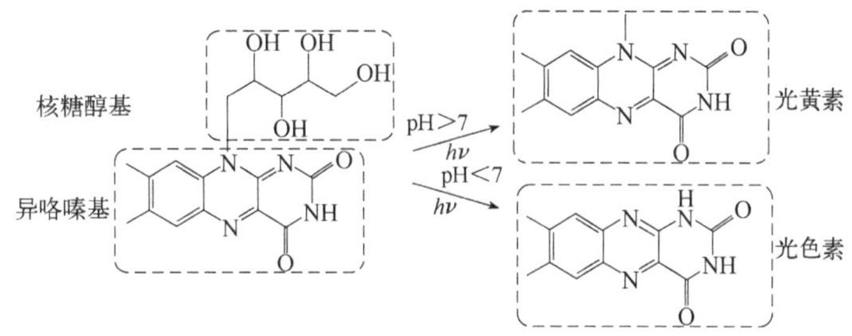

图6-9 核黄素及光化学变化

（2）性质和稳定性 核黄素为黄色三环化合物，呈针状结晶，可中等程度地溶于水和乙醇，不溶于乙醚、氯仿和丙酮。核黄素对热稳定，但对光（尤其是紫外线）非常敏感，在碱性条件下经光作用产生光黄素，在酸性或中性条件下生成具有蓝色荧光的光色素。光黄素是一种强氧化剂，其氧化性强于维生素 B_2，对其他维生素特别是维生素C有强烈的破坏作用。日光引起的牛乳异味是核黄素引起的光化学过程所致，异味产生的部分原因就是由于光引发的脱羧及蛋氨酸脱氨而产生甲硫胺醛。

（3）生理功能及缺乏症 核黄素的主要生理功能是作为辅酶FMN和FAD以及共价键结合的黄素前体，是体内多种氧化酶系统不可缺少的辅酶，可催化许多氧化还原反应，促进糖类、脂肪及蛋白质代谢。此外，核黄素还能激活维生素 B_6，参与色氨酸转化为烟酸，而且与体内铁的吸收、储存与动员有关。人体若缺乏核黄素，会导致新陈代谢受阻，出现生长停滞、口腔炎、眼角膜炎和皮肤炎等症状。

三、维生素 B_3

维生素 B_3 又称烟酸、尼克酸、维生素PP，维生素 B_3 是一类具有类似维生素活性的3-羧酸吡啶及其衍生物的总称，也是烟酸（尼克酸）和烟酰胺（尼克酰胺）的总称，广泛存在于各种动植物食品中，蘑菇、酵母中含量最高，其次为动物内脏、瘦肉、谷类等，绿叶蔬菜中含量也较高，而蛋类和乳类则含有丰富的色氨酸。玉米、高粱等所含烟酸大部分为结合型烟酸，不能被人体吸收，而玉米蛋白中色氨酸含量较低，转化成的烟酸不足以维持人体所需，因此长期以玉米为主食的地区，易产生癞皮病。

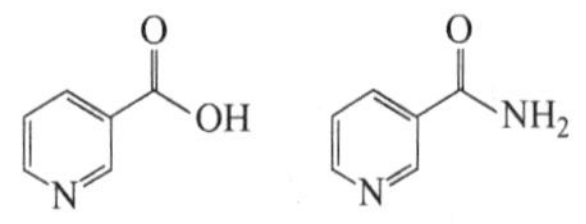

（1）**结构** 维生素 B_3 是吡啶衍生物，其化学结构如图 6-10 所示，在生物体内主要以烟酰胺的形式存在。

烟酸　　烟酰胺

图 6-10 维生素 B_3 的化学结构

（2）**性质与稳定性** 烟酸和烟酰胺为无色针状晶体，烟酸微溶于水，易溶于乙醇；烟酰胺易溶于水。烟酸是维生素中最稳定的一种，对光、热、空气和碱都不敏感，在酸性和碱性溶液中也很稳定，但是在强酸且加热条件下烟酰胺可以水解生成烟酸。由于烟酸在水中具有溶解性，食品加工和制作过程中的清洗、热烫及沥滤等处理可造成烟酸损失。

（3）**生理功能及缺乏症** 烟酸的主要生理功能有：作为辅酶Ⅰ（NAD）和辅酶Ⅱ（NADP）的组成成分，在许多生物体内的氧化还原反应中起氢供体或电子受体的作用，它们在糖酵解、脂肪合成和呼吸作用中起着重要的作用；在维生素 B_6、泛酸和生物素存在下还可参与脂肪、蛋白质与 DNA 的合成；降低体内胆固醇水平等。此外，烟酸还是癞皮病的防治因子，烟酰胺也被发现可以显著提高食品如稻米中铁的生物利用率，其增强效果甚至强于抗坏血酸。烟酸的缺乏症主要表现为癞皮病，其典型症状是皮炎（dermatitis）、腹泻（diarrhea）及痴呆（dementia），即所谓的“三 D”症状，故烟酸又称为抗癞皮病因子。

四、维生素 B_5

维生素 B_5 又称泛酸，广泛存在于生物界，它是水溶性维生素 B 族的一种，酵母、肝、肾、蛋、瘦肉、脱脂奶、豌豆花生、甘薯等的泛酸含量都较丰富。

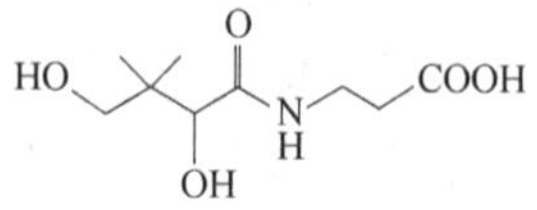

（1）**结构** 泛酸属于 β-氨基丙酸。其结构式如图 6-11 所示。

图 6-11 泛酸的化学结构

（2）**性质与稳定性** 泛酸为淡黄色黏状物，溶于水和醋酸，不溶于氯仿和苯。在中性溶液中对湿热、氧化和还原都稳定。酸、碱、干热可使它水解或分解为 β-丙氨酸及其泛解酸。泛酸的钙盐或其他盐为无色粉状晶体，微苦，溶于水，对光和空气都稳定，但在 pH 5～7 的溶液中可被热破坏。在生物体内，泛酸呈结合状态，即与 ATP 和半胱氨酸经过一系列反应合成乙酰基转移酶的辅酶（辅酶 A，CoA），因此 CoA 是泛酸的主要活性形式。由于泛酸具有一定的水溶性，因此在蔬菜清洗和加工中一般损失 10%～30%。

（3）**生理功能** 泛酸以乙酰辅酶 A 形式参加糖类、脂类及蛋白质的代谢，起转移乙酰基的作用。多种微生物的生长都需要泛酸。

五、维生素 B_6

维生素 B_6 又称吡哆素，包括吡哆醇（pyridoxine）、吡哆醛（pyridoxal）和吡哆胺

（pyridoxamine）3 种形式的化合物，在动植物界中分布很广，麦胚、米糠、大豆、花生、酵母、肝脏等中含量都比较高。动物性食品中大多以吡哆醛和吡哆胺的形式存在，植物性食品中维生素 B_6 大多与蛋白质结合，不易吸收。此外，肠道细菌可以合成部分维生素 B_6。

（1）**结构** 维生素 B_6 是具有吡哆醇维生素活性的 2-甲基-3-羟基-5-羟甲基吡啶物质的总称，其结构式如图 6-12 所示。

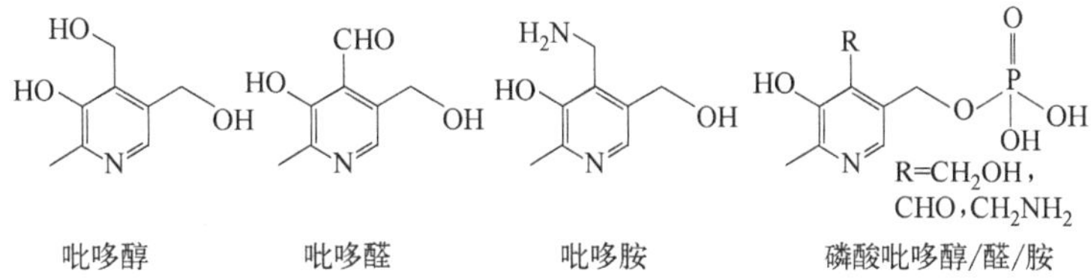

吡哆醇 吡哆醛 吡哆胺 磷酸吡哆醇/醛/胺（R=CH_2OH，CHO，CH_2NH_2）

图 6-12 维生素 B_6 类物质的化学结构

（2）**性质与稳定性** 吡哆素为无色晶体，易溶于水及乙醇，在酸液中稳定，在碱液中易被破坏，在空气中稳定，易被光破坏。吡哆醇耐热，吡哆醛和吡哆胺不耐高温。维生素 B_6 的 3 种形式对光都比较敏感，特别是紫外线和碱性环境中，可以生成无生物活性的 4-吡哆酸和 4-吡哆酸-5'-磷酸。在动物组织中吡哆醇可转化为吡哆醛或吡哆胺，它们都可通过磷酸化形成各自的磷酸化合物。吡哆醛与吡哆胺、磷酸吡哆醛与磷酸吡哆胺都可以互变，最后都以活性较强的磷酸吡哆醛和磷酸吡哆胺的形式存在于生物体中，构成氨基酸脱羧酶和氨基转移酶所必需的辅酶。

（3）**生理功能与缺乏症** 维生素 B_6 的生理功能中最重要的方面是以吡哆醛-5'-磷酸及吡哆胺-5'-磷酸的形式作为辅酶参与蛋白质、糖类化合物、神经传递质和脂质的代谢。此外，脑和其他组织中的能量转化、核酸代谢、内分泌系统、辅酶 A 的生物合成以及草酸盐转化为甘氨酸等过程也都需要维生素 B_6。维生素 B_6 缺乏可导致眼、鼻与口腔周围皮肤脂溢性皮炎，色氨酸代谢失调，尿中黄尿酸排除增高等症状。

六、维生素 B_7

维生素 B_7 又称生物素、维生素 H，主要有 α-和 β-两种形式，以游离或与蛋白质结合的形式广泛分布于各种动植物中。其中，在蔬菜、水果和牛奶中以游离态存在，在动物内脏、种子和酵母中以生物素的形式存在。牛奶、肝脏、鸡蛋（蛋黄）和一些蔬菜是人类营养中生物素的最重要的天然来源；在人乳中，生物素的浓度范围为 30～70 nmol/L，几乎完全以游离形式存在于乳脂部分。

（1）**结构** 生物素结构上由脲和带有戊酸侧链噻吩的两个五元环组成。两种天然存在的形式为游离 α-生物素和 β-生物素，其化学结构如图 6-13 所示。

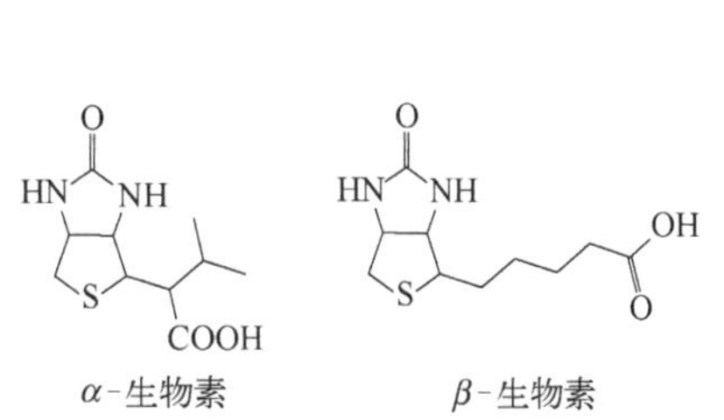

α-生物素 β-生物素

图 6-13 α-生物素和 β-生物素的化学结构

（2）**性质与稳定性** 生物素化学性质比较稳定，对热、光和氧不敏感，但在极端 pH 条件下可能由于酰胺键的水解而被破坏。在过氧化氢、高锰酸盐等氧化剂存在的条件下，硫可被氧化，并形成生物素亚砜或砜，从而丧失生物活性。

在谷物的碾磨过程中会损失较多的生物素，因此完整的谷粒是生物素的良好来源，而精制的谷粒制品中生物素含量较少。此外，罐头食品在生产过程中可导致生物素被大量破坏。使用维生素 E、维生素 C、丁基羟基苯甲醚等抗氧化剂可降低生物素的破坏程度。

（3）生理功能与缺乏症 生物素是哺乳动物乙酰 CoA 羧化酶、丙酮酸羧化酶、丙酰 CoA 羧化酶和甲基巴豆酰羧化酶等羧化酶的必需辅助因子，对细胞的生长，脂类、糖类化合物和氨基酸代谢，DNA 的生物合成和唾液酸糖蛋白受体的表达以及各种免疫细胞正常功能起着重要作用。人体若轻度缺乏生物素可导致皮肤干涩、脱屑、头发变脆等，重度缺乏时则可出现可逆性脱发、抑郁、肌肉疼痛及萎缩等症状，不过由于生物素来源广泛及可由肠道细菌合成，在正常人体中生物素缺乏症十分罕见。

七、维生素 B_{11}

维生素 B_{11} 又称叶酸，在植物、动物及微生物中都有分布，其中绿叶、肝、肾、菜花、酵母中含量都较高，其次为牛肉、麦粒等。

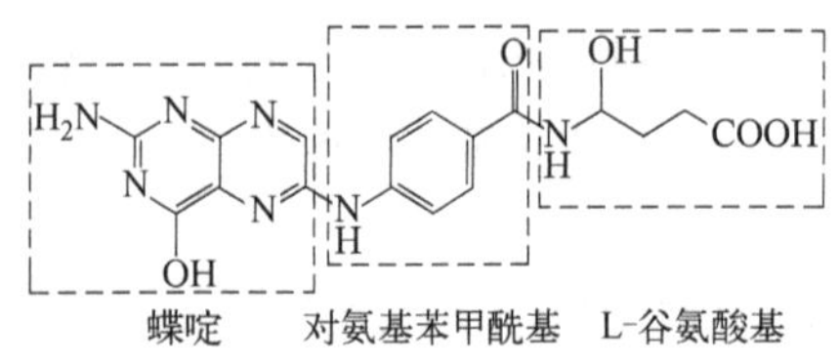

图 6-14　叶酸的化学结构

（1）结构 维生素 B_{11} 是指具有一类与叶酸类似的化学结构和营养活性物质的总称，分子结构中含有蝶啶、对氨基苯甲酰基及 L-谷氨酸基三个部分，见图 6-14。

（2）性质与稳定性 叶酸为鲜黄色晶体，溶于水，不溶于乙醇及低极性有机溶剂。在水溶液中易被光破坏，在酸性溶液中耐热。叶酸在有氧条件下，遇碱会发生水解，水解后的侧链生成氨基苯甲酸-谷氨酸和蝶啶-6-羧酸，在酸性条件下水解则得到 6-甲基蝶啶。叶酸酯在碱性条件下隔绝空气水解，可生成叶酸和谷氨酸。叶酸溶液暴露在日光下亦会发生水解生成对氨基苯甲酰谷氨酸（PABG）和蝶呤-6-羧醛，蝶呤-6-羧醛经辐射后转变为蝶呤-6-羧酸，然后脱羧生成蝶呤，核黄素和黄素单核苷酸（FMN）可催化上述反应。此外，二氢叶酸（FH_2）和四氢叶酸（FH_4）在空气中容易氧化，对 pH 也很敏感，在 pH 8～12 和 pH 1～2 最稳定。在中性溶液中，FH_4 与 FH_2 同叶酸一样迅速氧化为 PABG、蝶啶、黄嘌呤、6-甲基蝶呤和其他蝶呤类化合物。在酸性条件下 FH_4 比在碱性溶液中氧化更快。硫醇和抗坏血酸盐这类还原剂能使 FH_2 和 FH_4 的氧化减缓。

（3）生理功能与缺乏症 叶酸可以间接与核酸和蛋白质的生物合成有关；此外，叶酸可以通过蛋氨酸代谢影响磷脂、肌酸、神经介质的合成，是合成红细胞的主要成分之一。缺乏时易引起巨幼红细胞贫血、抗病力降低、舌炎和肠胃病等。人类肠道细菌能合成叶酸，故一般不易患缺乏症。

八、维生素 B_{12}

维生素 B_{12} 是含钴的化合物，又称钴维素或钴胺素，至少有五种。一般所称的维生素 B_{12}

是指分子中钴同氰结合的氰钴胺素。肝脏中维生素 B_{12} 最多，其次是奶、肉、蛋、鱼等，植物大多不含维生素 B_{12}。在自然界中只有微生物能够合成维生素 B_{12}。动物组织中的维生素 B_{12} 一部分从食物中得来，一部分是肠道微生物合成的。天然维生素 B_{12} 是与蛋白质结合存在的，需经热或蛋白酶分解成游离态才能被吸收。

（1）**结构** 维生素 B_{12} 是一类具有类似氰钴胺素维生素活性的类咕啉物质的总称。这类物质具有四吡咯结构，其中一个钴离子与 4 个吡咯环上的氮原子螯合，是唯一含有金属元素钴的维生素，又称为钴胺素。维生素 B_{12} 分子结构主要包括咕啉环系统及类似核苷酸的 5,6-二甲基（*α*-D-核糖呋喃酰）苯并咪唑-3′-磷酸酯。维生素 B_{12} 的化学结构如图 6-15 所示。

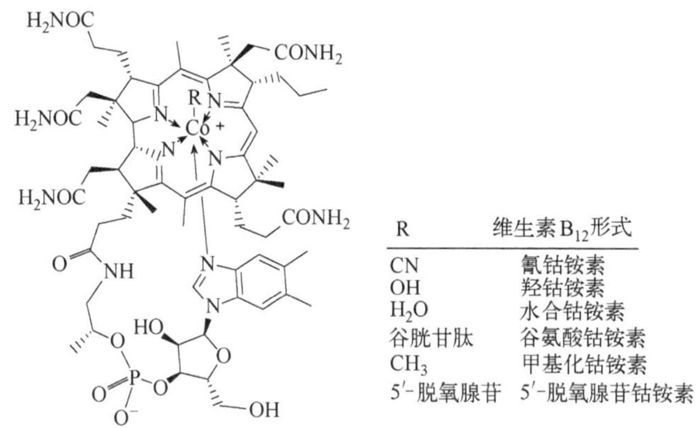

R	维生素 B_{12} 形式
CN	氰钴铵素
OH	羟钴铵素
H_2O	水合钴铵素
谷胱甘肽	谷氨酸钴铵素
CH_3	甲基化钴铵素
5′-脱氧腺苷	5′-脱氧腺苷钴铵素

图 6-15 维生素 B_{12} 的化学结构

（2）**性质与稳定性** 维生素 B_{12} 为粉红色针状晶体，溶于水、乙醇和丙醇，不溶于氯仿。晶体及水溶液在 pH 4.5～5.0 范围相当稳定，但是在强碱或强酸条件下不稳定，而且对紫外线敏感。在碱性溶液中加热，将会引起酰胺的水解，生成无生物活性的维生素 B_{12} 羧酸衍生物。溶液中的硫胺素和烟酰胺能加速维生素 B_{12} 的降解。还原剂如低浓度的巯基化合物能防止维生素 B_{12} 破坏，但用量较多时又会起破坏作用。此外，铁离子与来自硫胺素中具有破坏作用的硫化氢结合，可以保护维生素 B_{12}；低价铁盐能导致维生素 B_{12} 迅速破坏，但+3 价铁盐对维生素 B_{12} 有稳定作用。

（3）**生理功能与缺乏症** 维生素 B_{12} 以辅酶的形式参与体内各种代谢。它作为甲基载体参与蛋氨酸和胸腺嘧啶的生物合成，间接参与氨基酸和蛋白质的合成。如果维生素 B_{12} 缺乏，人体将会发生蛋氨酸合成障碍和高半胱氨酸累积。此外，由于蛋氨酸合成反应能提供四氢叶酸，因此缺乏维生素 B_{12} 与叶酸缺乏症具有类似的症状。肠道的维生素 B_{12} 需要与胃黏膜所分泌的特殊黏蛋白（又称内源因素）结合才能被吸收。若内源因素缺乏，维生素 B_{12} 吸收时发生障碍，可引起恶性贫血，并可出现神经系统、舌、胃黏膜的病变。

知识拓展

维生素 B_{12} 的分离和鉴定经历了多年的努力。1948 年，美国化学家 Folkers 和英国化学家 Smith 分别从牛肝和肝脏浸出液中提取出一种红色结晶物质，并证明其具有抗贫血活性，命名为维生素 B_{12}。1956 年，英国生物化学家霍奇金利用 X 射线测定了维生素 B_{12} 的晶体结构，揭示了其复杂的分子结构。

维生素 B_{12} 的全合成是有机合成史上的一项壮举。1955 年，美国化学家伍德沃德和瑞士化学家艾申莫瑟开始合作全合成维生素 B_{12}。他们分别从两个不同的起始物质出发，经过数十步反应，最终在 1972 年成功地将两个部分连接起来，完成了维生素 B_{12} 的全合成，这一工作被认为是有机化学领域的里程碑。

九、维生素 C

维生素 C 又名抗坏血酸，主要来源于新鲜水果和蔬菜，常见食物中的维生素 C 含量如表 6-3 所示。

表 6-3　常见食物的维生素 C 含量　　单位：mg/100g

食物名称	含量	食物名称	含量	食物名称	含量	食物名称	含量
酸枣	1170	山楂	53	韭菜	24	梨	11
枣（鲜）	243	草莓	47	柚子	23	桃	10
黑葡萄	200	白菜	47	柠檬	22	黄瓜	9
沙棘	160	荠菜	43	白萝卜	21	黄豆芽	8
红辣椒	144	卷心菜	40	猪肝	20	西瓜	7
猕猴桃	131	豆角	39	橘子	19	茄子	5
南瓜	90	绿茶	37	番茄	19	香菇	5
芥菜	72	菠菜	32	鸭肝	18	牛心	5
柑	68	柿子	30	菠萝	18	猪心	4
菜花	61	马铃薯	27	胡萝卜	16	杏	4
茼蒿	57	甘薯	26	花生	14	苹果	4
苦瓜	56	葡萄	25	芹菜	12	牛乳	1

（1）**结构**　维生素 C 为酸性己糖衍生物，含有一个烯二醇基团，有 L 型和 D 型两种异构体，四个异构体（图 6-16），只有 L 型的才具有生理功能，还原型和氧化型都有生理活性。

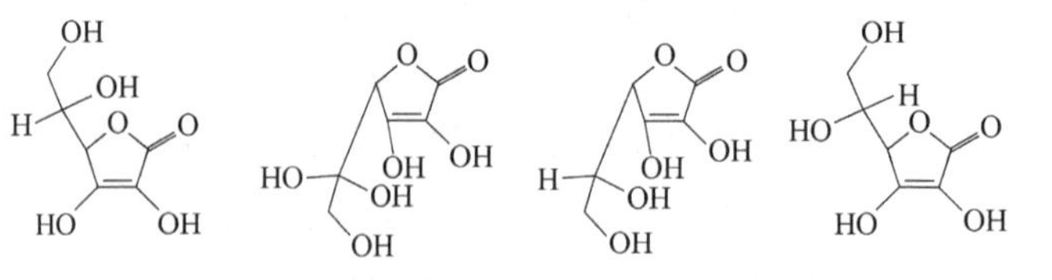

图 6-16　维生素 C 的化学结构

（2）**性质与稳定性**　维生素 C 是最不稳定的维生素，为无色片状晶体，溶于水和乙醇。由于分子具有两个烯醇式羟基，在水溶液中可以解离生成氢离子，故呈酸性。维生素 C 极易受温度、pH、酶、氧、金属催化剂、盐及糖等因素的影响而发生降解，加热或光线照射易使维生素 C 破坏。尽管维生素 C 在厌氧情况下非酶氧化较慢，但在弱酸或碱性尤其是碱性情况下，可通过维生素 C 酮式→酮式阴离子→二酮式古洛糖酸而发生降解；二酮式古洛糖酸通过转化产生多种产物，如还原酮类、糠醛、呋喃-2-羧酸等。在有氨基酸存在情况下，维生素 C、脱氢维生素 C 和它们的降解产物会进一步发生美拉德反应，产生褐色产物。

维生素 C 具有强的还原性，在食品中广泛作为抗氧化剂使用，抑制水果和蔬菜的酶促褐变，也常用于保护叶酸等易被氧化的物质。L-抗坏血酸和 L-异抗坏血酸等自然界中存在的抗坏血酸主要是 L-异构体，D-异构体含量很少。在食品中使用时，D-异构体不是作为维生素，而是作为抗氧化剂添加到食品中。

知识拓展

经常听说螃蟹和维生素 C 不能同食，螃蟹加维生素 C 如同吃砒霜。据解释是螃蟹中的五价砷成分会与维生素 C 发生反应形成三价砷，而三价砷为砒霜主要成分，这种说话是否科学依据？

根据《食品安全国家标准　食品中污染物限量》（GB 2762—2022），海产贝类中无机砷的含量应不超过 0.5 mg/kg（以鲜重计）。砷中毒主要由砷化合物引起，三价砷化合物的毒性较五价砷强，其中以毒性较大的三氧化二砷（俗称砒霜）中毒多见，口服 0.01～0.05 g 即可发生中毒，致死量为 60～200 mg（0.76～1.95 mg/kg）。尽管维生素 C 会将无毒的五价砷转变为有毒的三价砷，但根据砒霜引起人们中毒的剂量，算下来一次就得吃十几千克甚至几十千克的水产，如果不是直接摄取维生素 C 而是食物还得需要吃大量的水果蔬菜，并且两者还得百分之百反应，才可能产生砒霜。因此，如果不是长期大量食用，螃蟹和富含维生素 C 的食物同食并不会引发中毒。

（3）生理功能与缺乏症　就生物活性而言，L-抗坏血酸最高，D-抗坏血酸约为 L-抗坏血酸的 1/10，而 D-异抗坏血酸却没有抗坏血酸的活性。此外，L-抗坏血酸可通过双电子氧化和脱氢的方式转化为 L-脱氢抗坏血酸（DHAA），DHAA 在体内几乎可完全被还原成 L-抗坏血酸，故其生物活性与 L-抗坏血酸几乎相同。维生素 C 可促进各种支持组织及细胞间黏合物的形成，能在细胞呼吸链中作为细胞呼吸酶的辅助物质，促进体内氧化作用。它既可作供氢体，又可作受氢体，在体内重要的氧化还原反应中发挥作用。此外，维生素 C 还有增强机体抗病能力及解毒作用。但是，人体内不能合成自身所需的维生素 C，当人体缺乏维生素 C 时会引起多种症状，其中最显著的是坏血病。坏血病最初表现为皮肤局部发炎、食欲不振、呼吸困难和全身疲倦，进而内脏、皮下组织、骨端或齿龈等处的微血管破裂出血，严重的可导致死亡。

第四节　维生素在食品加工和贮藏中的变化

食品中维生素含量除与原料中含量有关外，还与原料在收获的时间、生长环境有关，另外，食品在运输、加工和贮藏过程中，也会不可避免地在某种程度上遭受维生素的损失。因此，在食品加工和贮藏过程中必须保持营养素的最小损失和食品安全，同时还需考虑加工前的各种条件对食品中营养素含量的影响，如成熟度、生长环境、土壤状况、肥料的使用、水的供给、气候变化、光照时间和强度以及采后或宰杀后的处理等多种因素。

1. 食品原料的影响

果蔬中维生素的含量会随成熟时间、品种、生长地域、农田耕种方式及气候等的变化显示出较大差异。如番茄中抗坏血酸在成熟前期含量最高，而辣椒在成熟期时维生素 C 含量最高。

食品的不同部位，维生素含量也不同。一般来说，植物的根部维生素含量最低，其次是果实和茎，含量最高的部位是叶片。对果实而言，表皮维生素含量最高，由表皮到果心，维生素含量依次递减。苹果皮中维生素 C 的含量比果肉高，胡萝卜表皮层的烟酸含量比其他部位高，土豆、洋葱和甜菜等植物的不同部位也存在营养素含量差别。因此，在预处理这些蔬菜和水果，如摘去菠菜、花椰菜、芦笋等蔬菜的茎和梗时，会造成部分维生素的损失。

动物制品中的维生素含量与动物的物种及食物结构有关。如 B 族维生素在肌肉中的浓度取决于肌肉从血液中汲取 B 族维生素并将其转化为辅酶形式的能力。在饲料中补充脂溶性维生素，肌肉中脂溶性维生素的含量就会增加。随着粮食的精加工，维生素 B_1 的损失增大。

2. 贮藏过程

食品在贮藏过程中，许多反应不仅对食品的感官性状有影响，而且也会引起维生素的损失。维生素的变化程度与贮藏加工过程中的温度、时间、贮藏方式和包装材料等因素有关。

例如，当贮藏温度为 1.5 ℃时，番茄汁、豌豆、橙汁中维生素 B_1 贮藏 12 个月后保留率几乎为 100%。同样条件下当贮藏温度为 35 ℃时，番茄汁、豌豆、利马豆等中维生素 B_1 的保留率仅有 50%左右。蔬菜经冷冻后，维生素会损失 37%～56%；肉类食品经冷冻后，泛酸的损失为 21%～70%；肉类解冻时，汁液的流失使维生素损失 10%～14%。此外，食品贮藏的时间越长，维生素损失就越大；当贮存时间由 10 d 延长至 60 d 时，脱水食物模型中 β-胡萝卜素的保留率由 98%降至 15%。在贮藏期间，食品中脂质氧化产生的氢过氧化物、过氧化物和环过氧化物能够氧化生育酚、抗坏血酸等易被氧化的维生素，导致维生素活性的损失。

3. 加工前预处理

食品不同部位维生素含量均有不同，在食品加工中常常会通过切割、修整、去皮、清洗、热烫等方式进行预处理，导致维生素的部分丢失（表 6-4）。例如，由于苹果、凤梨、胡萝卜等表皮中的维生素含量比果肉中高，经削皮处理后会损失大量维生素。另外，由于 C 族维生素及 B 族维生素水溶性好，经过清洗和热烫处理会造成维生素流失。例如，土豆在蒸煮过程中维生素的保留率存在很大差异；大米在淘洗过程中会损失部分维生素，这是由于维生素主要存在于米粒表面的浮糠中，淘洗后 B 族维生素的损失率为 60%，总维生素损失率为 47%，淘洗次数越多损失率越大。

表 6-4　不同食物在预处理及贮藏过程中维生素的变化

土豆经蒸煮处理后维生素保留率比较/%			蔬菜在不同贮藏方式过程中维生素损失率/%[①,②]		
维生素	煮	蒸	维生素	冷冻贮藏	灭菌后贮藏
维生素 C	60	89	维生素 A	12[③]	10
维生素 B_1	88	90	维生素 B_1	20	67
维生素 B_3	78	93	维生素 B_2	24	42
维生素 B_6	77	97	维生素 B_3	24	49
维生素 B_{11}	66	93	维生素 C	26	51

① 贮藏前所有样品均进行了热加工及脱水处理。

② 蔬菜样品分别为芦笋、利马豆、四季豆、青豌豆、马铃薯、菠菜和嫩玉米棒。

③ 平均值。

思考题

1. 简述食品加工和贮藏中影响维生素含量的主要因素。
2. 维生素 B_{12} 为何又称钴维素？
3. 食品中常见的脂溶性维生素有哪些？

参考文献

[1] Belitz H D，Grosch W，Schieberle P. Food Chemistry. 4th ed. Berlin • Heidelberg：Springer-Ver Lag，2009.

[2] 阚建全. 食品化学. 2 版. 北京：中国农业大学出版社，2008.

[3] 谢笔钧. 食品化学. 2 版. 北京：科学出版社，2004.

[4] 赵新淮. 食品化学. 北京：化学工业出版社，2006.

[5] 汪东风，等. 食品化学. 4 版. 北京：化学工业出版社，2023.

[6] 迟玉杰. 食品化学. 北京：化学工业出版社，2012.

[7] 赵洪静，等. 食品加工、烹调中的维生素损失. 国外医学卫生学分册，2003，30（4）：221.

[8] ChungK T，et al. Are tannins a double-edged sword in biology and health? Trends in Food Science & Technology，1998，168.

[9] Damodaran S，et al. Fennema's Food Chemistry. Fifth Edition. CRC Press，2017.

[10] Garneiro G，et al. Vitamin andmineral deficiency and glucose metabolism-A review. e-SPEN Journal，2013，8：e73.

[11] LoZnjak P，et al. Stability of vitamin D_3 and vitamin D_2 in oil，fish and mushrooms after household cooking. Food Chemistry，2018，254：144.

[12] Lee S W，et al. A review of the effect of vitamins and other dietary supplements on seizure activity. Epilepsy

& Behavior，2010，18（3）：139.

［13］ Rietjens Ivonne MC M， et al. The pro-oxidant chemistry of the natural antioxidants vitamin C， vitamin E， carotenoids and flavonoids. Environmental Toxicology and Pharmacology，2002，11：321.

［14］ Verkerk R，et al. Effects of processing conditions on Glucosinolates in cruciferous vegetables. Cancer letters，1997，114：193.

［15］ 谢璐遥，等. 中国常见食物维生素 B_{12} 含量. 中国食物与营养，2018，24（2）：73-76.

第七章

矿物质

经常会看到有些食品标注高钙、富硒、富铬等，也有一些补充微量元素的保健品，为什么要在食品或保健品中强调含有这些金属元素？

在《食品安全国家标准　食品中污染物限量》中，对铅、镉、锡、镍、铬等重金属元素的限量都以总量计，而对于汞和砷的要求则是当它们的总量分别不超过甲基汞和无机砷限量值时，可判定符合限量要求，否则需继续测定样品中甲基汞或无机砷的含量，以判定是否符合限量标准。这是为什么？

人们常说要多吃粗粮，尽量不要一直吃精米面，这种说法是否具有科学性？

为什么要学习本章？

食品中的矿物质是六大营养素之一，也是评价食品营养价值的重要指标之一。人体生长发育需要多种矿物质，且多数由食品提供，因此，食品中矿物质的含量及存在形态对维持人体健康发挥着重要作用。如果矿物质供给量不足或生物有效性过低，就会导致营养缺乏症或罹患某些疾病，但摄入过多也会产生安全隐患。因此，学习食品中矿物质的理化性质、功能性、含量及存在状态以及加工和贮存对其产生的影响，对于了解食品安全、营养强化和食品加工等方面均有重要的意义。

第一节 概 述

组成食品的元素中，除 C、H、O、N 以外，其他大多数或以无机态或有机盐类的形式存在，或者与有机物质结合（如酶中的金属元素等），习惯上把它们统称为矿物质元素，简称矿物质。矿物质在人体内不能合成，只能从食物中获取。目前已发现化学元素 118 种，其中自然界存在的有 92 种，其他为人造元素，食物在其生产过程中通过对自然界化学元素的吸收、富集，含有 60 多种矿物质元素。

一、矿物质的分类

目前，在人体中发现有 81 种元素，根据其营养性大致可分为 3 类。

（1）生命必需元素 生命必需元素具有以下特征：①机体必须通过饮食摄入，若缺乏就会表现出某种生理性缺乏症，早期补充该类元素则症状消失；②有特定的生理功能，其他元素不能完全代替；③在同一物种中有较为相似的含量范围。

人体内必需元素约有 29 种：氧（O）、碳（C）、氢（H）、氮（N）、钙（Ca）、磷（P）、钾（K）、钠（Na）、氯（Cl）、硫（S）、镁（Mg）、铁（Fe）、氟（F）、锌（Zn）、铜（Cu）、钒（V）、锡（Sn）、硒（Se）、锰（Mn）、碘（I）、镍（Ni）、钼（Mo）、铬（Cr）、钴（Co）、溴（Br）、砷（As）、硅（Si）、硼（B）、锶（Sr）。因前 11 种元素含量较高，总量约占人体元素总量的 99.95%，故又称为常量元素或宏量元素；后 18 种元素在体内含量较少，总量仅占人体元素总量的 0.05%，故又称为微量元素。

（2）潜在的有益元素或辅助元素 当该类元素含量很少时对生命体的生理活动是有益的，但摄入量稍大时将会存在安全隐患。目前这类元素主要有铷（Rb）、铝（Al）、钡（Ba）、铌（Nb）、锆（Zr）、锂（Li）稀土元素（RE）等。

（3）有毒元素 该类元素在含量很少时对生命体的生理活动无益，但在体内积蓄量稍大时就会表现出有害性。目前这类元素主要有铋（Bi）、锑（Sb）、铍（Be）、镉（Cd）、汞（Hg）、铅（Pb）、铊（Tl）等。

在食品科学中，常将除 C、H、O、N 以外的生命必需元素称为矿物质。矿物质又依其在食品中含量的多少分为常量元素、微量元素和超微量元素。食品中那些非必需的元素称为污染元素或有毒微量元素。

二、矿物质功能概述

各种矿物质都具有一定的功能机理（表 7-1），很多研究还发现矿物质之间或矿物质与其他营养素之间存在协同、拮抗或既协同又拮抗的复杂互作关系，影响着它们的生物有效性。这种互作关系不仅与元素本身的含量有关，还受元素之间比例的影响，如饮食中 Ca 与 P 为

1∶1时，人体对Ca和P的吸收效果最好。Fe与Zn、Zn与Cu是与健康相关的典型拮抗实例，当膳食中Fe/Zn从1∶1到22∶1变动时，人体对Zn吸收的抑制作用逐渐增强；而提高膳食中Zn的水平，则会降低对Cu的吸收。体内矿物质缺乏往往表现为某种症状，诸多研究表明矿物质的缺乏或含量不平衡都会为人体健康带来安全隐患。

表7-1　主要矿物质的功能简介

元素	主要功能
B	促进生长，是植物生长所必须的
F	与骨骼的生长有密切关系
Fe	组成血红蛋白、肌红蛋白、细胞色素等
Zn	与多种酶、核酸、蛋白质的合成有关
I	甲状腺素的成分
Cu	多种金属酶的辅因子，铜蛋白的组成
Se	构成谷胱甘肽过氧化物酶的组成成分，与肝功能、肌肉代谢等有关
Mn	酶的激活，并参与造血过程
Mo	钼酶的主要成分
Cr	主要起胰岛素加强剂的作用，促进葡萄糖的利用
Mg	酶的激活、骨骼成分等
Si	有助于骨骼形成
P	ATP组成成分
Co	维生素B_{12}的组成成分
Ca	骨骼成分、神经传递等
S	蛋白质组成
K、Na、Cl	电化学及信使功能，胞外阴阳离子

矿物质与其他有机营养物质不同，它不能在体内合成，而是全部来自于生存环境，人体主要通过饮食获得。除了排泄出体外，矿物质也不会在体内代谢过程中消失。因此，一方面饮食和膳食结构对人体中矿物质的组成和比例有重要影响；另一方面，食品中矿物质种类及组成也是食品质量的主要评价指标之一。此外，某些重金属的含量也是食品卫生安全的评价指标。

矿物质在生命过程中的功能研究逐渐引起人们的重视。矿物质缺乏会导致某些酶的活性降低甚至完全丧失，激素、蛋白质、维生素的合成和代谢也会发生障碍，人类生命过程难以正常进行。

第二节　矿物质在食品中的存在状态

对于矿物质在动、植物源食物中的赋存状态有多种分类方法。根据其理化性质可分为：溶解态和非溶解态，胶态和非胶态，有机态和无机态，离子态和非离子态，络合态和非络合态以及不同价态。也可根据分离或测定手段进行划分，如用螯合树脂分离时分为“稳定态”

和“不稳定态”，用阳极溶出伏安法（ASV）测定时分“活性态”和“非活性态”等。

赋存状态分析可分为三个层次：①初级状态分析，旨在考察该成分的溶解情况，相当于区分溶解态和非溶解态，部分有机态和无机态；②次级状态分析，进一步区分有机态和无机态、离子态和非离子态、络合态和非络合态；③高级状态分析，指对各种状态在分子水平上研究，如确定其金属配合物或络合物组成、配位原子及配位数、离子的电荷及价态等。

食品中矿物质的存在状态不同，其营养性及安全性也有所差异。如对于食物中的砷而言，通常认为有机砷毒性小于无机砷。同是无机砷，三价砷毒性又大于五价砷。同是有机砷，它们的毒性又与其中砷元素的价态密切相关，有机三价砷能与蛋白质中巯基作用，因此毒性较大；而有机五价砷与巯基的结合力较弱，因此毒性较小。又如在膳食中，血红素铁虽然比非血红素铁所占的比例少，但前者吸收率却比后者高 2～3 倍，且很少受其他膳食因素包括铁吸收抑制因子的影响。例如，汞（Hg）是环境中毒性最强的重金属元素之一，各种汞化合物的毒性差别很大。无机汞中的升汞是剧毒物质；有机汞中的苯基汞分解较快，毒性不大，而甲基汞进入人体很容易被吸收，不易降解，排泄很慢，特别是容易在脑中积累，毒性最大，日本“水俣病”事件即典型的甲基汞中毒事件。

由上可见，评价某种矿物质的营养性和安全性，除常规的总量测定外，还应考虑它们在食品中的存在形式。一般来说，矿物质中多数金属主要以配合物状态在食物中存在，仅有少数呈游离态。

一、与氨基酸及单糖结合

根据配位化学及 Lewis 酸碱理论，金属被归类为 Lewis 酸，提供空轨道；而小分子的糖、氨基酸、核酸、叶绿素、血红素等物质因结构上富含 N、S、O 等原子，可提供孤对电子，被认为是 Lewis 碱。因此，矿物质中多数金属元素能与上述生物小分子形成金属配合物。

就 α-氨基酸而言，其最常见的形式是作为二齿配体，以 α-C 上的氨基和羧基作为配位基团同金属进行离子配位，形成具有五元环结构的较稳定的配合物。在一定条件下，氨基酸侧链的某些基团可参与配位。除肽末端羧基和氨基酸侧链的某些基团可作为配位基团外，肽键中的羧基和亚氨基也可参与配位。

当糖分子内相邻的羟基处在有利的空间构型时，如吡喃糖上的三个羟基处在轴向-横向-轴向，或呋喃糖上三个羟基处在顺式-顺式-顺式的结构，都能与二价及三价金属元素形成配合物。如果糖分子上有—COO 或—NH 基团，这些糖的衍生物与金属元素形成的配合物稳定性将被提高几个数量级，这也是壳聚糖及其衍生物可以被用作去除重金属的原理。糖与氨基酸在美拉德反应过程中形成的糖胺成分，如葡糖基胺、果糖基胺等也能与金属元素形成较稳定的配合物。据 L.Nagy 等研究，葡萄糖与氨基酸在高温下发生羰氨反应所形成的 Amadori 异构物是较稳定的金属元素配体。

二、与植酸及草酸的结合

植酸又称肌酸，能与 Ca、Fe、Mg、Zn 等金属离子结合成不溶性化合物，使金属离子的有效性降低；植酸盐还可与蛋白质类形成配合物，同时降低蛋白质和金属离子的生物利用率。蔬菜中约有10%左右的磷元素因与植酸结合而难被人体吸收；谷物中磷元素与植酸结合，一般在40%左右，在某些谷物中甚至可达90%。

草酸广泛存在于植物源食品中，是一类比较重要的金属螯合剂。当植物源食品中草酸和植酸含量较高时，一些必需矿物质的生物活性就会降低。同时，一些有害金属元素的毒性也会降低。

三、与核苷酸的结合

核苷酸分子中磷酸基、碱基和戊糖都可作为金属离子的配位基团，其中以碱基配位能力最强，戊糖的羟基最弱，磷酸基居中。当碱基成为配位基团时，通常是嘧啶的N3和嘌呤碱的N7为配位原子。与核苷酸作用的金属离子主要有Ca^{2+}、Mg^{2+}、Cu^{2+}、Mn^{2+}、Ni^{+} 和 Zn^{2+}。在与ATP作用时，Ca^{2+}和Mg^{2+}只与磷酸基成键；而Cu^{2+}、Mn^{2+}、Ni^{+}和Zn^{2+}则既与磷酸基成键，又与腺嘌呤的N7配位。二价金属离子与磷酸腺苷（ATP、ADP和AMP）形成的配合物稳定常数顺序为：$Cu^{2+} > Zn^{2+} > Co^{2+} > Mn^{2+} > Mg^{2+} > Ca^{2+} > Sr^{2+} > Ba^{2+}$、$Ni^{+}$。

四、与环状配体的结合

金属元素还能与生物体内平面环状配体如卟啉形成配合物。卟啉是卟吩的衍生物，卟吩是由4个吡咯环通过4个碳原子连接构成的一个多环化合物（图7-1）。当卟吩环上编号位置的H原子被一些基团取代后，便成为卟啉类化合物。卟啉结构还具有与Fe^{2+}、Fe^{3+}、Zn^{2+}、Mg^{2+}、Cu^{2+}、Co^{2+}等多种金属离子形成配合物的能力，典型代表如血红素、叶绿素及维生素B_{12}。

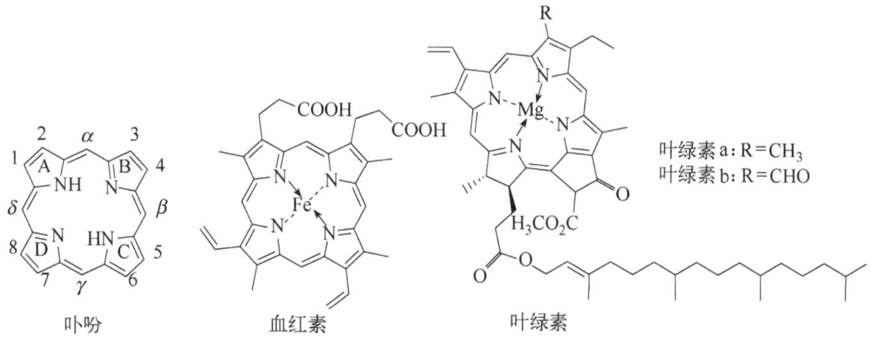

卟吩　　血红素　　叶绿素

叶绿素a：$R=CH_3$
叶绿素b：$R=CHO$

图7-1　卟吩、血红素和叶绿素的结构

五、与蛋白质的结合

除蛋白质中肽键、末端氨基和末端羧基能与金属离子配位结合外，氨基酸残基侧链上的一些基团也可参与配位，如 Ser 和 Thr 的羟基、Tyr 的酚羟基、酸性氨基酸中的羧基、碱性氨基酸中的氨基、His 中的咪唑基、Cys 中的巯基、Met 的硫醚基等。虽然在蛋白质分子中有很多氨基酸残基，但只有当这些基团在生物体内处在特定的构型时才能与金属离子形成配合物。人们意外摄入重金属离子常常使用牛奶或鸡蛋清进行解毒，其原理就是利用蛋白质分子中有很多氨基酸残基能与重金属离子形成不溶物，进而阻止金属离子在体内的扩散而排出体外。

金属离子可作为酶的辅基或激活剂。有金属离子参加催化反应的酶称为金属酶，金属酶又可分为两类：①金属离子作为酶的辅助因子，并与酶蛋白结合牢固，其稳定常数≥10^8，这类金属离子与酶蛋白的配合物称为金属酶；②金属离子作为酶的激活剂，它的存在可提高酶的活性，但它与酶蛋白结合松弛，其稳定常数＜10^8，这类金属离子与酶蛋白的配合物称为金属激活酶。例如，Zn^{2+}、Fe^{2+}、Cu^{2+}、Mn^{2+}、Mg^{2+}、Mo^{2+}、Co^{2+}、K^{+}、Ba^{2+}等金属离子可与酶蛋白结合，它们的配合物是公认的金属酶。

除金属离子能与酶蛋白形成配合物外，食物中还有一些结构较为清晰的金属离子结合蛋白：铁蛋白、铁硫蛋白、金属硫蛋白、铜蛋白、植物螯合肽等。

六、与多糖类的结合

多糖类结构中有很多羟基。糖蛋白上除有羟基外，还有巯基、氨基、羧基等基团，因此多糖类物质常与金属元素结合，形成多糖复合物。除多糖链上的配位基团外，其构象对形成配合物也有影响。金属元素、基团或构象不同，其配合物的稳定常数也不同。金属元素与多糖类物质的结合给食物带来多重影响，一方面，金属元素的存在使多糖物质呈现多种生物功能和食品功能；另一方面，多糖物质对于有害金属的脱除也有重要意义。

第三节　食品中矿物质的理化性质

一、矿物质的溶解性

水是所有生物体系必不可少的组成部分，大多数营养元素的传递和代谢都是在水溶液中进行的。因此，矿物质的生物利用率和活性在很大程度上依赖于它们在水中的溶解性。Mg、Ca 和 Ba 是同族元素，仅以+2 价氧化态存在。虽然这一族的卤化物都是可溶的，但它们的氢氧化物及重要盐类如碳酸盐、磷酸盐、硫酸盐、草酸盐和植酸盐都极难溶解。特别是对于植酸，Fe^{3+}、Zn^{2+}、Ca^{2+}、Mg^{2+}、Mn^{2+}等与其结合后，形成难溶性的植酸-矿物质配合物，从而影响了矿物质的生物利用率。

食品中矿物质的溶解性除与其自身性质有关外，还受食品的 pH 及构成成分等因素影响。通常食品的 pH 愈低，矿物质的溶解性就愈高。食品中的蛋白质、肽、氨基酸、有机酸、核酸、核苷酸、糖等均可与矿物质形成不同类型的配合物，多数有利于其溶解。生产中为防止某些微量元素形成不溶性无机盐，常以氨基酸与其螯合，使其分子内电荷趋于中性，便于机体对微量元素的充分吸收和利用。同样，也可利用一些配体与有害金属元素形成难溶性配合物以消减其毒害作用。例如，可利用柠檬酸与 Pb^{2+} 形成难溶性化合物来达到治疗铅中毒的目的。

二、矿物质的酸碱性

酸和碱可以通过改变食品的 pH 影响食品中其他组分的功能性质和稳定性。任何矿物质都有阴离子和阳离子。从营养学角度，只有氟化物、碘化物和磷酸盐的阴离子才是重要的。通常来说，半径大、电荷少的阳离子所生成的配合物稳定性小；否则反之。因此，对于同一配体，即碱来说，不同金属元素与之形成的配合物的稳定性、溶解性、营养性和安全性等都是不同的。

三、矿物质的氧化还原性

自然界中金属元素常处在不同的氧化还原状态，并在一定条件下可以相互转变。金属元素的氧化还原受食品状态影响，其价态也随之变化，相应配合物的稳定性、营养性及安全性也随之发生改变。同一元素处于不同价态时，其营养性和安全性差异较大，如 Fe^{2+} 是生物有效价态，而 Fe^{3+} 积累较多时会产生有害性。同样是 Cr 元素，当其呈+2 价、+3 价时，摄入量控制在一定范围内不会引起中毒症状，且补充的 Cr 试剂多以+3 价为主。但+6 价 Cr 盐是致癌物质，重铬酸钾的口服致死量约为 6～8 g。高铬盐被人体吸收后，进入血液夺取部分氧形成氧化铬，使血红蛋白变为高铁血红蛋白，致使红细胞携带氧的机能发生障碍，血中氧含量减少，最终发生内致死。

金属元素的这些价态变化和相互转换的平衡反应，都将影响组织和器官中的环境特性，如 pH、配体组成、电效应等，从而影响其生理功能，表现出营养性或有害性。

第四节　食品中矿物质的营养性及安全性

一、矿物质的营养性

矿物质是评价食品营养性的重要指标，这是因为人体所需要的矿物质必须通过饮食获取，如果人类的饮食不能满足机体对矿物质的需要就会表现出某种症状，甚至死亡。矿物质对人体营养的重要性可归纳为四点：

① 矿物质是人体诸多组织的构成成分。例如，Ca、P、Mg 等元素是构成骨骼、牙齿的主要成分。

② 人体内的某些成分只有与矿物质结合才能表现出功能性。如当 Co^{3+} 存在时维生素 B_{12}

才具备功能性，血红素、甲状腺素的功能分别与Fe^{2+}和I^-的存在密切相关。

③ 矿物质与维持细胞的渗透压、细胞膜的通透性、体内的酸碱平衡及神经传导等密切相关。

④ 矿物质是机体内许多酶的组成成分或激活剂。如 Cu^{2+}是多酚氧化酶的组成成分，Mg^{2+}、Zn^{2+}等为多种酶的激活剂。

食品中矿物质的营养性取决于其生物利用率或生物利用度（bioavailability），同一含量的某元素利用率不同其营养性也大不一样。影响矿物质利用率的因素主要有食品中矿物质的存在状态和其他因素，如抗营养因子等。一般测定食品中矿物质生物利用率的方法主要有化学平衡法、生物测定法、体试验和同位素示踪法。其中同位素示踪法是一种较为理想的方法，该法是指用标记的矿物质饲喂受试动物，通过仪器测定，可追踪标记矿物质的吸收、代谢等情况。该方法灵敏度高、样品制备简单、测定方便。

以 Fe 元素为例，人体摄入的 Fe 主要在小肠上部被吸收，可分为血红素铁和非血红素铁两种。血红素铁属于+2 价铁，来自动物食品中的血红蛋白和肌红蛋白，主要存在于动物血液及含血液的脏器与肌肉中，被肠黏膜直接吸收形成可供人体利用的铁蛋白。非血红素铁是指谷类食物、蔬菜、水果、豆类等植物源食品中所含的铁，属+3 价铁。+3 价铁只有被还原为+2 价的可溶性铁化合物时才较易被吸收。+3 价铁的吸收率受多种因素影响，如植物源食物中存在大量的磷酸盐、草酸、鞣酸等会与非血红素铁形成不溶性铁盐，而当植物源食物中又缺少可还原+3 价铁为+2 价铁的还原剂时，Fe 的吸收率就会很低。所以不同来源食物中 Fe 的吸收利用率相差较大，一般动物源食品中 Fe 的吸收利用率远高于植物源食品。

Fe 的吸收利用率除与食品来源、存在状态有关外，还受加工和饮食结构影响。如全麦面包中，在面粉发酵 6 h 后，Fe 的生物利用度从开始时的 3.08 上升到 3.63，若在酵母中增加 2%的乳杆菌则可达到 9.58。再如，由于磷酸能同食品中的 Fe 盐发生沉淀反应，故牛奶中含 P 成分较多时则会直接影响 Fe 的吸收。另外，饮茶或体内 Cu 元素缺乏也可抑制 Fe 元素的吸收，这是由于浓茶中的多酚类物质能与食品中铁离子相结合，形成不溶性沉淀，妨碍人体对铁的吸收。而Cu^{2+}有催化Fe^{2+}合成血红蛋白的功能，所以，当体内缺Cu^{2+}时，对Fe^{2+}的吸收也会减少。因此，对于缺铁性贫血患者应适当增加含铁丰富的动物源食物的摄入。

人体对铁元素的吸收还与个体或生理因素有关。缺铁或患缺铁性贫血病的群体对铁元素的吸收率会提高，妇女对铁元素的吸收比男人高，儿童对铁元素的吸收随着年龄的增大而减少。

矿物质营养性与其含量、价态、化学形态（蛋白钙和草酸钙）等也有关系。影响矿物质生物有效性的因素都会影响它的营养性。因此，在考察食品矿物质营养性时，仅从其含量来评判是不够的。

二、食品矿物质的安全性

食品矿物质中微量元素大多存在较敏感的量效关系，它们虽是人体所必需的，但摄入过多也会产生安全隐患。一些微量矿物质的营养性或安全性除与它们的含量有关外，还受下列因素影响。

（1）微量元素之间的协同效应或拮抗作用 两种及以上金属之间可以出现安全性的增

强或降低效应。例如：Cu 可增加 Hg 的毒性；Cu 可增强 Mo 的安全性，而 Mo 也能显著降低 Cu 的吸收，引起 Cu 的缺乏；As 与 Pb 之间的毒性有协同效应；As 可降低 Se 的安全性；少量的 Co 可降低 Se 的安全性；Se 能降低 Cd 的毒性，可提高 Ni 的安全性；Cd 与 Zn 有竞争作用，Cd 可使 Zn 缺乏；Cd 能干扰 Cu 的吸收，而低 Cu 状态可降低 Cd 的耐受性；缺乏 Fe 可使 Mn 的吸收率增加，而 Mn 可降低 Fe 的吸收。

（2）**元素的价态** 矿物质中一些微量元素的安全性与其价态密切相关。从微量金属元素使生物体中毒的分子机理可看出，金属元素的毒性都是以其与生物大分子的配位能力为基础的，价态不同其配位能力也有所差异。因此，同种金属元素的不同价态具有不同的生物效应。例如，+3 价 Cr 是人体必需的微量元素，而+6 价和+5 价 Cr 对人体具有很大的毒性；+3 价无机砷比+5 价无机砷的毒性强 60 倍。

（3）**元素的化学形态** 矿物质中某些微量元素的安全性还与其化学形态有关，例如，不同砷化物的半致死剂量 LD_{50} 分别为：亚砷酸盐 14.0 mg/kg；砷酸盐 20.0 mg/kg；单甲基砷酸盐 700～1800 mg/kg；二甲基砷酸盐 700～2600 mg/kg；砷胆碱络合物 6500 mg/kg；砷甜菜碱络合物＞10000 mg/kg。这些数据表明，易变态的无机砷毒性最大，甲基化砷的毒性较小，而稳定态的砷甜菜碱和砷胆碱有机络合物则通常被认为是无毒的。在同样含量水平下，甲基汞则远比无机汞的毒性大得多。这就是食品安全国家标准中，不仅要对 As、Hg 的总量进行分析，有时还需检测无机砷及甲基汞的原因。

有些微量元素的化学形态较稳定，而有些元素则易变态。易变态的微量元素主要包括游离离子和一些易解离的简单无机络合物，而稳定态的则多为有机络合物。由于易变态的金属可以与细胞膜中运载蛋白结合并被运至细胞内部，因而被认为是可能的毒性形态；而稳定态的有机络合物则因不易被运输到细胞内部，因而多被视为无毒或低毒形态。

三、矿物质元素在元素周期表中的位置与其营养性及安全性

将矿物质元素与元素周期表联合分析，则可发现人体必需的宏量元素全部集中在元素周期表开头的 20 种元素之内，人体必需的微量元素则多数属于过渡金属元素，它们基本集中在元素周期表的前三、四两个周期之中。金属元素的毒性与各自的化学性质、电极电位、电离势、电正性、电负性等有密切的关系。例如，ⅠA 和ⅡA 族的金属元素尤其是ⅠA 族元素的电正性强，在生物体内主要以阳离子状态存在。然而在同一族内随着原子序数的递增离子半径加大，金属元素的毒性也随之增大，即 Na＜K＜Rb＜Cs，Mg＜Ca＜Sr＜Ba。但也有少数金属元素与上述规律不符，如轻金属 Li 和 Be 它们的电正性虽弱，但其毒性却强于同族的其他元素。据唐任寰等人研究发现，对主族元素而言，同族中从上而下的元素对细胞的营养性渐弱，毒性渐强；对同一周期而言，同族中从左至右的元素对细胞的营养性渐弱，毒性渐强。

四、矿物质元素存在形态与其营养性及安全性

在生物物质中，除 C、H、O 和 N 参与组成的各种有机化合物以外，其他生物元素各具

有一定的化学形态和功能。由于生物体内存在多种配位体和阴离子基团，故金属元素在食物中的存在形态也各有不同。例如，在生物体硬组织中 Ca 及少量的 Mg 常以难溶的无机化合物形态存在；而在细胞液中 Na、K、Mg 及少量的 Ca 则多以游离的水合阳离子形态存在。

金属元素的存在形态对其溶解性影响很大；金属元素的形态不同，它们对生命体的作用方式也不同，也可能在人体内的营养性和安全性可能截然不同，如+3 价铬则是人体必需的微量元素之一，对人体维持正常的葡萄糖、脂肪、胆固醇代谢等有重要作用；而它的+6 价形态则是有毒的，对人体有致癌作用。因此，金属元素的存在形态对它的营养性和安全性有着重要的影响。

第五节　影响食品中矿物质含量的因素

食品种类对矿物质含量影响比较显著，此外，原料的生长环境、食品加工工艺及贮存方式等因素也会影响食品中矿物质含量。例如，同是以大米为原料加工得到的食品，其 Cu 含量主要受以下因素影响：水稻生长所在土壤中的 Cu 含量、水源、化肥和农药的使用、加工用水、加工设备、包装材料和添加剂等。由此可见，不同的食品中矿物质含量变化范围是很大。

一、食品原料

植物源食品中矿物质含量的影响因素主要包括：作物品种、季节、土壤、水肥管理、空气状态、元素之间的相互作用等。例如，产地相同品种不同的猕猴桃，品种间各种矿物质含量有所差异，其中差别较大的为 Ca、P、Cu、Mn 等，含量最高和最低的品种之间相差均在 3 倍以上；品种相同产地不同的猕猴桃，其微量元素也有较大差异，Ti、Mn、Co、As、Sr 和 Ba 的含量在不同产地间变异系数均在 60%以上。此外，不同产地的黑糯米中 Zn、Cu、Fe、Mn、Ca、Mg 等含量也明显不同，说明产地环境及水肥管理对其有重要影响（表 7-2）。基于此开发的矿物质元素指纹分析技术可用于食品产地溯源。

表 7-2　不同产地的黑糯米中主要矿物质含量　　单位：mg/kg

产地	Zn	Cu	Fe	Mn	Ca	Mg
湖南	19.48	1.779	17.18	15.46	26.59	12.27
浙江	19.47	2.549	20.13	24.25	59.48	12.00
贵州	16.64	0.702	24.97	25.36	32.00	11.42

动物源食品的矿物质含量也与产品种类密切相关，其影响因素主要包括品种、饲料、动物的健康状况和环境。例如，产于宁夏、黑龙江和北京的乳粉中 K、Na、Mg、Ca、Fe、Mn、Zn 和 Cu 元素的含量就有所差异，宁夏奶粉中 Zn、Mg 含量较高，而 Mn、Cu 含量较低。除动物物种和产地外，动物饲料对其产品中矿物质含量也有很大影响。

二、食品加工

加工对食品矿物质含量的影响主要包括：加工方式、加工用水、加工设备、加工辅料及添加剂等。对同样的蕨菜进行如下4种不同方式的前处理（表7-3），其某些微量元素含量会发生不同的变化。如Ca含量均有所增加，其他微量元素则有不同程度的减少，其中盐腌脱水处理减少得最多，烫漂处理也会使某些矿物质，如Zn、Mn等产生较大的损失。如表7-4所示，热烫使菠菜中K、Na的损失较大，而对Ca几乎没有影响。

表7-3　不同加工方式对蕨菜中一些微量元素含量的影响　　单位：mg/100g 干重

加工方式	Ca	Mg	Fe	Mn	Cu	Zn
加工前	62.5	238.0	32.0	8.1	26.4	9.5
自然脱水+烫漂	80.0	140.9	30.6	6.3	22.4	7.1
自然脱水+不烫漂	80.1	169.5	21.1	6.3	20.3	7.0
盐腌脱水+烫漂	80.6	126.0	27.6	5.1	20.2	5.7
盐腌脱水+不烫漂	88.0	156.3	20.7	6.7	15.5	6.9

表7-4　热烫对菠菜中矿物质损失的影响

项目	含量/（g/100g）		损失/%
	未热烫	热烫	
K	6.9	3.0	56
Na	0.5	0.3	43
Ca	2.2	2.3	0
Mg	0.3	0.2	36
P	0.6	0.4	36
亚硝酸盐	2.5	0.8	70

除漂洗、热烫等工序会导致矿物质的损失外，其它加工方式对食品中的矿物质含量也有重要的影响。如表7-5所示，小麦在碾磨加工处理中各种矿物质出现不同程度的损失。由此可见，加工过程中矿物质的损失程度与其在食品中存在状态及存在部位有关。某些呈游离态的矿物质，如K、Na，在漂、烫加工中是极易损失的；而某些以不溶于水的形态存在的矿物质则在漂洗、热烫中不易脱去。

表7-5　小麦碾磨加工处理中矿物质的损失

矿物质	含量/（mg/kg）				从全麦到小麦粉的损失/%
	全麦	小麦粉	小麦胚芽	麦麸	
铁	43	10.5	67	47～78	76
锌	35	8.0	101	54～130	78
锰	46	6.5	137	64～119	86
铜	5.0	2.0	7.0	7～17	68
硒	0.6	0.5	1.1	0.5～0.8	16

三、食品贮藏

食品中矿物质含量还会因与包装材料接触而发生变化。表 7-6 列举了不同罐装食品中的矿物质含量，由于固态受试食品会与包装材料反复碰撞，其中的矿物质 Al、Sn 和 Fe 的含量均因污染而有所增加。

表 7-6　蔬菜罐头中微量元素含量　　单位：mg/g

蔬菜	罐	组分	Al	Sn	Fe
绿豆	涂漆罐头	液体	0.10	5	2.8
		固体	0.70	10	4.8
菜豆	涂漆罐头	液体	0.07	5	9.8
		固体	0.15	10	26
甜玉米	涂漆罐头	液体	0.04	10	1.0
		固体	0.30	20	6.4
蘑菇	素铁罐头	液体	0.01	15	5.1
		固体	0.04	55	16

知识拓展

袁隆平（1930 年 9 月 7 日—2021 年 5 月 22 日），男，汉族，出生于北平（现北京市），江西省德安县人，杂交水稻育种专家，享誉海内外的著名农业科学家，中国工程院院士，中国杂交水稻事业的开创者和领导者，“共和国勋章”获得者。

袁隆平毕生致力于杂交水稻的研究，所研究的杂交水稻累计已在中国推广约 68 亿亩，增产粮食 6000 多亿公斤，为中国乃至世界的粮食生产发展作出了重要贡献，是杂交水稻研究领域的开创者和带头人，而且始终是这一研究领域的“领头雁”，被海内外誉为“杂交水稻之父”。袁隆平于 1964 年开始研究杂交水稻，1973 年率领团队实现杂交水稻三系配套，1974 年成功选育了世界上第一个强优势三系籼型杂交水稻品种。他带领团队研究两系法杂交水稻，并于 1995 年取得成功；后又征战超级杂交稻，并不断超越，多次刷新大面积示范单产纪录水平。袁隆平后续率团队开展第三代杂交水稻和耐盐碱杂交水稻技术攻关，并取得进展。

2016 年，袁隆平院士团队与陈日胜合作，次年 10 月测产，海水稻开始广为人知。2016 年 10 月，任青岛海水稻研究发展中心主任、首席科学家。截至 2019 年 9 月，袁隆平“海水稻”团队在全国五大类盐碱地区建立了 8 个“海水稻”试验种植基地，全国试验种植约 2 万亩。2020 年 10 月 12 日，山东东营垦利永安基地“海水稻”测产，最高亩产 860 公斤，创全国“海水稻”单产最高纪录。

海稻米也称为海红米，其米身呈赤红色，含有天然可溶性红色素，营养丰富。海红米不仅富含淀粉膳食纤维、氨基酸、高蛋白、钙，更含有硒、锌、镁、铜、铁、钼、锰等微量元素，并且含量高于普通水稻。

思考题

1. 食品中矿物质的含量受哪些因素的影响？

2. 意外摄入重金属铅盐后人们常喝生鸡蛋清或牛奶做应急处理，为什么喝生鸡蛋清或牛奶能降低体内的铅含量？

参考文献

[1] Belitz H D，Grosch W，Schieberle P. Food Chemistry. 4th ed. Berlin・Heidelberg：Springer-Ver Lag，2009.

[2] 阚建全. 食品化学. 2 版. 北京：中国农业大学出版社，2008.

[3] 谢笔钧. 食品化学. 2 版. 北京：科学出版社，2004.

[4] 赵新淮. 食品化学. 北京：化学工业出版社，2006.

[5] 汪东风，等. 食品化学. 4 版. 北京：化学工业出版社，2023.

[6] 迟玉杰. 食品化学. 北京：化学工业出版社，2012.

[7] 廖洪波，等. 食品中金属元素形态分析技术及其应用. 食品科学，2008，29（01）：369.

[8] 薛长湖，等. 高级食品化学. 2 版，北京：化学工业出版社，2021.

[9] Gharibzahedi S M T，et al. The importance of minerals in human nutrition：Bioavailability，food fortification，processing effects and nanoencapsulation. Trends in Food Science & Technology，2017，62：119.

[10] Israr B，et al. Effects of phytate and minerals on the bioavailability of oxalate from food. Food Chemistry，2013，141（3）：1690.

[11] Zahra A，et al. Enhancement of sensory attributes and mineral content of Sourdough bread by means of microbial culture and yeast（Saccharomyces cerevisiae）. Food Chemistry Advances，2022，1：100094.

第八章
酶

馒头或米饭经过一段时间的咀嚼后会变甜。

苹果放置一段时间，会变甜变软变香。

表面破损的土豆、藕、苹果等在空气中会自动发生颜色变深的现象，而且在室温时颜色变化得快，但放进冰箱冷藏后颜色变化的速度会变慢，用水浸泡也会阻止这种现象的发生。

这些生活中常见的现象是由什么原因引起的？

为什么要学习本章？

不论是现代食品工业还是日常生活中食材的贮藏、加工，都涉及到酶的应用。不论是食材中的内源酶还是人为添加的外源酶，对食品的品质都有着深远的影响。

第一节 概 述

我们的祖先在几千年前就已经不自觉地利用酶来制造食品和治疗疾病。例如，我国在4000多年前的夏禹时代已经掌握了酿酒技术，在3000多年前的周朝，会制造饴糖、食酱等食品，在2500多年前的春秋战国时期，懂得用曲来治疗消化不良等疾病。在生产活动和生活活动过程中，我们的先人们创造了“酶”这个汉字，然而，人们从18世纪初才开始认识酶的作用和特性。

1716年（康熙五十五年）的《康熙字典》中就收录了“酶”字，并给出了“酶者，酒母也”这个确切的定义。酶乃酒之母，酒乃酶所生，酒是通过酶的作用而生成的，表明我国学者对酶的作用已经有了初步的认识，这比昆尼（Kuhne）在1878年提出“enzyme”（来自希腊文，其意思是“在酵母中”）这个词早了100多年。1833年，佩恩（Payen）和帕索兹（Persoz）从麦芽的水抽提物中用酒精沉淀得到一种可使淀粉水解生成可溶性糖的物质，称之为淀粉酶（diastase）并指出了它的热不稳定性，初步触及了酶的性质。1896年，巴克纳（Buchner）兄弟发现酵母的无细胞抽提液也能将糖发酵成酒精，这就表明酶在无细胞的条件下也可以进行催化作用，因此获得1907年诺贝尔化学奖。此后，不少科技工作者对酶的催化特性和催化作用理论进行广泛的研究。

一、酶的定义及分类

酶是具有生物催化功能的生物大分子，生物体新陈代谢中的各种化学反应都是在酶的催化作用下进行的。自然界中天然存在的酶可分为两类，即蛋白质类酶和核酸类酶。其中在蛋白质类酶中起催化作用的主要组分是蛋白质，而在核酸类酶分子中则是核糖核酸（RNA）。在生物体内，除少数几种酶为核酸分子外，大多数酶类都是蛋白质。

根据来源可将食品常用酶分为两类：一类是原本即存在于食品中，称为内源酶，另一类是在食品加工和贮藏过程中，为达到某些目的而作为加工助剂加入的酶或由污染的微生物分泌产生的酶，称为外源酶。内源酶在生物体完整细胞内是区域化分布的，可通过膜等物理障碍与其他酶或底物相隔离，当采用组织捣碎等方式破坏食品中酶与底物的隔离分布状时，酶的催化反应可立刻发生，并产生有益或有害的作用。目前我国批准使用的食品加工酶制剂有五十多种，在现代食品工业中外源酶在食品保鲜、食品品质和风味的改善、生产工艺改良剂过程控制等方面应用的越来越多。

根据酶催化的反应类型，可将酶分为六大类：①氧化还原酶类，如脱氢酶、加氧酶、氧化酶、还原酶、过氧化物酶等；②转移酶类，如氨基转移酶、甲基转移酶、激酶、酰基转移酶及磷酸转移酶等；③水解酶类，如淀粉酶、麦芽糖酶、蛋白酶、肽酶、酯酶及磷酸酯酶等；④裂合酶类，如醛缩酶、脱羧酶、异柠檬酸裂合酶、脱水酶及脱氨酶等；⑤异构酶类，如顺反异构酶、差向异构酶、变位酶及消旋酶等；⑥合成酶类，又称连接酶，如丙酮酸羧化酶、谷氨酰胺合成酶、谷胱甘肽合成酶等。

二、影响酶催化反应的因素

食品加工领域会涉及多种酶，对食品的质量有着重要的影响。酶作为一种生物催化剂，虽具有催化效率高、专一性强和反应条件温和等优点，但其结构相对脆弱，容易受到外界环境因素的影响而失去催化活性。酶催化反应速度与酶的浓度、底物浓度、pH、温度、水分活度、激活剂或抑制剂等因素有关。

1. 酶浓度对酶催化反应的影响

当底物足够且酶催化反应过程不受其他因素影响的情况下，酶催化反应速度（v）与酶浓度呈正比，如图 8-1 所示。

2. 底物浓度对酶催化反应的影响

当酶浓度、温度和 pH 稳定不变时，在较低的底物浓度下，酶催化反应速度与底物浓度呈正比，表现为一级反应。随着底物浓度增加，反应速度不再按照正比关系增加，表现为混合级反应。当浓度达到一定值后，若再增加底物浓度，反应速度趋于稳定，不再受底物浓度的影响，表现为零级反应，如图 8-2 所示。

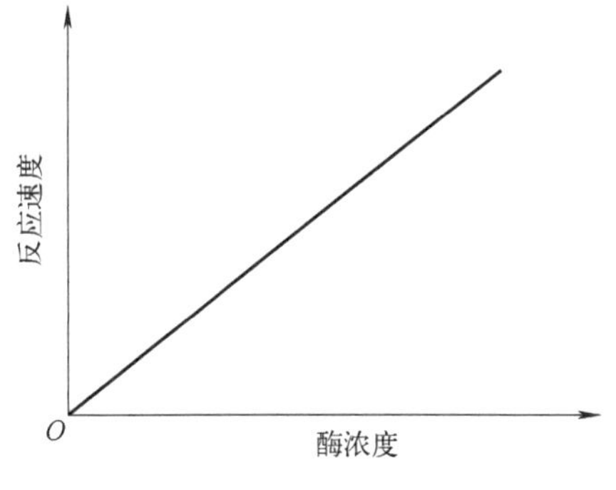

图 8-1 酶浓度对反应速度的影响

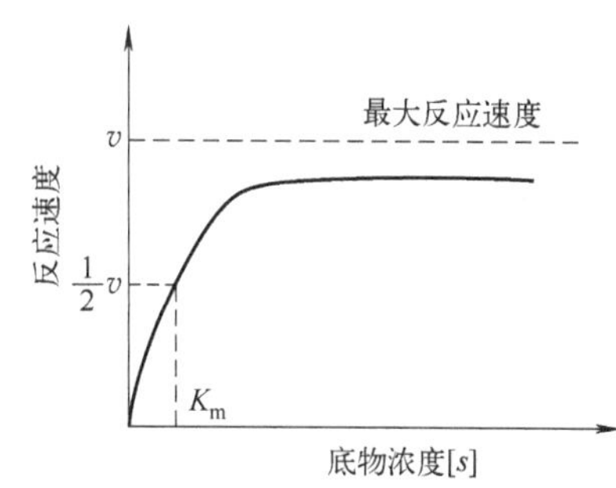

图 8-2 底物浓度对酶催化反应速度的影响

3. 温度对酶催化反应的影响

每一种酶的催化反应都有其适宜温度范围和最适温度。在适宜温度范围内，酶才能够进行催化反应；在最适温度条件下，酶的催化反应速度达到最大。一方面，在其他条件相同的情况下，温度每升高 10 ℃，化学反应速度增加 1～2 倍；另一方面，酶是生物大分子，当温度升高时，酶的活性会受到影响，甚至引起变性而丧失其催化活性，如图 8-3 所示。这两个方面综合的结果，在某一特定温度条件下，酶催化反应速度达到最大，这就是最适温度。超过最适温度，反应速度逐步降低，一般酶在 60 ℃以上容易变性失活，但也有一些酶的热稳定性较高。例如，在聚合酶链反应（polymerase chain reaction，PCR）中广泛使用的 Taq 聚合酶（Taq polymerase）在 95 ℃可以稳定地进行催化；耐高温的 α-淀粉酶在 90 ℃甚至更高的温度条件下，仍然正常地发挥其催化功能。添加酶的作用底物或者某些稳定剂，可以适当提高酶的热稳定性。

4. pH 对酶催化反应的影响

pH 对酶活力的影响是一个较复杂的问题，底物种类、辅助因子、缓冲液类型和离子强度等都会影响酶的最适 pH。在某一特定 pH 下，酶促反应具有最大反应速度，表现出最大酶活，高于或低于此值则反应速度下降，通常称此时的 pH 为酶的最适 pH。每种酶在一定条件下都有其特定的最适 pH。

pH 之所以影响酶的催化作用，主要是由于在不同的 pH 条件下，酶分子和底物分子中基团的解离状态发生改变，从而影响酶分子的构象以及酶与底物的结合能力和催化能力，如图 8-4 所示。在极端的 pH 条件下，酶分子的空间结构发生改变，从而引起酶的变性失活。例如，酚酶能催化酚类物质的氧化从而发生酶促褐变，其最适宜的 pH 为 6.5，若将 pH 降低至 3.0 就可以抑制酶的活性，从而达到防止褐变的发生，因此在水果加工中常添加酸味调节剂，如柠檬酸、苹果酸和磷酸等，除了可以调节食品的风味外，还可以提升食品的色泽。

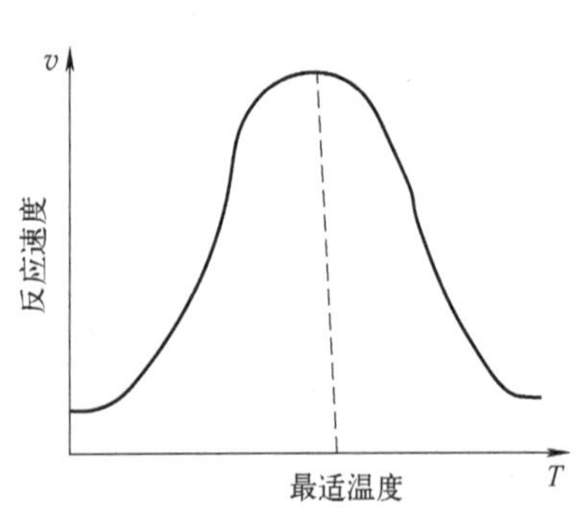

图 8-3 温度对酶催化反应速度的影响

图 8-4 pH 对酶催化反应速度的影响

5. 活化剂对酶催化反应的影响

许多酶催化反应必须有其他适当的物质存在才能增强酶的催化能力，这种作用称为酶的活化作用，能引起活化作用的物质称活化剂。酶的活化剂常是一些无机离子，如糖激酶需要 Mg^{2+}、唾液淀粉酶需要 Cl^-等。金属离子的活化作用可能是由于金属离子与酶结合，然后迅速与底物结合生成“酶-金属-底物”复合物，也就是金属离子促进了酶与底物的结合。至于阴离子，可能是酶活性的必需因子或对酶的热稳定性起着保护作用。

6. 抑制剂对酶催化反应的影响

某些物质可以减弱、抑制甚至破坏酶的催化作用，这种物质称为酶的抑制剂，其作用称为抑制作用。抑制剂的种类很多，如重金属离子、强酸、强碱等小分子物质，某些生物碱、染料、乙二胺四乙酸等大分子物质，还包括酶催化反应的自身产物。食品组成成分中常存在酶的抑制剂，如豆科种子中的胰蛋白酶抑制剂、胰凝乳蛋白酶抑制剂、淀粉酶抑制剂等。例如，白芸豆种子中富含 α-淀粉酶抑制剂（alpha-amylase inhibitor，α-AI），约占种子干重比例的 5‰。α-AI 能够特异性地与人体唾液和肠道内 α-淀粉酶形成酶-抑制剂复合物，从而抑制 α-淀粉酶的活力。在抑制过程中，每一分子白芸豆 α-AI 与两分子 α-淀粉酶相互作用，抑制作用属于混合非竞争性抑制。白芸豆 α-AI 活性高、特异性强、耐受胃液环境、抗胃蛋白酶和胰蛋白酶降解，具有辅助降血糖、减肥、降低食物血糖指数的作用，被称为“植物拜糖平”，已被广泛应用于控制和治疗糖尿病、肥胖等由糖代谢紊乱引起的疾病。

第二节 内源酶对食品品质的影响

生物体中含有多种多样的内源酶，只要酶的活性没有得到完全抑制，它们在食品的保藏和加工过程中会催化产物发生反应，这些反应有时对食品品质有利，有时不利。因此合理调控食品原料中的内源酶对提高食品质量、安全和延长产品货架期具有重要意义。

一、酶与色泽

色泽是评估食品质量最为直观的指标，也是消费者首先关注的感官指标，而食品中的内源酶是导致产品色泽变化的关键因素之一。例如，莲藕由白色变为粉红色后，其品质下降，这是莲藕中多酚类物质被多酚氧化酶和过氧化物酶催化氧化导致的。蔬菜和水果的色泽在新鲜时和劣质时大不相同，也与果蔬中的内源酶有关。

1. 脂肪氧化酶

脂肪氧化酶在动植物组织中广泛存在，能催化多不饱和脂肪酸的氧化，可能破坏必需脂肪酸，或产生不良的风味。脂肪氧化酶对底物具有高度特异性，其作用底物脂肪的结构上必须含有顺,顺-1,4-戊二烯结构单元（—CH═CH—CH_2—CH═CH—），亚油酸、亚麻酸、花生四烯酸等均为脂肪氧化酶的良好底物。脂肪氧化酶的催化反应历程为：反应的第 1～3 步分别为活泼氢脱氢形成顺,顺-烷基自由基，自由基重排生成顺,反-戊二烯单元，以及氧化生成过氧化物自由基；第 4 步是脂肪酸过氧化物自由基接收一个质子形成脂肪酸氢过氧化物。最后，脂肪酸氢过氧化物会进一步发生非酶反应形成醛类（包括丙二醛）和其他会产生不良风味的组分。

脂肪氧化酶在食品加工领域可发挥有益作用。例如，可将其用于小麦粉和大豆粉的漂白，还能用于替代碘酸钾等化学氧化剂在制作面团过程中形成二硫键。然而，若利用不当，也会产生不利的影响。例如，可造成叶绿素、类胡萝卜素等天然色素褪色；破坏维生素和蛋白质类化合物；使食品中的必需脂肪酸（亚油酸、亚麻酸以及花生四烯酸等）遭受氧化性破坏等。

在食品加工及贮藏过程中，控制温度是抑制脂肪氧化酶活力最为有效的方式之一。因为脂肪氧化酶耐受低温能力强，故可采用热烫预处理（80～100 ℃）钝化其活力。例如，预先热烫可防止低温下贮藏的青豆、大豆以及蚕豆等质量劣变；大豆在热水中研磨煮沸，可有效防止脂肪氧化酶作用所产生的豆腥味。食品中存在的一些抗氧化剂，例如维生素 E、没食子酸丙酯（优良的油脂抗氧化剂）、去甲二氢愈创木酸（脂肪氧化酶的强抑制剂）等能有效阻止自由基和氢过氧化物引起的食品损伤。

2. 叶绿素酶

叶绿素酶是一种酯酶，能催化叶绿素和脱镁叶绿素发生酯的水解而脱去植醇部分，生成脱植基叶绿素和脱镁脱植基叶绿素，蔬菜中的叶绿素酶最适反应温度为60～83 ℃。如果加热温度超过80 ℃，叶绿素酶的活力会降低，当温度达到100 ℃时则完全丧失活性，因此日常生活中要使绿色蔬菜的绿色保持的更持久经常会使用沸水进行热焯处理。加热时间的长短对最终叶绿素保留量影响较大，虽然脱植基叶绿素仍然呈现绿色，叶绿素酶对食品绿色的破坏作用不大，但是叶绿素酶水解产物脱植基叶绿素和脱镁脱植基叶绿素易溶于水，因此在含水食品中，仍然会使食品产生色泽变化，这就是为什么绿色蔬菜即便在沸腾加入，如果加热时间较长仍然会褪去绿色的原因。

3. 多酚氧化酶

多酚氧化酶又称酪氨酸酶、多酚酶、酚酶、甲酚酶等，存在于植物、动物和一些微生物（特别是霉菌）中，是多种酶的总称。多酚氧化酶能催化单酚的羟基化反应及多酚的氧化反应，这两类反应类型完全不同，反应示意图如图8-5所示。

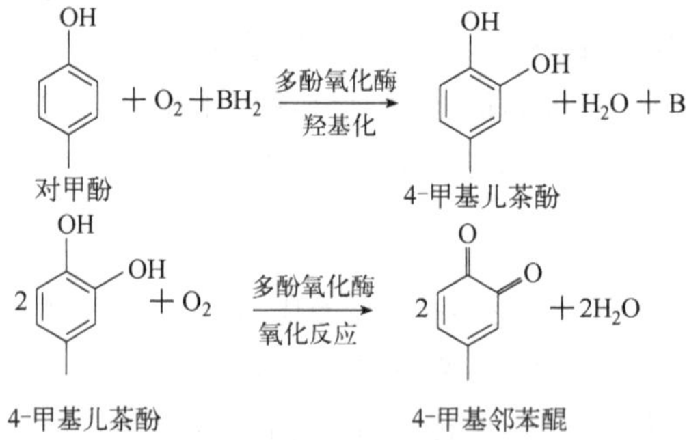

对甲酚 + O_2 + BH_2 —多酚氧化酶/羟基化→ 4-甲基儿茶酚 + H_2O + B

2 4-甲基儿茶酚 + O_2 —多酚氧化酶/氧化反应→ 2 4-甲基邻苯醌 + $2H_2O$

图8-5　多酚氧化酶的催化反应示意图

单酚羟基化反应产物邻二酚可以在多酚氧化酶的作用下进一步被氧化成邻苯醌；邻苯醌的化学性质不稳定，可与氧气发生非酶催化的氧化和聚合反应并形成黑色素，这就是香蕉、苹果、桃、马铃薯、蘑菇、虾等发生褐变和形成黑斑的原因。人们利用这种酶促褐变反应加工得到别有风味和颜色的红茶、咖啡、葡萄干和梅干等。大多数酶促褐变会对食品尤其是新鲜果蔬的色泽产生不利影响，例如邻苯醌与蛋白质中赖氨酸残基的ε-氨基反应可引起蛋白质的营养价值损失和溶解度下降。据估计，热带水果50%以上的损失都是由酶促褐变引起的。同时酶促褐变也是造成新鲜蔬菜颜色变化、营养和口感变劣的主要原因。

这种在酶作用下发生生化反应引起的褐变称为酶促褐变。食品中酶促褐变的发生必须具备3个条件：酚类底物、酚酶和氧气；三个条件缺一不可。因此，人们通过采取控制酶或隔绝氧的方式来控制酶促褐变的发生。常用方法主要有：①热处理法，通过适当的温度和时间条件下加热新鲜果蔬，使酚酶及其他相关的酶失活。②酸处理法，常用柠檬酸、苹果酸、磷酸及抗坏血酸等降低食物的pH从而控制酚酶的活性。③添加酚酶抑制剂，如二氧化硫和亚硫酸盐等，常用于蘑菇、马铃薯、桃和苹果等食品的加工中。④驱除或隔绝氧气，如利用清水、糖水或盐水浸泡，表面涂敷抗氧化剂如抗坏血酸，真空包装等。

二、酶与质构

质构是决定食品质量的重要指标之一。例如，水果后熟、变甜和变软主要是一种或多种内源酶（果胶酶、纤维素酶、淀粉酶等）作用于糖类化合物（如果胶物质、纤维素、半纤维素、淀粉和木质素等）导致的，而影响动物组织和高蛋白质植物食品质构变软的酶则主要是蛋白酶。

1. 果胶酶

果胶酶广泛分布于高等植物和微生物中，是水解高等植物细胞壁和细胞间层中的原果胶、果胶和果胶酸等胶态聚合碳水化合物的一类酶的总称。主要包括果胶甲酯酶、聚半乳糖醛酸酶和果胶酸裂合酶。

果胶甲酯酶可水解果胶的甲酯键生成果胶酸和甲醇。当存在Ca^{2+}时，可与水解产物果胶酸结构中的羧基发生交联，从而提高食品的质构强度。

聚半乳糖醛酸酶可水解果胶分子中半乳糖醛酸单位的 α-1,4-糖苷键。聚半乳糖醛酸酶可分为内切和外切两种类型，前者作用于分子内部的糖苷键，而后者则是从聚合物的末端糖苷键开始水解。聚半乳糖醛酸酶水解果胶酸，会导致某些食品原料物质（如番茄）的质构变软。

果胶酸裂合酶在无水条件下能裂解果胶和果胶酸之间的糖苷键，其反应机制遵从 β-消除反应。果胶酸裂合酶主要存在于微生物中，尚未在高等植物中发现。

在果汁加工领域应用果胶酶处理破碎果实，可加速果汁的过滤和澄清，有效提高出汁率。例如，杨辉等人将果胶酶应用于苹果酒生产中的榨汁工艺，可提高 20%的出汁率，且果汁澄清度可达 90%以上。果胶酶在食品加工行业，尤其是果蔬加工领域有着广阔的应用前景。

2. 纤维素酶

纤维素是自然界中分布最广，含量最多的天然可再生多糖，对细胞的结构有着重要影响。纤维素酶作用于纤维素可导致植物性食品原料中纤维素的增溶和糖化。例如，植物种子萌发时内源性的纤维素酶水解种皮纤维素，破坏细胞壁，有利于出芽生长，并且还参与花梗的脱落和果实的成熟；草食性反刍动物消化道内共生细菌和原生动物分泌的纤维素酶，能将摄入的纤维素水解为可吸收的糖等。内源性的植物纤维素酶含量极低，提取难度大。

3. 淀粉酶

淀粉酶是一类可水解淀粉的酶，主要包括 α-淀粉酶、β-淀粉酶、葡糖淀粉酶和淀粉脱支酶，在动物、高等植物和微生物中均有存在。淀粉在食品中除有营养作用外，还与食品的黏度、质地等特性有关。在食品的加工和贮藏过程中，淀粉可以在淀粉酶的作用下水解生成糊精、低聚糖、麦芽糖和葡萄糖等产物，显著影响食品的质构。

α-淀粉酶广泛存在于动植物组织及微生物中，在发芽的种子、人的唾液以及动物的胰脏内含量尤其高。α-淀粉酶对以淀粉为主要成分的食品的黏度有重要影响，例如布丁、奶油沙司等，而唾液和胰脏中的 α-淀粉酶对食品中淀粉的消化和吸收非常重要。β-淀粉酶主要存在于高等植物和微生物中，尤其在大麦芽、小麦、白薯和大豆中含量丰富。目前尚未在哺乳动物中发现β-淀粉酶，不过近年来β-淀粉酶已被证明在少数微生物中存在。葡糖淀粉酶则以细菌和真菌为主要来源。

内源淀粉酶对一些富含淀粉的食品原料的影响具有两面性：一方面，它有利于果蔬在贮藏过程中甜度增加；另一方面，在贮藏过程中淀粉被淀粉酶水解成还原糖，则不利于果蔬的后续贮藏和加工。

4. 蛋白酶

动物性食品原料，决定其质构的生物大分子主要是蛋白质。蛋白酶是一类催化蛋白质水解的酶类，根据其来源的不同，可将蛋白酶分为动物蛋白酶（如胰蛋白酶、胃蛋白酶等）、植物蛋白酶（如木瓜蛋白酶、菠萝蛋白酶等）和微生物蛋白酶（如枯草杆菌蛋白酶、黑曲霉蛋白酶等）；根据蛋白酶的作用方式可分为内切蛋白酶和外切/端解蛋白酶（包括氨肽酶和羧肽酶）两大类；根据最适 pH 的不同，又可将蛋白酶分为酸性蛋白酶、碱性蛋白酶和中性蛋白酶；根据活性中心的化学性质（必需的催化基团）不同，蛋白酶又可分为丝氨酸蛋白酶（活性中心含有丝氨酸残基，包括胰凝乳蛋白酶、胰蛋白酶、弹性蛋白酶、凝血酶以及枯草杆菌蛋白酶等）、巯基蛋白酶（活性中心含有巯基，包括木瓜蛋白酶、无花果蛋白酶、菠萝蛋白酶以及链球菌蛋白酶等）、金属蛋白酶（活性中心含有金属离子，如羧肽酶 A 等）和酸性蛋白酶（酶活性中心含两个羧基，如天冬氨酸蛋白酶等）。

内源性蛋白酶通过催化蛋白质水解可显著改善食品蛋白质的性质，同时对食品的质构也有着重要的影响。例如，胃黏膜细胞分泌的胃蛋白酶、胰腺分泌的胰蛋白酶等可将各种水溶性的蛋白质分解成多肽、寡肽以及氨基酸，使之更易被人体吸收利用。蛋白酶另外一个典型应用是在肉类和鱼类加工中分解结缔组织中的胶原蛋白，水解胶原，进而促进肉品的嫩化。

三、酶与风味

影响食品风味的因素很多，其中酶在食品风味物质和异味成分的形成过程中起着重要作用。在食品的加工和贮藏过程中可以利用某些酶来再现、强化或改变食品的风味。例如，将奶油风味酶作用于含乳脂的巧克力、冰淇淋、人造奶油等食品，可增强这些食品的奶油风味。

在食品加工和贮藏过程中，包括脂肪氧化酶、半胱氨酸裂合酶和过氧化物酶等酶类能够使食品原有的风味减弱或消失，甚至还会导致不良风味的产生，而且在有些情况下，几种酶协同作用对食品风味产生的影响更为显著。例如，当不恰当的热烫或冷冻干燥处理未能将内源酶完全钝化时，过氧化物酶、脂肪氧化酶、半胱氨酸裂合酶等酶的作用可使青刀豆、玉米、莲藕、花椰菜等蔬菜在贮藏过程中产生明显的不良风味。

过氧化物酶是一种非常耐热的酶，它存在于所有高等植物中，能促进不饱和脂肪酸的氧化降解，并产生挥发性的氧化风味化合物。此外，过氧化物酶在催化过氧化物分解的同时也伴随着自由基的生成，它对食品中许多组分有破坏作用并可影响食品风味。例如，过氧化物酶能导致维生素 C 的氧化降解，能催化胡萝卜素和花色苷的颜色褪去，还能促进不饱和脂肪酸的过氧化物降解，产生挥发性的风味物质；新鲜的大蒜中含有稳定的蒜氨酸等风味前体物，当其完整的组织被破碎后，原本独立分布的蒜氨酸与内源性的蒜氨酶接触（图 8-6），并在酶的催化下生成大蒜素，大蒜素进一步分解即形成具有强烈特殊气味的硫化物。

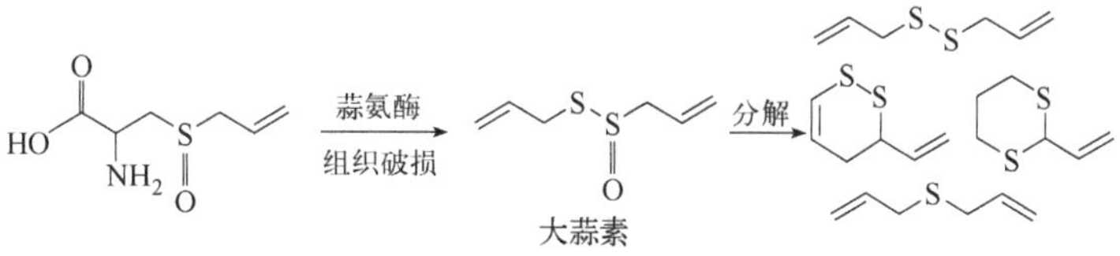

图 8-6　大蒜特征风味成分形成示意图

此外，在葡萄汁、苹果汁、柠檬汁等果蔬汁以及茶叶和烟丝中，含有很多以 D-葡萄糖苷形式存在的潜香物质，在内源性的糖苷酶，如 β-葡萄糖苷酶作用下，潜香物质被降解，释放出键合态的芳香物质，能显著提高食品的香气，起到自然增香的作用，且香气更显饱满、柔和、圆润，增强了感官效应。

四、酶与营养、安全

在食品的加工及贮藏过程中，部分内源酶及其活性的变化对食品营养有重要影响。脂肪氧化酶氧化不饱和脂肪酸会导致食品中亚油酸、亚麻酸和花生四烯酸等必需脂肪酸含量降低，同时产生的过氧自由基和氧自由基还能降低食品中的类胡萝卜素（维生素 A 的前体物质）、维生素 E、维生素 C 和叶酸的含量，破坏蛋白质中半胱氨酸、酪氨酸、色氨酸和组氨酸残基，或者引起蛋白质的交联等。此外，部分蔬菜中的抗坏血酸能被抗坏血酸酶降解，硫胺素酶会破坏氨基酸代谢中的必需辅助因子硫胺素，而多酚氧化酶在引起褐变反应产生不适宜的颜色和味道的同时，还会降低蛋白质中赖氨酸的含量，造成食品营养的损失。

多种植物性食材中含有植酸，植酸具有很强的螯合力，可以降低磷的吸收，还能与氨基酸、钙、镁等形成络合物，无法被人体吸收。植酸酶可催化植酸为肌醇和磷酸，降低食材中的植酸含量，提高磷等无机质的利用率，同时由于植酸酶破坏了植酸对矿物质和蛋白质的亲和作用，也能提高蛋白质的消化率。因此，在加工豆类和谷类时，添加植酸酶可促进植酸的分解，降低其对植物源食品中营养成分吸收的影响。

第三节　外源酶在食品加工中的应用

在食品加工中应用酶制剂的优点主要包括：改进食品的加工方法，如酶法生产葡萄糖不仅可以提高葡萄糖的得率，而且能够节省原料；改进食品加工条件，降低成本；提高食品质量，作为食品原料的品质改良剂；改善食品的风味和颜色等。我国食品用酶制剂按照《食品安全国家标准　食品添加剂使用标准》（GB 2760—2024）进行管理，该标准对食品加工用酶制剂的种类及其来源做了明确的规定，截至 2024 年已批准使用的食品加工酶制剂为 66 种。应用在食品加工中的主要酶制剂，包括 α-淀粉酶、蛋白酶、葡萄糖异构酶、果胶酶、脂肪酶、纤维素酶、葡糖氧化酶等。

1. 氧化还原酶类

（1）葡萄糖氧化酶 由真菌 *Aspergillus niger*、*Penicillium notatum* 产生的葡萄糖氧化酶能催化葡萄糖与空气中的氧气发生氧化反应，因此葡萄糖氧化酶可用来除去葡萄糖（脱糖处理）或氧气（除氧保鲜）。

应用葡萄糖氧化酶去除蛋白粉中的葡萄糖（0.5%～0.6%）可以避免美拉德反应的发生，保持产品的色泽和溶解度。葡萄糖氧化酶在食品保鲜及包装中最常见的功能是通过除氧来延长食品的保质期。作为对氧具有专一性的理想脱氧剂，葡萄糖氧化酶可防止氧化变质的发生或阻止氧化变质的进一步发展。例如，在啤酒加工过程中加入适量的葡萄糖氧化酶可以除去啤酒中的溶解氧和瓶颈氧，阻止啤酒的氧化变质。葡萄糖氧化酶又具有酶的专一性，不会对啤酒中的其他物质产生作用。因此，葡萄糖氧化酶在防止啤酒老化、保持啤酒风味、延长保质期等方面有显著的效果。此外，还可以防止白葡萄酒在多酚氧化酶作用下的变色、果汁中维生素 C 的氧化破坏、多脂食品中酯类的氧化酸败等。同时，葡萄糖氧化酶也可有效防止罐装容器内壁的氧化腐蚀。面包、饼干等烘焙食品的生产中添加葡萄糖氧化酶可以提高产品的保鲜期和口感。

（2）过氧化氢酶 过氧化氢酶来源广泛，包括黑曲霉、动物的肝脏以及溶壁微球菌等。过氧化氢是葡萄糖氧化酶处理食品时的副产物，使用过氧化氢酶可将其分解，常应用于罐装食品中。例如，采用过氧化氢对牛奶进行低温巴氏消毒，可减少加热时间并避免敏感的酪蛋白遭受过度的热破坏，因此消毒后的牛奶仍可以用来制作干酪，多余的过氧化氢可用过氧化氢酶清除。

（3）脂肪氧化酶 在食品加工领域，脂肪氧化酶主要是以大豆粉的形式添加，用于漂白面粉中的类胡萝卜素，以及通过氧化面筋蛋白中的巯基达到改善生面团流变学特性的目的。但是，脂肪氧化酶尚未被列入我国《食品安全国家标准　食品添加剂使用标准》（GB 2760—2014）中的“食品用酶制剂及其来源名单”。

2. 水解酶类

水解酶是催化水解反应的一类酶的总称，也是食品工业中应用最广泛的酶类之一。利用食品原料中原有的水解酶或添加外源水解酶改善食品特性是常用的有效方法。食品工业中应用较多的水解酶主要有蛋白酶、淀粉酶、纤维素酶、果胶酶、脂肪酶、溶菌酶等。

（1）蛋白酶 几乎所有的生物材料中都含有内切蛋白酶和外切蛋白酶。蛋白酶催化蛋白质水解后生成的小肽和氨基酸更利于人体消化吸收，同时水解后的蛋白质溶解度增加，其他功能特性如乳化能力和起泡性也随之改变。食品工业中所使用的蛋白水解酶主要是肽链内切酶，通常来源于动物器官、高等植物或微生物。不同来源的蛋白酶在反应条件和底物专一性上存在很大差别。在食品加工中常用的蛋白酶，包括木瓜蛋白酶、菠萝蛋白酶、无花果蛋白酶、胰蛋白酶、胃蛋白酶、凝乳酶、枯草杆菌蛋白酶、嗜热菌蛋白酶等。蛋白酶在食品中的应用主要为：制备生物活性肽、嫩化肉品、澄清啤酒、生产奶酪等。

（2）淀粉酶 淀粉酶是水解淀粉的酶类总称，也是目前使用量最大的工业酶制剂。在淀粉糖生产、酿造和烘焙等食品工业中广泛应用。常用的有 α-淀粉酶、β-淀粉酶、葡糖淀粉酶和淀粉脱支酶。

（3）**纤维素酶** 主要作用为水解纤维素，从而增加其溶解度并改善食品风味，在食品焙烤、果蔬泥的生产以及速溶茶的加工中经常使用，例如在果蔬汁生产中添加纤维素酶可以破坏细胞壁达到提高出汁率的目的。

（4）**果胶酶** 果胶酶是水果加工中最重要的酶，广泛存在于各类微生物中，可以通过固体培养或液体深层培养法生产。在果蔬汁加工领域主要用于澄清果汁和提高产率。此外，果胶酶还有助于增加果汁、蔬菜汁和橄榄油的产量。脱除果胶的果汁即使在酸糖共存的情况下也无法形成果冻，因此可用来生产高浓缩果汁和固体饮料。

果蔬汁的色泽和风味依赖于果汁中的混浊成分，该成分由果胶和蛋白质构成的胶态不沉降的微小粒子形成。若橘汁中的果胶酶不失活，则在果胶甲酯酶作用下释放出的果胶酸会与Ca^{2+}发生桥联，导致橘类果汁中“云样”凝絮、沉淀和分层现象的出现，从而影响产品的感官品质。因此，在柑橘汁加工时通常采用热处理使果胶酶失活，然而加热处理又往往会导致果汁风味的恶化。近年来，研究发现橘皮果胶酯酶的活性受其竞争性抑制剂聚半乳糖醛酸和果胶酸的影响，因此，在果汁中添加该类抑制剂可有效防止果汁混浊。

（5）**脂肪酶** 脂肪酶（EC 3.1.1.3）广泛存在于动物胰脏和微生物组织中。大多数脂肪酶的最适温度在30～40 ℃范围内，其最适pH受底物、酶的来源和纯度等因素的影响，其中微生物来源的脂肪酶最适pH为5.6～8.5。通常脂肪酶可催化三酰基甘油逐步水解生成相应的甘油双酯（1,2-二酰基甘油、2,3-二酰基甘油）、甘油单酯（2-单酰基甘油）、甘油和脂肪酸。除此以外，脂肪酶还可以催化酯化、转酯、酯交换、对映体拆分等化学反应，这使得脂肪酶在食品、洗涤剂、药物、皮革、纺织、化妆品以及造纸等产业均有广泛应用。

在食品领域，脂肪酶对一些含脂食品的品质有显著影响。如乳制品、干果等含脂量较高食品的不良风味主要来自脂肪酶的水解产物（水解酸败），而水解酸败又对氧化酸败有促进作用。但同时，在食品加工中，脂肪酶也会促进一些短链游离脂肪酸（如丁酸、己酸等）的释放，当其浓度低于一定水平时，反而会产生良好的风味。

在奶酪生产中，脂肪酶将脂肪降解为游离脂肪酸，游离脂肪酸进一步分解形成挥发性脂肪酸、异戊醛、二乙酰、3-羟基丁酮等呈味物质，并产生特殊香气，改善了奶酪风味。此外，在瘦肉的生产过程中，也可以通过添加脂肪酶来除去多余的脂肪。

（6）**溶菌酶** 溶菌酶可以水解细菌细胞壁肽聚糖中的*N*-乙酰氨基葡糖与*N*-乙酰氨基葡糖乳酸之间的β-1,4-糖苷键，从而导致细菌自溶死亡。溶菌酶对革兰氏阳性菌、好氧性孢子形成菌、枯草芽孢杆菌、地衣芽孢杆菌等都表现出抗菌作用，而对没有细胞壁的人体细胞不会产生不利影响。因此，溶菌酶适合用于各种食品的防腐。另外，溶菌酶还能杀死肠道腐败球菌，增加肠道抗感染力，同时还能促进婴儿肠道双歧乳酸杆菌的增殖，促进乳酪蛋白凝乳，利于消化，所以又是婴儿食品、饮料的良好添加剂。

溶菌酶对人体完全无毒、无副作用，具有抗菌、抗病毒、抗肿瘤的功效，是一种安全的天然防腐剂。在干酪的生产中，添加一定量的溶菌酶，可防止微生物污染引起的酪酸发酵，以保证干酪的质量。新鲜的牛乳中含有少量的溶菌酶（约30 mg/100 mL），而人乳中的溶菌酶较牛乳中高约300倍。因此在鲜乳或奶粉中加入一定量的溶菌酶，不仅能起到防腐保鲜的作用，还能达到强化婴儿乳品的目的，有利于婴儿的健康。

溶菌酶现已在干酪、水产品、酿造酒、乳制品、肉制品、豆腐、新鲜果蔬、糕点、面条、饮料等产品的防腐保鲜方面得到广泛应用。

3. 异构酶类

异构酶类可催化同分异构体之间的相互转化，即分子内部基团的重新排列。在食品工业领域，葡萄糖异构酶（EC 5.3.1.5）又称为木糖异构酶，可催化D-木糖、D-葡萄糖、D-核糖等醛糖可逆地转化为对应的酮糖，尤其是对于催化D-葡萄糖异构化生成D-果糖的反应，在食品工业领域有着非常重要的意义。

葡萄糖异构酶结构稳定、耐热性强，是世界上公认的用于研究酶的催化机制以及建立完整的蛋白质工程技术的良好模型。在淀粉糖工业中，淀粉经α-淀粉酶的液化和葡萄糖淀粉酶的糖化处理得到葡萄糖溶液（质量分数 40%～45%），再经过葡萄糖异构酶催化生成果葡糖浆（42%果糖+52%葡萄糖），后续借助工业色谱分离可进一步获得果糖含量为90%以上的高果糖浆。该工艺所采用的葡萄糖异构酶通常以固定化酶制剂形式添加，其年产量超过百万吨，是世界上目前产量最大的三种酶制剂之一（另外两种为蛋白酶和淀粉酶）。

4. 转移酶

转移酶是指能够催化除氢以外的各种化学官能团从一种底物转移到另一种底物的酶类。谷氨酰胺转氨酶（EC 2.3.2.13，TGase）可以催化蛋白质分子内的交联、蛋白质和氨基酸之间的连接以及蛋白质分子内谷氨酰胺基的水解，从而改善蛋白质功能性质，提高蛋白质的营养价值。

TGase在食品工业中的应用主要包括以下4个方面：

（1）**改善蛋白质凝胶的特性** 由于引入了新的共价键，蛋白质分子内或分子间的网络结构增强，会使通常条件下不能形成凝胶的乳蛋白形成凝胶，或使蛋白质凝胶性能发生改变，如改变凝胶强度，增强凝胶的耐热性、耐酸性和水合作用，使凝胶网络中的水分不易析出等。与未经处理的对照组相比，经过 TGase 处理的牛乳制得的脱脂乳粉在水溶液中形成的凝胶强度更大，凝胶持水性也更高。在制作鱼香肠时，加入TGase处理后，其脱水收缩现象明显降低。

（2）**提高蛋白质的乳化稳定性** 在TGase作用下，β-酪蛋白可形成二聚物、三聚物或多聚物，所形成的乳化体系稳定性明显提高，乳化液的稳定性随着聚合程度增加而增加。

（3）**提高蛋白质的热稳定性** 加热处理易使蛋白质变性，并降低其功能特性。在奶粉生产中，如何防止奶粉在贮藏和销售过程中受热结块一直是亟须解决的问题。奶粉中酪蛋白经TGase催化形成网络结构后，其玻璃化转变温度可明显提高。经TGase催化交联的乳球蛋白也表现出较高的热稳定性，天然乳球蛋白在70 ℃时就会很快变性，而1%的聚合乳球蛋白即使在100 ℃条件下也可保持30 min不变性。

（4）**提高蛋白质的营养价值** 将限制性氨基酸交联到某种蛋白质上可提高相应蛋白质的营养价值。例如，通过TGase作用所形成的富赖氨酸蛋白质不仅可提高赖氨酸的稳定性，还可避免游离赖氨酸易发生的美拉德反应。另外，TGase还可改善肉制品口感和风味，提高蛋白质的成膜性能等。

思考题

1. 自己在家使用榨汁机压榨果汁时，残渣比较多，出汁率较低，试分析如何进行改善。
2. 怎样可以延长香蕉的存放时间？
3. 葵花籽放置时间较长时，会产生不良风味，试分析原因。

参考文献

［1］ 中华人民共和国国家卫生健康委员会. 食品安全国家标准　食品添加剂使用标准. 北京：中国标准出版社，2024.

［2］ 中国食品添加剂生产应用工艺协会. 食品添加剂手册. 北京：中国轻工业出版社，1999.

［3］ 阚建全. 食品化学. 2 版. 北京：中国农业大学出版社，2008.

［4］ 谢笔钧. 食品化学. 2 版. 北京：科学出版社，2004.

［5］ 赵新淮. 食品化学. 北京：化学工业出版社，2006.

［6］ 汪东风，等. 食品化学. 4 版. 北京：化学工业出版社，2023.

［7］ 迟玉杰. 食品化学. 北京：化学工业出版社，2012.

［8］ （美）达莫达兰，等. 食品化学.江波，等译. 4 版. 北京：中国轻工业出版社，2013.

［9］ 江正强，等. 食品酶学与酶工程原理. 北京：中国轻工业出版社，2018.

［10］ 居乃琥. 酶工程手册. 北京：中国轻工业出版社，2011.

［11］ 杨辉，等. 果胶酶在苹果酒生产中的应用. 食品与发酵工业，2003，38（12）：110-112.

［12］ Dicosimo R，et al. Industrial use of immobilized enzymes. Chemical Society Reviews，2013，42（15）： 6437.

［13］ Haard N F，et al. Seafood enzymes：Utilization and influence on postharvest seafood quality. New York： Marcel Dekker Inc，2000.

［14］ Khattab A R，et al. Cheese ripening：A review on modern technologies towards flavor enhancement，process acceleration and improved quality assessment. Trends in Food Science & Technology，2019，88：343.

第九章
色　素

走进菜市场、商店购买食材，无论是蔬菜、瓜果、五谷杂粮，还是糖果、饮料、糕点蜜饯，无一不是五颜六色、色彩斑斓。

这些让食物呈现出不同颜色的成分是什么？

炒绿色蔬菜时，为什么煮的时间长了绿色会褪去？

表面破损的土豆、藕、苹果等为何在空气中会发生颜色变深的现象？

为什么虾和螃蟹加热后会变红？

为什么要学习本章？

食材的颜色五颜六色，色泽是影响食品品质的重要因素，在一定程度上决定了食品的价值。如何能让一些颜色保持更持久？有些食材在加工、运输或贮存过程中会生成人们不需要的颜色，进而影响食品的品质；有些食材通过创造一定的条件会转变为另一种颜色，从而可以得到新的食品。学习色素的组成、结构及物理化学性质，能让大家更好地了解和控制食品加工、运输和贮存过程中食材的颜色。

第一节 概 述

中国早在古时便有利用红曲米酿酒来制作红肠的习惯，而自 1856 年英国人帕金首次合成苯胺紫之后，人工着色剂才走进大众视野并逐步替代了天然着色剂。

食品的品质除了安全性和营养性之外，还有色、香、味、形的享受性感官指标，食品的色泽是消费者评判食品新鲜度、成熟度、风味情况等重要的感官质量指标之一，是决定食品品质和可接受性的重要因素。食品呈现的色泽是食品中多种呈色成分的共同体现，食品中呈色成分又称色素，是能够吸收或反射可见光进而使食品呈现各种颜色的物质统称，包括食品原料中固有的天然色素、食品加工中由原料成分转化产生的有色物质和外加的食品着色剂。

依据不同的标准又可将色素进行不同的分类。根据来源可以分为植物色素、动物色素、微生物色素、人工合成色素。根据化学结构可以分为四吡咯衍生物类色素、异戊二烯衍生物类色素、多酚类色素、酮类衍生物类色素、醌类衍生物类色素及偶氮类色素等（表 9-1）。根据溶解度性质的不同，可以将色素分为水溶性色素和脂溶性色素，合成色素大多数水溶性较好，天然色素多数具有很好的脂溶性。

表 9-1 按照化学结构分类代表性食品色素

分类	名称	颜色	来源
四吡咯衍生物类	叶绿素、叶绿素铜钠	绿	小球藻、雏菊、蚕沙
	血红蛋白、血红素	红	血液（猪、牛、羊等的血）
	藻青苷、螺旋藻蓝	蓝	螺旋藻
异戊二烯衍生物类	β-胡萝卜素、胡萝卜色素	黄～橙	胡萝卜
	辣椒红素、辣椒黄素	红～橙	辣椒果实
	栀子黄素、藏花素	黄	栀子果
	胭脂树橙	黄～橙	胭脂树（种子）
	番茄红素	红	番茄
多酚类	紫苏苷	紫红	紫苏
	葡萄花色素、葡萄皮红	紫红	葡萄皮
	飞燕草色素、紫玉米红、玫瑰脂红	红紫	飞燕草花、紫玉米、玫瑰茄
	萝卜红素	紫红	紫色萝卜
	红花黄	黄	红花
	红米红	红	黑米
	多酚、可可色素	褐	可可豆
酮类衍生物类	姜黄素、红曲红素	橙、黄、红	姜黄、红曲米
醌类衍生物类	甜菜苷、甜菜红	红	红甜菜根
	紫胶酸、紫胶红	红～红紫	红紫菜
	胭脂红酸、胭脂红	红～红紫	胭脂虫
	紫根色素	红	紫根
偶氮类	苋菜红、胭脂红、赤藓红、新红	红	化学合成
	日落黄、柠檬黄	黄	化学合成
其他类	靛蓝	蓝	化学合成

第二节 食品中的天然色素

一、四吡咯衍生物类色素

四吡咯衍生物类色素是含有四个吡咯结构的卟啉环化合物，四个吡咯结构与金属离子以共价键和配位键的形式形成配合物，代表性色素有叶绿素、血红素和胆红素。

1. 叶绿素

（1）叶绿素的分类 叶绿素是高等植物和其他所有能进行光合作用的生物体含有的一类绿色色素，广泛存在于植物组织，尤其是叶片的叶绿体中，此外，也在海洋藻类、光合细菌中存在。叶绿素有多种，包括叶绿素 a、叶绿素 b、叶绿素 c、叶绿素 d 以及细菌叶绿素和绿菌属叶绿素等。叶绿素 a、叶绿素 b 在自然界含量较高，高等植物中的叶绿素 a 和叶绿素 b 的两者含量比约为 3∶1，它们与食品的色泽关系密切。

（2）叶绿素的结构及化学性质 叶绿素 a、叶绿素 b 都不溶于水，溶于丙酮、乙醇、乙酸乙酯等有机溶剂。脱植基叶绿素因不含植醇侧链，而易溶于水，不溶于酯。叶绿素及植醇的化学结构如图 9-1 所示。叶绿素对热、光、酸、碱等均不稳定。在食品加工中最重要的变化是叶绿素的脱镁反应，叶绿素分子的中心镁原子脱去，生成橄榄色或暗褐色的脱镁叶绿素。

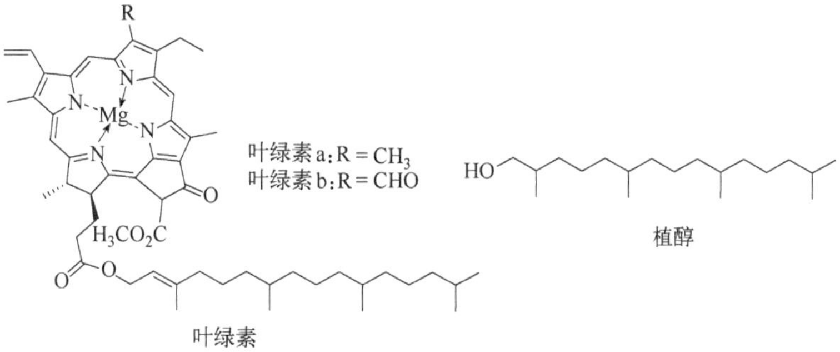

图 9-1 叶绿素及植醇的化学结构

① 加热可促使叶绿素脱镁反应进行，所以过度烹饪的绿色蔬菜一般为黄绿色（橄榄色）或褐色。叶绿素在稀碱溶液中发生水解反应，除去分子中的叶绿醇部分，生成的叶绿酸仍呈绿色、易溶于水，加热会使水解变快。叶绿酸比叶绿素更不稳定，因为叶绿素分子中存在的叶绿醇对 H^+取代镁离子具有空间位阻作用，并且叶绿酸溶解性能的改善有利于 H^+取代镁离子。叶绿酸脱去镁离子变为脱镁叶绿酸后色泽也呈褐色。叶绿酸的脱镁反应速度也与它的结构有关，在 C10 位上的酯基对 H^+的进攻具有空间位阻作用，阻碍反应的进行，因此脱镁反应速度随酯基链长度的增加而降低。绿色蔬菜在较高温度加工时叶绿素容易发生脱镁和水

解反应。此外，叶绿素进一步的降解产物还有 C10 位的—$COOCH_3$被 H 取代，生成焦脱镁叶绿素和焦脱镁叶绿酸。

② pH 对叶绿素的热稳定性影响很大，在碱性介质（pH=9）中，叶绿素对热非常稳定，在酸性介质（pH=3）中容易发生降解。

③ 叶绿素除可以被碱催化水解以外，在酶的作用下也可发生脱镁、脱植醇反应。例如，脱镁酶可使叶绿素变为脱镁叶绿素；在叶绿素酶的作用下可发生脱植醇反应，生成脱植基叶绿素。

④ 叶绿素受光照射时会发生光敏氧化，四吡咯环开环并降解，主要的降解产物为甲基乙基马来酰亚胺、甘油、乳酸、柠檬酸、琥珀酸、丙二酸和少量的丙氨酸。植物正常细胞进行光合作用时，叶绿素由于受到其近邻的类胡萝卜素和其他脂类的保护，而避免了光的破坏作用。然而一旦植物衰老或从组织中提取出色素，或者是在加工过程中导致细胞损伤而丧失这种保护，叶绿素则容易发生降解。当有上述条件中任何一种情况且与光、氧同时存在时，叶绿素将发生不可逆的褪色。

⑤ 金属离子叶绿素脱镁衍生物的四吡咯核的氢离子易被锌或铜离子置换，形成绿色的、稳定性强的金属配合物。其中铜盐的色泽最鲜亮，对光和热较稳定，是一种理想的食品着色剂。锌和铜的配合物在酸性条件下比在碱性条件下更加稳定，如形成的锌配合物在 pH=2 时仍然稳定。

叶绿素及系列化合物可能发生的各种反应以及产生的色泽变化如图 9-2 所示。

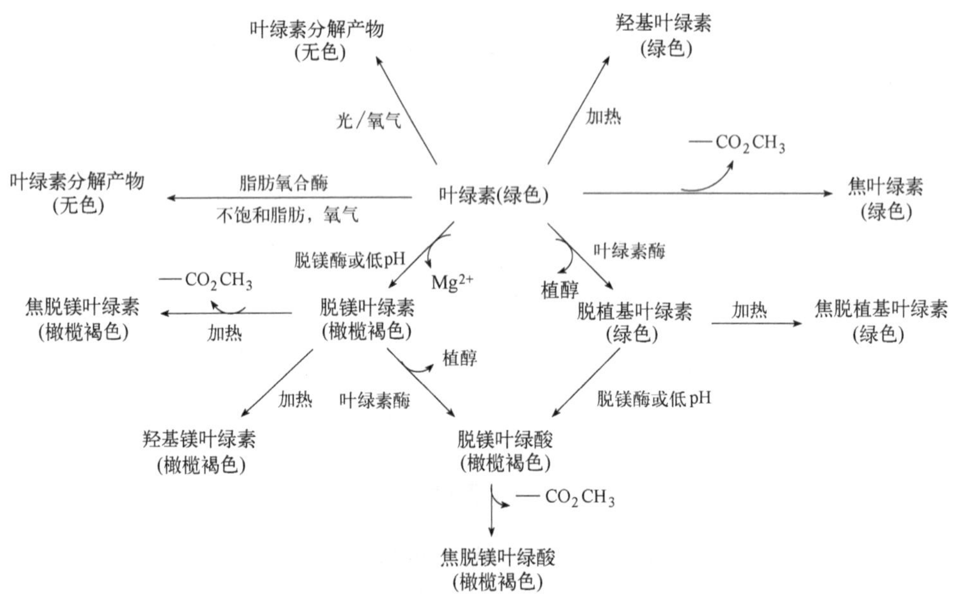

图 9-2　叶绿素在不同条件下发生的反应

（3）**果蔬的护绿技术**　在绿色果蔬的加工和贮藏中都会引起叶绿素不同程度的变化。如何保护叶绿素，减小其损失是十分重要的，目前尚无非常有效的方法。通常采用以下的护绿技术加以保护。

① 酸中和。针对叶绿素在低 pH 下不稳定的问题，在罐装绿色蔬菜加工中，加入碱性物质可提高叶绿素的保留率。例如，采用碱性钙盐或氢氧化镁使叶绿素分子中的镁离子不被氢原子所置换的处理方法，虽然在加工后产品可以保持绿色，但经过贮藏两个月后仍然变成褐色。

② 高温瞬时处理。为避免食材中酶特别是叶绿素酶造成叶绿素脱植醇的现象，常常应用高温短时杀菌（HTST）加工蔬菜，这不仅能杀灭微生物，而且比普通加工方法使蔬菜受到的化学破坏小。但是由于在贮藏过程中 pH 降低，导致叶绿素降解，因此，在食品保藏两个月后，效果不再明显。

③ 利用金属离子衍生物。用含锌或铜盐的热烫液处理蔬菜加工罐头，可得到比传统方法更绿的产品。

④ 将叶绿素转化为脱植叶绿素。实验证明，罐装菠菜在 54～76 ℃下，热烫 20 min 具有较好的颜色保存率，这是因为叶绿素酶将叶绿素转化为脱植基叶绿素，脱植基叶绿素比叶绿素更稳定。

⑤ 多种技术联合应用。目前保持叶绿素稳定性最好的方法是挑选品质良好的原料，尽快进行加工，采用高温瞬时灭菌，辅以碱式盐、脱植醇的方法，并在低温下贮藏。

2. 血红素

血红素是高等动物血液、肌肉中的红色色素，是呼吸过程中氧气和二氧化碳载体血红蛋白的辅基。动物肌肉的色泽，主要是由肌红蛋白和血红蛋白存在所致。肌红蛋白和血红蛋白都是血红素与球状蛋白结合而成的结合蛋白（结构式见图 9-3）。

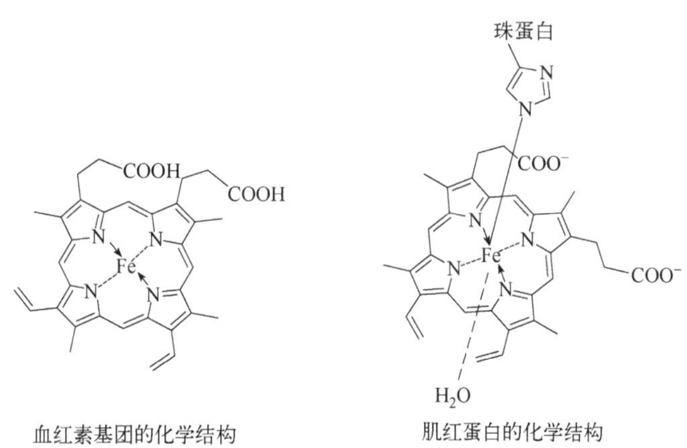

图 9-3 血红素基团和肌红蛋白的化学结构

肉类中还含有其他色素类化合物，包括细胞色素类、维生素 B_{12}、辅酶黄素，但它们的含量少不足以呈色，因此新鲜肌肉的颜色主要是肌红蛋白决定的，呈现紫红色。

肌红蛋白的蛋白质为珠蛋白，非肽部分称为血红素。血红素由一个铁原子和一个平面卟啉环组成，卟啉是由 4 个吡咯通过亚甲基桥连接构成的平面环，在色素中起发色基团的作用。中心铁原子与 4 个吡咯环的氮原子形成配位键，第 5 个连接位点是与珠蛋白的组氨酸残基键合，剩下的第 6 个连接位点可与各种配位体中带负荷的原子相结合。

血红素卟啉环内的中心铁以Fe^{2+}或Fe^{3+}状态存在。中心铁原子化合态的变化，以及带负电荷的基团不同，会导致血红素化合物呈现不同的颜色。

（1）肌红蛋白、氧合肌红蛋白和高铁肌红蛋白的相互转化 在新鲜肉中存在三种状态的血红素化合物，即亚铁离子的第6个配位键结合水的肌红蛋白（myoglobin，Mb）、第6个配位键由氧原子形成的氧合肌红蛋白（oxymyoglobin，MbO_2）和中心Fe^{2+}被氧化为Fe^{3+}的高铁肌红蛋白（metmyoglobin，MMb），它们能够互相转化，使新鲜肉呈现不同的色泽，转化方式见图9-4。肌红蛋白和1分子氧之间以配位键结合，形成氧合肌红蛋白的过程称为氧合作用，肌红蛋白氧化（Fe^{2+}转变为Fe^{3+}）形成高铁肌红蛋白的过程称为氧化反应。已被氧化的色素或三价铁形式的褐色高铁肌红蛋白，就不再和氧结合。

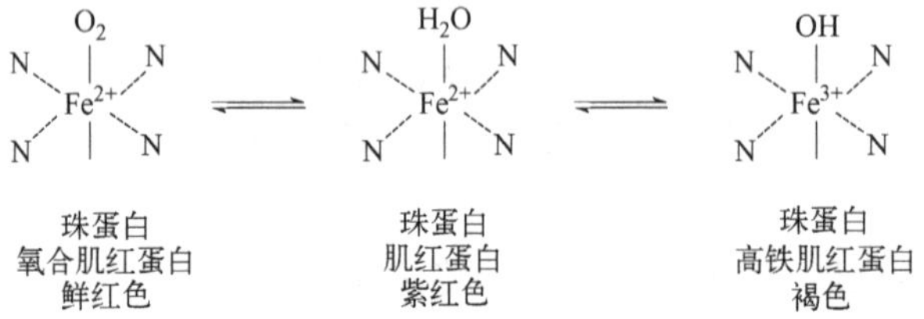

O_2 / Fe^{2+} 珠蛋白 氧合肌红蛋白 鲜红色 ⇌ H_2O / Fe^{2+} 珠蛋白 肌红蛋白 紫红色 ⇌ OH / Fe^{3+} 珠蛋白 高铁肌红蛋白 褐色

图9-4 肌红蛋白、氧合肌红蛋白和高铁肌红蛋白的相互转化

活体动物体内肌肉由于血红素以氧合肌红蛋白形式存在而呈现鲜红色，被屠宰放血后，肌肉组织中的氧气供给停止，肌肉中的色素为肌红蛋白而呈现紫红色。将鲜肉放置于空气中，表面的肌红蛋白与氧气结合形成氧合肌红蛋白而呈现鲜红色，但由于其内部仍处于还原状态，因而表面下的肉呈紫色。在有氧或氧化剂存在时，肌红蛋白可被氧化成高铁肌红蛋白，形成了棕褐色。因此，在肉的内部可见的棕色，就是氧化生成的高铁肌红蛋白。在肉中只要有还原性物质存在，肌红蛋白就会使肉保持红色;当还原剂物质耗尽时，高铁肌红蛋白的褐色就会成为主要色泽。

（2）腌肉色素 在对肉进行腌制处理时，肌红蛋白等与亚硝酸盐的分解产物NO等发生反应，生成亚硝酰肌红蛋白（NO-Mb），它是未烹调腌肉中的最终产物，对比加热后，会形成稳定的亚硝酰血色原，呈现加热腌肉中色泽。但是，过量的亚硝酸盐可以产生绿色的硝基氯化血红素。亚硝酸由于具有氧化性，可将肌红蛋白氧化为高铁肌红蛋白。此外，在腌肉制品加热至66 ℃或更高温度时还会发生珠蛋白的热变性反应，产物为变性珠蛋白亚硝酰血色原。

腌肉过程中添加还原剂，可以将Fe^{3+}还原为Fe^{2+}，并将亚硝酸盐还原为一氧化氮，迅速生成亚硝酰肌红蛋白，从而实现护色。常用的还原剂有抗坏血酸、异抗坏血酸，还原剂的使用还有助于防止亚硝胺类致癌物的产生。

（3）不利色素的产生 细菌繁殖产生的硫化氢在有氧存在下，肌红蛋白会生成绿色的硫肌红蛋白（SMb），有还原剂如抗坏血酸存在时，可以生成胆肌红蛋白（ChMb），并很快氧化成球蛋白、铁和四吡咯环；氧化剂过氧化氢存在时，与血红素中的Fe^{2+}和Fe^{3+}反应生成绿色的胆绿蛋白（cholelobin），这些色素会严重影响肉的色泽和品质。典型代表如死亡的动物尸体放置后能出现绿色尸斑。

二、异戊二烯衍生物类色素

异戊二烯衍生物类色素是植物通过异戊二烯的次生代谢途径生成的以异戊二烯为单位聚合而成的共轭双键长链色素，其中以类胡萝卜素为代表。类胡萝卜素广泛存在于陆生植物以及许多微生物（如光合细菌）和动物（如鸟纲动物的毛、蛋黄）体内，属于脂溶性色素。目前已发现超过 700 多种的天然类胡萝卜素，在人和其他动物中主要是作为维生素 A 的前体物质，另外，类胡萝卜素还有较强的抗氧化等活性。

1. 类胡萝卜素的结构与性质

类胡萝卜素是四萜类化合物，由 8 个异戊二烯单位组成，按结构特征可将类胡萝卜素分为胡萝卜素类和叶黄素类。由 C、H 两种元素构成的类胡萝卜素被称为胡萝卜素类，如番茄红素、α-胡萝卜素、β-胡萝卜素、γ-胡萝卜素；胡萝卜素类含氧衍生物被称叶黄素类，如隐黄素、叶黄素、玉米黄素、辣椒红素、虾青素等，它们的分子中含有羟基、甲氧基、羧基、酮基或环氧基等。常见类胡萝卜素的化学结构如图 9-5 所示。

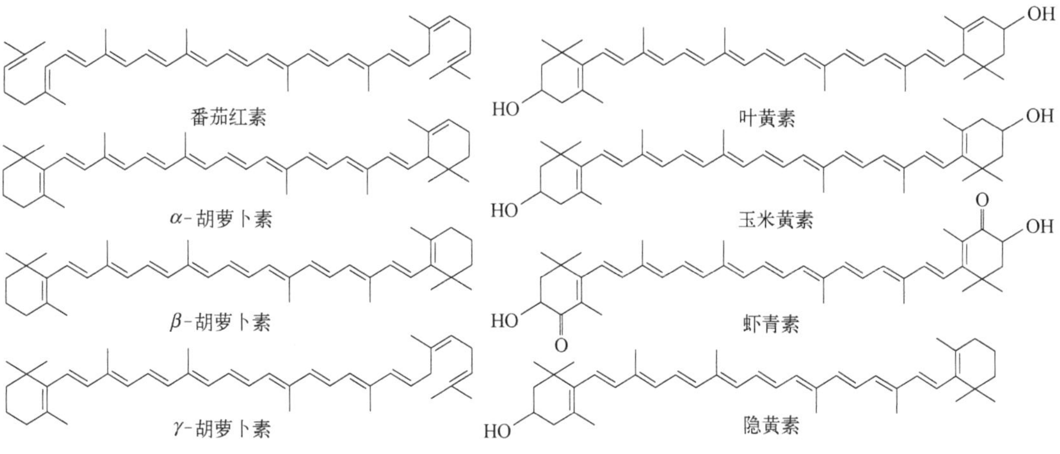

番茄红素 叶黄素 α-胡萝卜素 玉米黄素 β-胡萝卜素 虾青素 γ-胡萝卜素 隐黄素

图 9-5 常见类胡萝卜素化合物的结构

类胡萝卜素植物组织或脂类介质溶液主要以游离态（结晶或无定形）存在，有的与糖或蛋白质结合，有的与脂肪酸形成酯类。例如，在花、果实、细菌体中发现类胡萝卜素酯；秋天树叶的叶黄素分子结构中的 C3 和 C3′ 两个位置上结合棕榈酸和亚麻酸；辣椒中辣椒红素以月桂酸酯形式存在；龙虾壳中虾青素与蛋白质结合时显蓝色，当加热处理后，蛋白质发生变性，虾青素氧化成虾红素（图 9-6），虾壳转变为红色；藏红花素在藏红花中是由两分子的龙胆二糖和藏红花酸结合而成的类胡萝卜素糖苷。

纯的类胡萝卜素为无味、无臭的固体或晶体，能溶于油和有机溶剂，几乎不溶于水，具有适度的热稳定性，pH 对其影响不大，但易被氧化而褪色，在热、酸或光的作用下很容易发生异构化，一些类胡萝卜素在碱中也不稳定。另外，有些类胡萝卜素在生物体内会发生转化，如 β-胡萝卜素在哺乳动物小肠内可以在酶催化作用下发生分子中心位置断裂，生成两分子维生素 A，进而参与视觉生理代谢（图 9-7）。

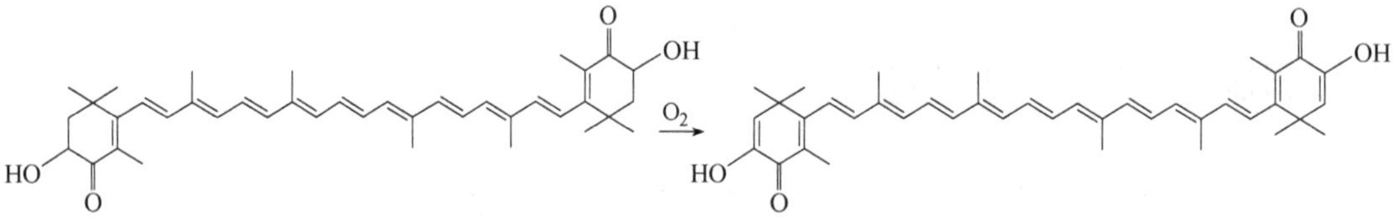

虾青素　　虾红素

图 9-6　虾青素氧化成虾红素示意图

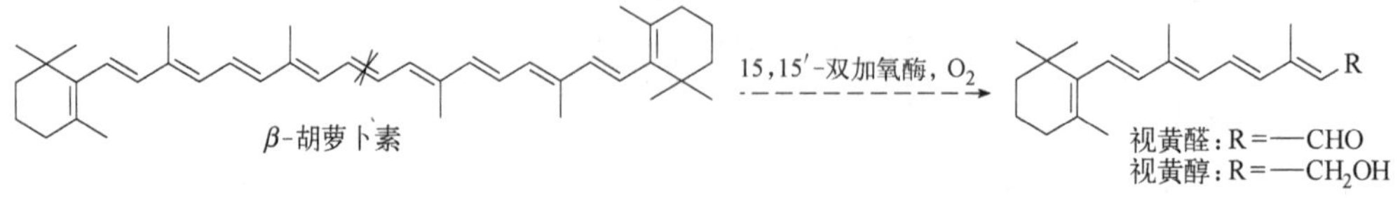

β-胡萝卜素　15,15′-双加氧酶，O_2　视黄醛：R =—CHO　视黄醇：R =—CH_2OH

图 9-7　β-胡萝卜素在哺乳动物小肠内的转化

2. 类胡萝卜素在加工和贮藏中的变化

大多数水果和蔬菜中的类胡萝卜素在一般加工和贮藏条件下是相对稳定的，特别是在未损伤食材中稳定性好但提取分离得到的纯色素却不稳定，例如番茄红素在番茄果实中非常稳定却不易提取保存。由于类胡萝卜素是脂溶性色素，在水中几乎不溶解，因此漂洗和高温瞬时处理不会对类胡萝卜素含量产生明显的影响，但类胡萝卜素中含有高度共轭不饱和结构，高温、氧、氧化剂和光等均能使之分解褪色和异构化，主要发生热降解反应、氧化反应和异构化反应，导致食品品质降低。

三、多酚类色素

多酚类色素是植物组织中广泛存在的一类水溶性色素，大多数多酚类化合物基本母核结构为 C_6-C_3-C_6 结构，由 2 个苯环通过 1 个三碳链连接而成。常见类型主要有花青素、类黄酮色素、儿茶素和单宁等，这类色素呈现黄色、橙色、红色、紫色和蓝色。

1. 花色苷

1835 年，Marquart 首先从矢车菊花中提取出一种蓝色色素，称为花青素（图 9-8）。花青素是多酚类化合物中一个最富色彩的子类，在植物体内多数是以糖苷（称为花色苷）的形式存在于细胞液中，构成花、果实、茎和叶的美丽色彩，如紫苏、紫甘薯、紫洋葱、紫甘蓝、葡萄皮等呈现出的颜色。花青素和花色苷都是水溶性色素，而且由于花色苷增加了亲水性的糖基，其水溶性更大。

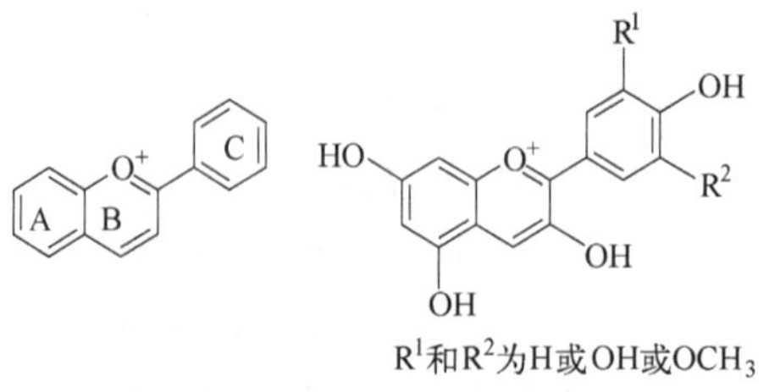

R^1和R^2为H或OH或OCH_3

图 9-8　多酚类化合物的基本母核结构及花青素的化学结构

与花青素成苷的糖主要有葡萄糖、半乳糖、木糖、鼠李糖和阿拉伯糖等单糖，或由这些单糖构成的双糖或三糖。花青素形成花色苷时，糖基一般连接在 3 位—OH，有一些存在 5 位—OH 糖苷，也有少数在 7 位—OH。此外，花色苷中还可能含有一些羧酸或金属离子。羧酸一般与糖基部分结合，常见的有机酸包括阿魏酸、苹果酸、咖啡酸、丙二酸、对羟基苯甲酸、琥珀酸、乙酸等，金属离子的存在对色泽会产生重大影响。

花青素和花色苷的稳定性均不高，它们在食品加工和贮藏中常因化学反应而变色，如 pH、温度、金属离子、氧化剂、还原剂、酶等都会影响到花青素和花色苷的稳定性。

（1）**pH 的影响** 如图 9-9 所示，花色苷在不同 pH 条件下化学结构会发生变化，导致其色泽变化。在较低的 pH（pH=1）溶液中，花色苷盐离子（红色）是主要形式。在介质的 pH 升高时（pH=4～6），花色苷以假碱（无色）的形式或者以脱水碱（淡紫红色）的形式存在。在较高的 pH 时（pH=8～10），花色苷与碱作用形成相应的酚盐，从而呈现出蓝色。虽然这些变化均是可逆的，但经过较长的时间，假碱结构开环生成浅色的查耳酮，花色苷的色泽变化将是不可逆的。所以，要维持花色苷正常的红色，必须使其保持在酸性条件下。

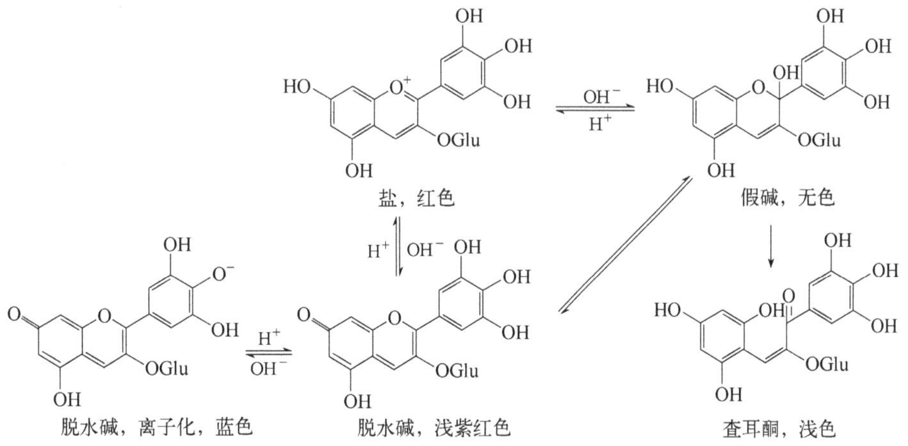

图 9-9 花色苷的化学结构、色泽随 pH 条件所发生的变化

（2）**温度的影响** 花色苷色素的稳定性受温度影响非常大，在高温条件下其降解速率极大增加。这种影响程度还受环境氧含量、花色苷种类以及 pH 等影响。一般含羟基多的花青素和花色苷热稳定性不如含甲氧基或糖苷基多的花青素和花色苷。研究表明随着温度的升高，黑枸杞中花青素的稳定性变差，当温度超过 65 ℃时花青素的分解速率加快，在沸水浴中加热 1 h 后，花青素几乎分解完全（褪色）。

（3）**金属离子的影响** 花色苷一般具有多个酚羟基，其中相邻羟基可与一些多价金属离子形成配合物（螯合物），色泽为蓝色，这也是自然界中的一些花色苷以蓝色形式出现的原因。能与花色苷形成蓝色化合物的金属离子有 Sn^{2+}、Fe^{2+}、Cu^{2+}、Al^{3+}等。一些罐藏食品如果存在罐材质量问题，就会导致内壁腐蚀，释放的金属离子与花色苷结合，造成食品色泽的异常。例如，含花色苷的红色樱桃放在素马口铁罐头内可形成花色苷-锡复合物，使原来的红色变成紫红色，处理梨、桃、荔枝等水果时也容易产生稳定性较高的粉红色螯合物，而且一旦形成很难恢复。柠檬酸有络合金属离子的能力，可减少花色苷金属离子络合物的生成，并可使它们部分逆转为花色苷，因此可加入柠檬酸等螯合剂减少变色的发生。

（4）其他因素 光照、酶、水分活度、氧化剂等都会对花青素的稳定性造成影响，如光照会加速花色苷的降解，糖苷酶和多酚氧化酶能引起花色苷褪色，因此含花青素的食材加工过程中的护色对食品的品质非常重要。

2. 类黄酮

（1）类黄酮的结构和性质 类黄酮广泛分布于植物界，是一大类水溶性天然色素，呈浅黄色或无色，黄酮类化合物中除去花青素和黄烷-3,4-二醇的统称为类黄酮，已知的类黄酮化合物大约有 1000 种以上。最重要的类黄酮化合物是黄酮和黄酮醇的衍生物，而噢哢、查耳酮、二氢黄酮、异黄酮、二氢异黄酮和双黄酮等的衍生物也是比较重要的。黄酮醇在类黄酮中占比最高，例如槲皮素和杨梅黄酮；其次是黄酮类化合物，包括芹菜素、樨草素。类黄酮通常和葡萄糖、鼠李糖、半乳糖、阿拉伯糖、木糖、芹菜糖或葡萄糖醛酸结合成苷，糖基的结合位置各不相同，最常见的是在 7 碳位上取代，因为 7 碳位的羟基酸性最强，也有在 3′、4′、5 位上结合的。

类黄酮广泛存在于常见食品中，如芹菜、洋葱、茶叶、蜂蜜、葡萄、苹果、柑橘、柠檬、青椒、木瓜、李、杏、咖啡、可可、大豆等（表 9-2）。

表 9-2 食品中常见的类黄酮类化合物

类别	化合物名称	苷元	来源
黄酮	芹菜苷	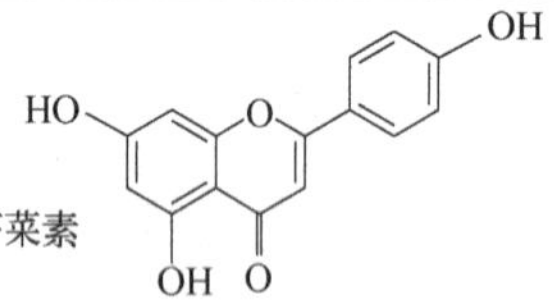 芹菜素（结构式：HO、OH、O、OH）	芹菜、荷兰芹
二氢黄酮	橙皮苷	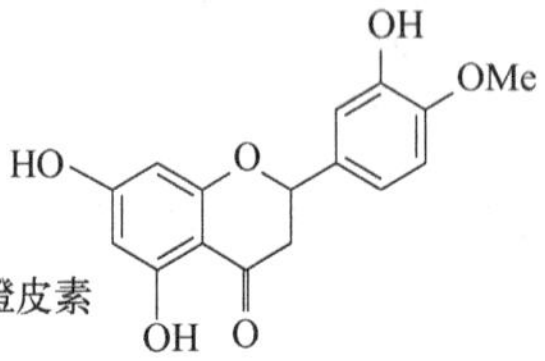 橙皮素（结构式：HO、OH、OMe、OH、O）	温州蜜橘、葡萄柚
黄酮醇	芸香苷	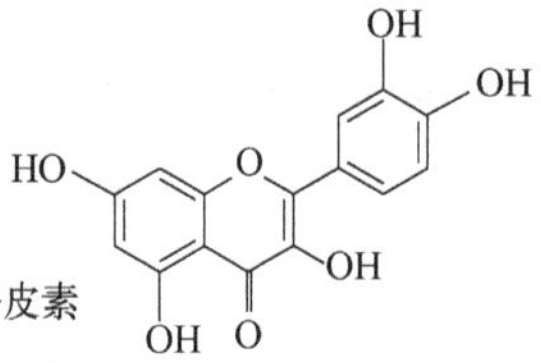 槲皮素（结构式：HO、OH、OH、OH、OH、O）	洋葱、茶叶、荞麦
二氢黄酮醇	杨梅苷	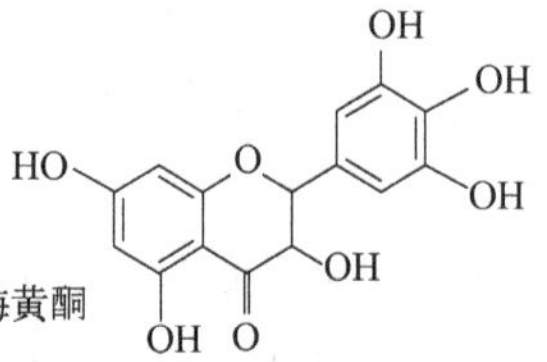 杨梅黄酮（结构式：HO、OH、OH、OH、OH、OH、O）	野生桃

续表

类别	化合物名称	苷元	来源
异黄酮	黄豆苷	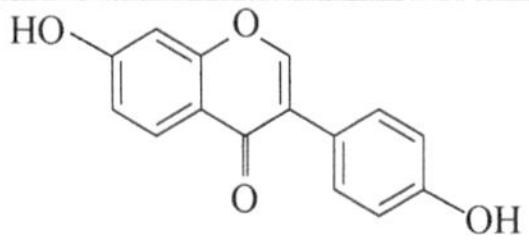	大豆
双黄酮	白果素	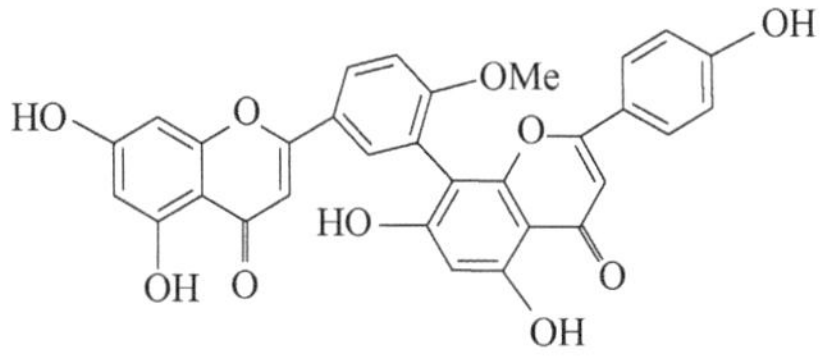	白果

（2）类黄酮在加工与贮藏中的变化 类黄酮分子中含有羟基，具有酸类化合物的通性，呈弱酸性，因此可以与强碱作用。在碱性溶液中类黄酮易开环生成查耳酮型结构而呈黄色，在酸性条件下，查耳酮型结构又恢复为闭环结构，于是颜色消失。例如，马铃薯、稻米、小麦面粉、芦笋、荸荠等在碱性水中烹煮变黄，就是黄酮物质在碱作用下形成查耳酮型结构的原因；黄皮种洋葱变黄的现象更为显著，在花椰菜和甘蓝中也有变黄现象发生。

类黄酮化合物可以与 Al^{3+}、Fe^{3+}、Mg^{2+}、Pb^{2+}、Zr^{2+}、Sr^{2+}等金属离子形成有色化合物，但是，类黄酮的母核结构、羟基数目和位置决定了是否发生反应以及反应的现象，大多数类黄酮与 Fe^{3+}能形成颜色很深的配合物，造成食品加工过程中颜色加深的异常现象，但是有些类黄酮化合物可以与 Al^{3+}形成诱人的颜色，如毛地黄黄酮与 Al^{3+}可形成黄色。

类黄酮色素在空气中放置容易氧化产生褐色沉淀，因此，一些含类黄酮化合物的果汁存放过久便有褐色沉淀生成；果脯果干加工后颜色变深，如橄榄加工前为青橄榄，但是加工后变为黑色橄榄，究其原因是类黄酮的氧化产物产生的颜色。

（3）类黄酮的营养性和安全性 研究表明，类黄酮作为植物重要的次生代谢产物，具有广泛的生物活性，如抗氧化、清除自由基、降血脂、降胆固醇、提高免疫等作用，另外还可以防治冠心病、杀菌、抗病毒等。含有类黄酮的一些食品，如红茶、绿茶、黑巧克力、洋葱、红葡萄酒或红葡萄饮料等，显示出较强的心脏保护作用，芦丁具有降血压作用。

此外，多酚类化合物类黄酮能与金属离子结合，具有还原性，所以它们可以作为油脂的抗氧化剂，如茶叶的提取物就是天然抗氧化剂；柚皮苷可以用于合成甜味剂，其甜度为蔗糖的 2000 倍。

3. 儿茶素

中国是茶的故乡、茶文化发祥地，自西汉王褒《僮约》中有“武阳买茶”记载以来，至今已有 2000 多年历史，陆羽的《茶经》全面地介绍了中国茶文化，当今茶已是一种世界性饮料。从其化学组成上看，茶叶中含氨基酸、维生素、矿物质以及茶酚、茶多糖等多种植物化学成分，其中，茶叶中的干物质 30%以上是茶多酚，茶多酚也称儿茶素，是一种多酚类化合物。茶叶中的儿茶素主要有 4 种：儿茶素（C）、棓儿茶素（GC）、表儿茶素（EC）、表棓儿茶素（EGC），它们具有相同的母核结构，但取代基数量、位置存在差异，均可与没食子酸（棓酸）作用形成相应的酯。表棓儿茶素没食子酸酯是茶叶中含量最高的儿茶素，占茶叶干质的 9%～13%。常见的儿茶素化合物的化学结构如图 9-10 所示。

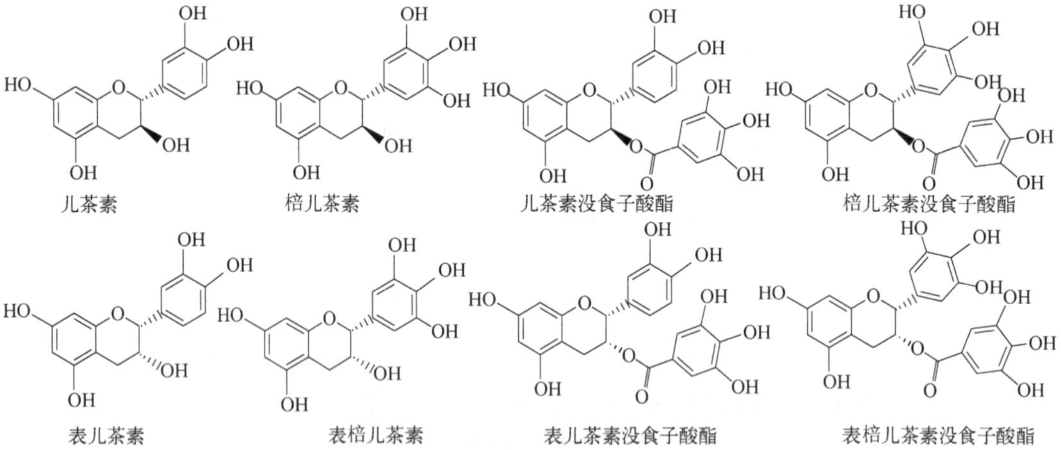

儿茶素　棓儿茶素　儿茶素没食子酸酯　棓儿茶素没食子酸酯

表儿茶素　表棓儿茶素　表儿茶素没食子酸酯　表棓儿茶素没食子酸酯

图 9-10　常见的儿茶素化合物的化学结构

儿茶素可与蛋白质生成沉淀，与金属离子生成有色的沉淀。由于具有还原性，儿茶素很容易被空气中的氧气氧化为褐色物质（高温更易反应）。植物中存在的多酚氧化酶和氧化物酶也能催化儿茶素氧化为各种产物，这在茶叶加工中非常重要，如红茶中存在茶黄素与茶红素，茶黄素色亮，茶红素色深，红茶的色泽就是二者适当配比的结果。高温、潮湿条件下遇氧，儿茶素也可自动氧化。

4. 单宁

单宁也称鞣质，可以与生物碱、明胶和其他蛋白质等发生反应生成不溶物，是相对分子质量在 500～3000 之间的水溶性多酚化合物。单宁在植物中广泛存在，五倍子和柿子中含量较高，特别是在这些植物尚未成熟时单宁含量很高。

单宁在植物中可分为两类聚合单宁和水解单宁，非水解单宁如无色花色苷，水解单宁如葡萄糖的没食子酸多酯。单宁水解后通常可生成葡萄糖、没食子酸或其他多酚酸（鞣酸）。单宁的颜色为黄白色或轻微褐色。在食品风味方面，单宁通常与食品的涩味有关。单宁与蛋白质作用可产生不溶于水的沉淀，与多种生物碱或多价金属离子结合生成有色的不溶性沉淀，因此可以作为澄清剂用于果汁的澄清处理。在加热、氧化剂或醛类化合物作用后常常会发生缩合，从而消除涩味，此外，该类化合物容易被氧化发生酶促和非酶促褐变，从而使食品颜色加深。

四、其他类色素

1. 甜菜色素

甜菜色素是红甜菜、苋菜、莙达菜、仙人掌果实、商陆浆果和多种植物的花中存在的一类水溶性色素，已知约有 70 多种，按照颜色分类主要包括红色的甜菜红色素和黄色的甜菜黄素两大类化合物，基本结构见图 9-11。按照结构类别不同又可分为甜菜红素、甜菜红苷和前甜菜红苷。甜菜黄素根据取代方式的不同又可分为甜菜黄素 I 和甜菜黄素 II。

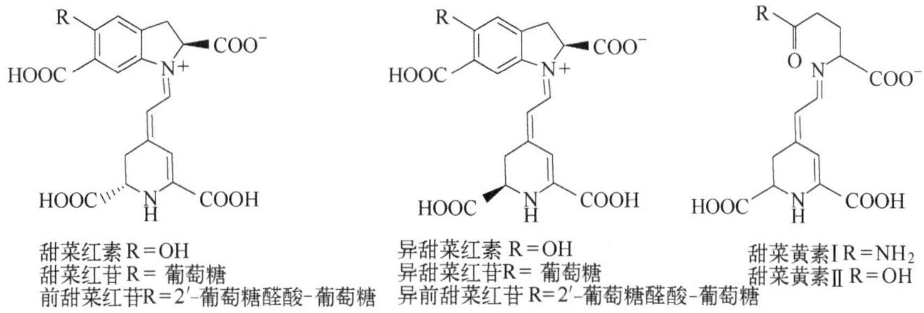

甜菜红素 R＝OH
甜菜红苷 R＝ 葡萄糖
前甜菜红苷R＝2′-葡萄糖醛酸-葡萄糖

异甜菜红素 R＝OH
异甜菜红苷R＝ 葡萄糖
异前甜菜红苷 R＝2′-葡萄糖醛酸-葡萄糖

甜菜黄素Ⅰ R＝NH_2
甜菜黄素Ⅱ R＝OH

图 9-11 甜菜色素的化学结构

甜菜红的稳定性受热降解、氧化、光降解、水解等因素的影响，甜菜红的水溶液一般呈红紫色，染色力较强，pH 为 4～5 范围内色泽稳定，在碱性溶液中变黄。甜菜红的耐热性较差，光、氧气都能使其降解，金属离子和水分活度均对稳定性有影响。

在较温和的碱性条件下，可以被水解为环多巴-5-葡萄糖苷（CDG）和甜菜醛氨酸。对甜菜红苷的酸性溶液加热或者对含甜菜红的食品进行热处理均能发生降解反应，但反应速率却慢得多另外还可以发生异构化作用，在 C15 的手性中心可形成两种差向异构体，随温度的升高异甜菜红苷的比例增高，导致褪色。此外甜菜红苷在加热时可发生脱羧反应，而且反应是随介质 pH 的增加而增快。

氧气的氧化作用也会影响甜菜红色素的稳定性，如罐藏甜菜中氧气的存在会加快色素降解，使颜色褪去，氧气对甜菜红苷降解反应与介质的 pH 密切相关。

甜菜色素作为一种天然着色剂，具有安全性高的特点，可按照食品的正常生产需要添加。此外，甜菜色素还具有抗氧化、预防肿瘤、降低血脂、减缓肌肉疲劳等重要的药用价值。

2. 红曲色素

红曲色素又称红曲红，是红曲霉接种到米饭发酵后得到的，是我国传统的食品着色剂。根据呈现颜色的不同又分为红色素类（红斑素、红曲红素）、黄色素类（红曲素、红曲黄素）和紫色素类（红斑胺、红曲红胺），这六种代表性成分均难溶于水，可溶于有机溶剂，为醇溶性红曲色素（图 9-12）。红曲色素除了包括醇溶性红曲色素，还有一些水溶性的红曲色素。

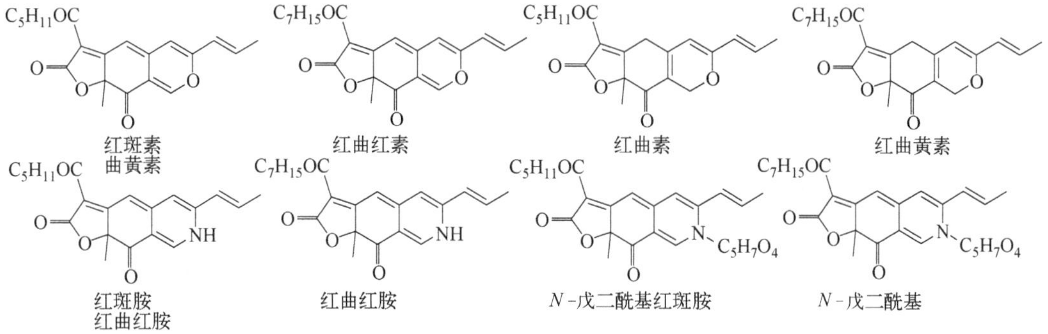

红斑素 曲黄素　红曲红素　红曲素　红曲黄素
红斑胺 红曲红胺　红曲红胺　*N*-戊二酰基红斑胺　*N*-戊二酰基

图 9-12 醇溶性红曲色素主要成分的化学结构

红曲色素稳定性好，耐热性强（100 ℃以上），但对光较不稳定，光照（紫外光和可见光等）下会逐渐分解。正常情况下，红曲色素在 pH 5～11 范围时，颜色保持相对稳定，在 pH 为 3 时会产生沉淀物。水溶液（pH 5.7～6.7）在自然光照射条件下，不到 14 h，色素的保存率降到 50%以下，因此避光保存可以有效保护红曲色素。红曲色素对金属离子（Ca^{2+}、Mg^{2+}、Fe^{2+}、Cu^{2+}等）稳定；几乎不受低浓度的氧化还原剂如过氧化氢、维生素 C、亚硫酸钠等的影响，但遇氯会褪色；对蛋白质的染色性好。

红曲米最早发现与中国，我国使用红曲色素着色已经有一千多年的历史，广泛用于肉制品、水产品、配制酒、冰棍、饼干、果冻、膨化食品、调味类罐头、奶制品、植物蛋白、果品等食品中，按生产需要适量使用。红曲色素除了可以作为一种天然食品着色剂，还具有降血压、降血脂、预防贫血等作用。

第三节　人工合成色素

人工合成色素用于食品着色有很多优点，如色彩鲜艳、着色力强、性质稳定性高、结合牢固等，但安全性相比天然食品色素要低，因此食品工业中实际使用的品种较少，我国允许使用的合成色素主要有苋菜红、胭脂红、赤藓红、新红、柠檬黄、日落黄、靛蓝、亮蓝等 8 种。根据《食品安全国家标准　食品添加剂使用标准》（GB 2760—2024）规定，人工合成色素的结构、应用范围及最大允许使用量部分举例见表 9-3。

表 9-3　人工合成色素的结构、应用范围及最大允许使用量

名称	结构	代表性应用范围及最大允许使用量
苋菜红	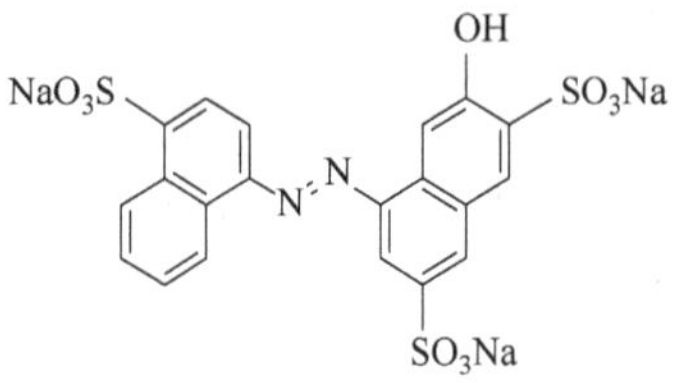 OH；NaO_3S；SO_3Na；N=N；SO_3Na	装饰性果蔬，最大使用量 0.1 g/kg；腌渍的蔬菜、可可制品、巧克力和巧克力制品（包括代可可脂巧克力及制品）以及糖果、焙烤食品馅料及表面用挂浆（仅限饼干夹心）果蔬汁（浆）类饮料碳酸饮料风味饮料（仅限果味饮料），最大使用量 0.05 g/kg
胭脂红	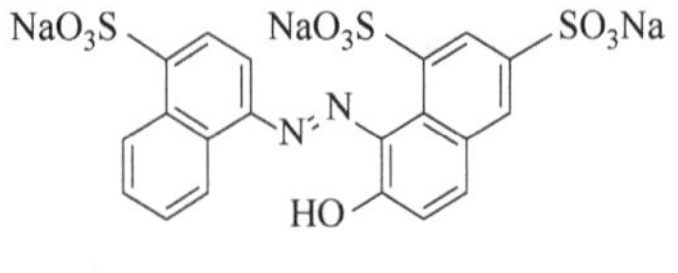 NaO_3S；NaO_3S；SO_3Na；N=N；HO	调制乳、风味发酵乳、蜜饯、腌渍的蔬菜、果蔬汁（浆）类饮料等，最大使用量 0.05 g/kg；水果罐头、装饰性果蔬、糖果和巧克力制品包衣等，最大使用量 0.1 g/kg；植物蛋白饮料、肉制品的可食用动物肠衣类等，最大使用量 0.025 g/kg
赤藓红	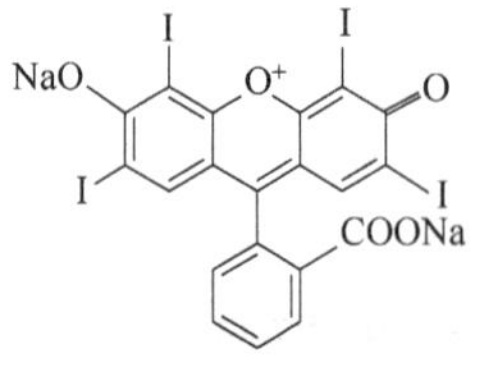 I；I；NaO；O^+；O；I；I；COONa	蜜饯类、凉果类、酿造酱、复合调味料、果蔬汁（浆）类饮料、碳酸饮料等，最大使用量 0.05 g/kg；膨化食品、熟制坚果与籽类等，最大使用量 0.025 g/kg

续表

名称	结构	代表性应用范围及最大允许使用量
新红	NaO_3S, OH, $NHCOCH_3$, NaO_3S, SO_3Na	装饰性果蔬，最大使用量 0.1 g/kg；可可制品、巧克力和巧克力制品（包括代可可脂巧克力及制品）以及糖果、果蔬汁（浆）类饮料碳酸饮料、风味饮料（仅限果味饮料）、配制酒等，最大使用量 0.05 g/kg
柠檬黄	NaO_3S, OH, SO_3Na, NaOOC	蜜饯类、装饰性果蔬、腌渍的蔬菜、熟制豆类、加工坚果与籽类等，最大使用量 0.1 g/kg；风味发酵乳、果冻等，最大使用量 0.05 g/kg
日落黄	NaO_3S, SO_3Na, HO	蜜饯类、熟制豆类、加工坚果与籽类、水果罐头（仅限西瓜酱罐头）等，最大使用量 0.1 g/kg；调制乳、风味发酵乳、含乳饮料等，最大使用量 0.05 g/kg；果冻，最大使用量 0.025 g/kg
靛蓝	NaO_3S, O, O, SO_3Na, H, H	腌渍的蔬菜，最大使用量 0.01 g/kg；蜜饯类、凉果类、可可制品、巧克力和巧克力制品（包括代可可脂巧克力及制品）以及糖果、焙烤食品馅料及表面用挂浆（仅限饼干夹心）、果蔬汁（浆）类饮料等，最大使用量 0.1 g/kg
亮蓝	C_2H_5, N, $S\bar{O}_3$, $S\bar{O}_3$, $2Na^+$, $S\bar{O}_3$, N^+, C_2H_5	风味发酵乳、冷冻饮品、蜜饯类、凉果类、腌渍的蔬菜、加工坚果与籽类、碳酸饮料、果冻等，最大使用量 0.025 g/kg；香辛料及粉、香辛料酱（如芥末酱、青芥酱）等，最大使用量 0.01 g/kg

思考题

1. 对照自己购买的包装食品，找出哪些添加剂属于食品色素。
2. 我国允许使用的食品着色剂主要有哪些？
3. 含有叶绿素的食品在贮藏和加工过程中如何控制可以更好地保持绿色？
4. 人们在做菜的时候发现：清洗胡萝卜的时候用的水不会变黄，但是清洗紫洋葱和紫甘蓝的时候水的颜色会变成紫色；而且经过加热加工后做成菜肴，胡萝卜的颜色变化不大，但是紫洋葱和紫甘蓝的颜色变淡很多，怎样解释这些现象？

参考文献

［1］ 中华人民共和国国家卫生健康委员会. 食品安全国家标准　食品添加剂使用标准. 北京：中国标准出社，2024.
［2］ 中国食品添加剂生产应用工艺协会. 食品添加剂手册. 北京：中国轻工业出版社，1999.
［3］ 阚建全. 食品化学. 2 版. 北京：中国农业大学出版社，2008.
［4］ 谢笔钧. 食品化学. 2 版. 北京：科学出版社，2004.
［5］ 赵新淮. 食品化学. 北京：化学工业出版社，2006.
［6］ 汪东风，等. 食品化学. 4 版. 北京：化学工业出版社，2023.
［7］ 迟玉杰. 食品化学. 北京：化学工业出版社，2012.
［8］ 李婷婷，等. 食品添加剂发展研究进展. 食品安全导刊，2022，(01)：159-161.

第十章
风味物质

我们吃到的水果，有甜、有酸、有香也有涩，吃到的蔬菜有香、有辣、有苦也有甜，为什么会出现这样的不同？产生这些不同风味的物质是什么？

未加工的大蒜、洋葱、白萝卜有辛辣的味道，为什么煮熟后会消失？

为什么坚果久存后产生“哈喇”味？

为什么要学习本章？

食品的风味物质对食品品质影响很大，学习风味物质的结构和性质，可以对食品的风味进行调整和控制，指导人们制作出更美味的食品，也可以帮助解决食品生产、运输、贮存过程中产生不良风味的问题。

第一节 概 述

一、风味物质的概念

食品的风味大多由食品中的某些化合物体现出来，这些能体现食品风味的化合物称为风味物质。食品风味是人类感官对食品的感觉现象，一般包括嗅觉、味觉、触觉、痛觉、视觉和听觉等在大脑中留下的综合印象。嗅觉是人通过鼻腔闻到食物气味的感觉；味觉是人舌头尝到的食物的滋味，主要包括酸、甜、苦、咸、鲜等五大基本味觉，触觉是人通过接触感受到的食物的刺激，主要包括辣、麻和涩。

我国通常将味感物质分为酸、甜、苦、咸、辣、鲜、涩 7 类。但从生理学的角度看，只有甜、苦、酸、咸 4 种基本味感。辣味是风味物质刺激口腔黏膜、鼻腔黏膜、皮肤引起的一种痛觉，涩味则是舌头黏膜受到刺激产生的一种收敛的感觉，这两种味感与上述 4 种刺激味蕾的基本味感有所不同。鲜味是我国在食品调味的长期实践中形成的一种独特风味，是呈味物质与其他呈味物质相配合时能使食品的整个风味更为鲜美。由于食品风味是一种主观感觉，所以对风味的理解和评价往往会带有强烈的个人、地区或民族的特殊倾向性和习惯性。

二、风味物质的特点

食品呈现风味的物质往往有多种，其中几种风味物质起主导作用，其他则为辅助作用。如果以食品中的一个或几个化合物代表其特定的食品风味，这一个或几个化合物称为食品的特征效应化合物。

风味物质一般具有以下特点：①食品风味物质种类繁多，由多种不同类别的化合物组成，如目前已分离鉴定茶叶中的香气成分达 500 多种，咖啡中的风味物质有 600 多种，白酒中的风味物质也有 300 多种。②含量低，除少数几种味感物质作用浓度较高以外，大多数风味物质作用浓度都很低，虽然浓度很小，但作用效果显著。③风味物质的稳定性较差，很多能产生嗅觉的物质易挥发、易热解、易与其他物质发生作用，因而在食品加工中哪怕是工艺过程很微小的差别也将导致食品风味产生很大的变化，食品贮藏期的长短对食品风味也有极显著的影响。

第二节 呈味物质

一、酸味及酸味物质

“酸、甜、苦、咸”4 种基本味感中，酸排在第 1 位。吃酸味的食物能使人感觉爽快、刺激，同时能增进食欲。酸味的产生是由于酸性化合物在水溶液中解离出氢离子（H^+），刺激口腔中的味觉感受体，随后经神经感觉系统传至大脑的味觉中枢。一般认为 H^+是酸性化合物的定味剂，酸根负离子是助味剂，酸味感与氢离子和酸根负离子的浓度等都有关系。当溶液中的 H^+浓度低、pH>5.0 时，一般感觉不到酸味；当溶液中的 H^+浓度过大、pH<3.0 时，其酸味会让人难以接受。一般来说，在相同条件下，H^+浓度越大的酸味剂其酸味越强，常见食品及液体中的 pH 见表 10-1。

表 10-1 部分食品及液体的 pH

品名	pH	品名	pH	品名	pH
胃液	1.0	马铃薯汁	4.1～4.4	山羊奶	6.5
柠檬汁	2.2～2.4	黑咖啡	4.8	牛奶	6.4～6.8
食醋	2.4～3.4	南瓜汁	4.8～5.2	母乳	6.93～7.18
苹果汁	2.9～3.3	胡萝卜	4.9～5.2	马奶	6.89～7.46
橘汁	3.0～4.0	酱油	4.5～5.0	米饭汤	6.7
草莓	3.2～3.6	豆	5.0～6.0	唾液	6.7～6.9
樱桃	3.2～4.1	白面包	5.5～6.0	雨水	6.5
果酱	3.5～4.0	菠菜	5.1～5.7	血液	7.2
葡萄	3.5～4.5	包心菜	5.2～5.4	尿	5.0～6.0
番茄汁	4.0	甘薯汁	5.3～5.6	蛋黄	6.3
啤酒	4～5	鱼汁	6.0	蛋清	7.0～8.0
汽水	4.5～5（CO_2）	面粉	6.0～6.5	海水	8.0～8.4

现在一般会将柠檬酸的酸味强度（简称酸度）定为 100，则其他酸所得的酸味强度与之比较，得到对应的酸度，如图 10-1 所示。

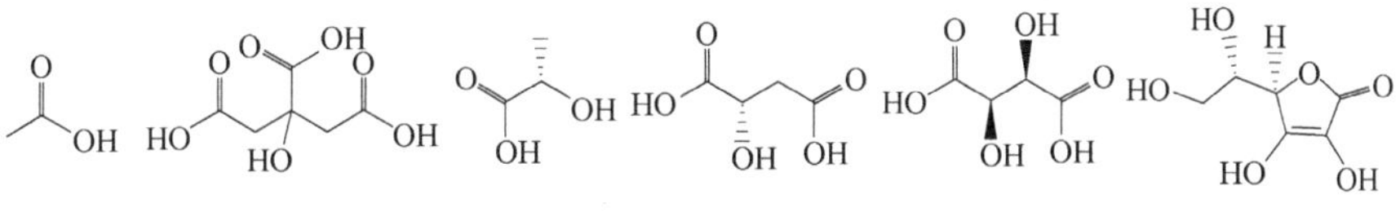

醋酸 酸度＝100～120
柠檬酸 100
乳酸 110～120
苹果酸 100～110
酒石酸 120～130
维生素 C 50

图 10-1 常见有机酸的酸度

生活中酸味物质主要有食醋、柠檬酸、苹果酸、乳酸、草酸、酒石酸、抗坏血酸、烟酸、葡萄糖酸、磷酸、琥珀酸及延胡索酸等。另外，水果中还含有诸如奎宁酸、丁二酸、山梨酸、草酸和山楂酸等多种有机酸。

（1）**食醋** 食醋是我国最常用的酸味物质，主要通过大米或高粱等谷物经过发酵，将其中的淀粉转化为葡萄糖，再经酵母菌发酵得到酒精，酒精在醋酸菌的作用下进一步生成醋酸。食醋中除了含有3%～5%的乙酸外，还含有少量其他有机酸、氨基酸、糖、酯等，其酸味主要来源于醋酸。醋酸能阻止微生物的生长繁殖，抑制细菌和霉菌，因此在食物中添加适量醋，可以起到抑菌、杀菌的作用。醋酸可以与食物中钙和铁生成的不溶物反应生成溶解性更好的醋酸钙和醋酸铁，使这些元素更容易被身体所吸收。弱酸性的维生素C在高温时不稳定，但在酸性环境中能提升维生素C的稳定性，因此在炒菜的过程中加入适量醋，可以保护维生素C不被高温破坏。

（2）**柠檬酸** 食品分布最广的有机酸是柠檬酸，具有纯正的酸味，通常作为酸味鉴评的基准物质。柠檬酸是使用最广的酸味剂，被广泛应用于饮料、糖果的生产。天然柠檬酸主要存在于柠檬、柑橘、菠萝、梅子、草莓等的果实中，以及一些植物叶子如烟叶、棉叶、菜豆叶等中。柠檬酸是由瑞典化学家Scheele在1784年从柑橘中提取得到的。直到19世纪末，人们才发现可以通过发酵法来生产柠檬酸，采用砂糖、糖蜜和淀粉等含糖物质为原料，在有氧条件下，经微生物发酵得到柠檬酸，目前柠檬酸的工业生产都采用微生物发酵法。

（3）**苹果酸** 又名2-羟基丁二酸，是一种酸性较强的有机酸。在自然界，L型苹果酸在苹果中含量很高，尤其是未成熟的水果。L-苹果酸口感接近天然苹果的酸味，其酸味程度比柠檬酸强。作为食品酸味剂，苹果酸是一些高档饮料和食品的首选，已经成为继柠檬酸和乳酸之后的第3大食品酸味剂。

（4）**乳酸** 又名2-羟基丙酸，它广泛存在于乳制品和发酵食品中，如酸奶、泡菜等。乳酸是一种可以呈现出较柔和酸味的有机酸。

（5）**草酸** 富含草酸的食物包括豆类、菠菜、可可、速溶咖啡、甜菜、覆盆子、橘子、胡萝卜、芹菜、黄瓜、蒲公英叶、莴苣菜、羽衣甘蓝、胡椒等，草酸的酸性比醋酸（乙酸）强10000倍。

（6）**酒石酸** 又名二羟基琥珀酸，广泛存在于水果中，尤其是葡萄中具有较高含量的酒石酸，主要以钾盐的形式存在于多种植物和果实中，也有少量是以游离态存在的，其酸味较为爽口。

（7）**维生素**C 又称抗坏血酸，是一种多羟基化合物，它的分子结构中2位和3位碳上的烯醇式羟基易解离出H^+，所以维生素C有爽快的酸味，但易被氧化，因此它还是一种强还原剂，加入食品中可以防止食品变质并起保鲜的作用。

（8）**烟酸** 也称维生素B_3，化学名称为3-吡啶甲酸，在桂圆和番茄中含量较高。烟酸是人体不可缺少的营养成分，对人体的正常生长发育具有重要作用。

（9）**葡萄糖酸** 主要由葡萄糖氧化制得，酸味爽快，干燥时易脱水生成葡萄糖内酯，此反应可逆。利用这一特性可将葡萄糖酸用于某些最初不能有酸性而在水中受热后又需要酸性的食品。例如，将葡萄糖内酯加入豆浆内，遇热即会生成葡萄糖酸而使大豆蛋白凝固，得到嫩豆腐。此外，将其内酯加入饼干中，烘烤时即成为缓释膨胀剂。葡萄糖酸也可直接用于调配清凉饮料、食醋等，可作方便面的防腐调味剂，或在营养品中代替乳酸。

（10）**磷酸** 酸味强度是柠檬酸的 2.3～2.5 倍，酸味爽快温和，略带涩味。在饮料业中用来代替柠檬酸和苹果酸，可用于清凉饮料，但用量过多会影响人体对钙的吸收。

（11）**琥珀酸及延胡索酸** 主要存在于未成熟的水果中，也可用作酸味剂，但不普遍。因不溶于水，很少单独使用，多与柠檬酸、酒石酸并用生成水果似的酸味。又可利用其难溶性用作缓释膨胀剂，还可用作粉状果汁的持续性发泡剂。

（12）**脂肪酸** 是具有酸味的一些短链的脂肪酸，因其具有较强的挥发性，所以闻起来也是酸味，除乙酸外还有丁酸、己酸、辛酸、癸酸，但是丁酸在浓度较高时有很强的臭味。

（13）**酸味肽** 酸味肽主要是由于肽类中的酸性或碱性氨基酸残基电离出氢离子，在受体通道（磷脂）的作用下，进入味蕾细胞，呈现出酸味。因酸味肽同时具有酸味和鲜味，所以常把酸味肽作为鲜味肽中的一部分。

二、甜味及甜味物质

甜味是最受人们欢迎的风味之一，具有甜味的物质可以分为天然甜味剂和合成甜味剂两大类，迄今普遍使用的甜味物质已达 20 余种，如糖类（蔗糖）、糖类衍生物（三氯蔗糖）、糖醇类（山梨醇）、糖苷类 （甜菊糖苷）、二肽类（阿斯巴甜）、蛋白质类（索马甜）、磺酰胺类（糖精）等。

《说文·甘部》：“甛，美也。从甘，从舌。舌，知甘者。”即舌头能品尝出甜味，甜味产生的生物学机制大致如下：甜味分子激活舌上皮味蕾上的甜味受体（T1R2/T1R3 受体），进而激活 G 蛋白及膦脂酶 Cβ2，Cβ2 水解得到的三磷酸肌醇诱发细胞内 Ca^{2+}释放，随后细胞膜去极化并释放神经递质，从而产生甜味。

食品中常见的甜味物质按照种类可以分为糖类甜味剂、非糖天然甜味剂、天然衍生物甜味剂、人工合成甜味剂。

1. 糖类甜味剂

糖类甜味剂主要有蔗糖、葡萄糖、果糖、阿拉伯糖、乳糖、糖醇等。部分甜味剂的相对甜度如表 10-2 所示。

（1）**蔗糖** 是一种双糖，普遍存在于各种植物的果实中，具有极好的甜味特性，是最基本的甜度评定基准物质。通常把室温下 5% 蔗糖溶液的甜度定为 1，其他甜味分子与之比较而获得甜度值。其测定一般靠评测员多次品尝取平均值，因此甜度值受主观因素影响。

（2）**葡萄糖** 食品中糖原、淀粉、纤维素等多糖结构中均有葡萄糖结构单元，一些寡糖如麦芽糖、蔗糖、乳糖等也有葡萄糖结构单元。

（3）**果糖** 是一种单糖，主要以游离态大量存在于水果的浆汁和蜂蜜中，其甜度是所有糖中最甜的一种，比蔗糖甜一倍多，而且具有“水果”的香气。

（4）**阿拉伯糖** 是一种五碳醛糖，广泛存在于粮食、水果等的皮壳里，通常与其他单糖结合，以杂多糖的形式存在于胶体、半纤维素、多糖及某些糖苷中。

（5）**乳糖** 是一种双糖，由一分子葡萄糖和一分子半乳糖组成，广泛存在于哺乳动物的乳汁中。

（6）**糖醇** 是含有 2 个以上羟基的多元醇，糖醇是除了糖类以外的另一种重要的甜味活性化合物。目前投入使用的糖醇类甜味剂主要有 D-木糖醇、D-山梨醇、D-甘露糖醇和麦芽醇四种。糖醇化合物入口有清凉感，且能为人体吸收代谢，不经过胰岛素代谢，可以作为糖尿病患者的代糖甜味剂。

表 10-2 部分甜味剂的相对甜度

甜味剂	甜度	甜味剂	甜度
5%蔗糖溶液	1.00	麦芽糖	0.50
β-D-果糖	1.50	乳糖	0.40
α-D-葡萄糖	0.70	木糖醇	1.00
α-D-半乳糖	0.27	β-D-甘露糖	0.59

2. 非糖天然甜味剂

非糖天然甜味剂是一类天然的、化学结构存在较大差异的甜味物质，主要有甘草苷、甜叶菊苷、甘茶素等，其中甜叶菊苷的甜味最接近蔗糖。

（1）**甘草苷** 是甘草中的甜味成分，由甘草酸与两个葡萄糖醛酸构成，相对甜度为100～300，常用的是其二钠盐或三钠盐。具有较好的增香效果，可以缓和食盐的咸味，不被微生物发酵，并有解毒、保肝等疗效。但其甜味产生缓慢，保留时间较长，很少单独使用。将它与蔗糖共用可节省蔗糖 20%左右，若按甘草苷∶糖精钠=（3～4）∶1 的比例再加入适当的蔗糖及柠檬酸，则甜味更佳。可用于乳制品、可可制品、蛋制品、饮料、酱油等的调味。

（2）**甜叶菊苷** 属四环二萜的糖苷类分子，甜度可达 200～300，主要存在于甜叶菊的茎、叶内，糖基为槐糖和葡萄糖，配基是二萜类的甜菊醇，是最甜的天然甜味剂之一，其品质最接近蔗糖。它对热、酸、碱都稳定，溶解性好，没有苦味和发泡性。不产生热能，而且有降血压、促代谢、治疗胃酸过多等方面的疗效，因此是适用于糖尿病人的甜味剂及低能食品。

（3）**甘茶素** 甘茶素又名甜茶素，是虎耳草科植物叶中的甜味成分，相对甜度为 400。它对热、酸都较稳定。分子中有酚羟基存在，故有微弱的防腐性。若在蔗糖液中加入 1%的甘茶素，能使蔗糖甜度提高 3 倍。

（4）**蛋白质** 植物甜蛋白是指从天然植物中提取的具有甜味的蛋白质高分子。1972 年，Van der Wel 等人从果实中提取出一种甜味成分——索马甜，只有人和猴的甜味受体能与之作用感觉到它的甜味，甜味蛋白自此进入人类视野。从自然界分离出具有甜味的蛋白质还有沙马汀Ⅰ和沙马汀Ⅱ，它们的甜度约为蔗糖的 2000 倍。

3. 天然衍生物甜味剂

天然物的衍生物甜味剂是指某些本来不甜的非糖天然物质经过改性加工而成的安全甜味剂，主要有氨基酸和二肽衍生物、二氢查耳酮衍生物、紫苏醛及其衍生物等。

（1）**氨基酸** 有研究表明，甜味氨基酸是另一类潜在的能作为食品甜味剂的化合物。自然界存在的 L 型天然氨基酸部分具有甜味，其 D 型异构体如 D-丙氨酸、丝氨酸、苏氨酸、色氨酸、脯氨酸、羟脯氨酸、谷氨酸等也具有甜味。此外，近年来还发现某些氨基酸的衍生物如 6-甲基-D-色氨酸也具有甜味，其相对甜度约为 1000，有可能成为新型的甜味剂。

（2）**甜味肽** 甜味肽和其他甜味物质的味觉受体及产生甜味的机制一样，食品中常见的甜味肽主要有阿斯巴甜（L-天冬氨酰-L-苯丙氨酸甲酯，aspartame）、阿力甜（L-天冬氨酰-D-丙氨酰胺，alitame）以及赖氨酸二肽（*N*-Ac-Phe-Lys，*N*-Ac-Gly-Lys）

（3）**新橙皮苷** 从酸橙果皮中提取的、呈苦味的柚皮苷和新橙皮苷经碱作用开环，再经钯催化下氢化，可得柚皮苷二氢查耳酮（相对甜度为 500～700）、新橙皮苷二氢查耳酮（相对甜度为 1000）。

4. 人工合成甜味剂

人工合成甜味剂代表性的主要为磺酰胺类甜味分子，这类甜味剂是含磺酰胺基官能团的一类分子，如糖精、甜蜜素、安赛蜜（化学结构如图 10-2 所示），均为化学工作者偶然获得。

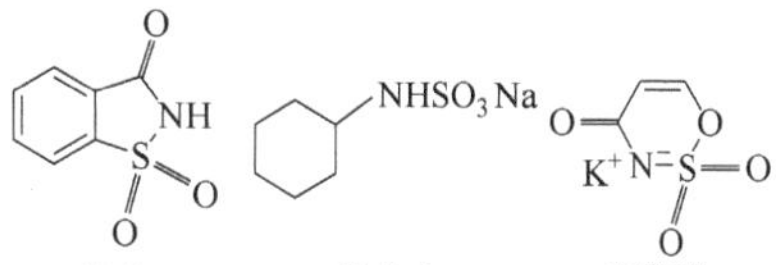

糖精　　甜蜜素　　安赛蜜

图 10-2　磺酰胺类甜味剂

1879 年，俄国化学家 Fahlberg 意外得到了高甜度糖精，学名邻苯甲酰磺酰亚胺，甜度为 300～500。Fahlberg 使用甲苯法合成，糖精进入人体 24 h 后几乎全部从体内代谢出去，但又报道了喂食高浓度糖精会使小鼠致癌。世界卫生组织（WHO）于 1977 年规定：糖精每日允许摄入量（acceptable daily intake，ADI）为 0～2.5 mg/kg。

1937 年，美国伊利诺伊大学学生 Michael Sve-da 偶然获得甜蜜素，学名环己基氨基磺酸，甜度为 30～60。通常情况下人食用后，40%通过尿液排出，60%通过粪便排出，在体内并无蓄积现象，所以在 40 多个国家批准使用 （但美国禁用），其安全性学术界仍无定论。WHO 于 1982 年规定：甜蜜素每日允许摄入量为 0～11 mg/kg。

1967 年，德国科学家 K. Clauss 偶然得到安赛蜜，学名乙酰胺磺酸钾，甜度为 130～200。食用安赛蜜后 100%以原形物质从尿液中排出体外，通常不分解，也不会与食物发生化学反应，每日允许摄入量为 0～15 mg/kg。食品加工过程中常将安赛蜜和阿斯巴甜进行混合使用，可以降低甜味剂使用量和改善甜的口味。

三、苦味及苦味物质

自古就有“良药苦口利于病”之说，中医认为苦入心、苦清泄，因此适当地吃些苦味食物对人体大有裨益。单纯的苦味总是令人不愉快的，但是适当的苦味可以使食品具有独特的风味，反而因苦味使人们喜欢某一类食品。食物呈现苦味是源于所含苦味的化学成分，其中奎宁常被选为苦味的标准物质。食品中的苦味成分多为天然产物及其衍生物，多数来源于植物，少数来源于动物和微生物，根据结构类型可以分为以下几类：生物碱、糖苷、多酚、萜、氨基酸和多肽类以及无机盐类。

（1）**生物碱类** 生物碱类化合物主要来源于植物的含氮有机化合物，大多呈碱性，在滋味活性上通常呈现苦味，常见的有咖啡碱、次黄嘌呤、牛磺酸、肌苷和腺苷等。常见含苦味生物碱的食物有咖啡、茶、可可、莲子、百合等，这些苦味生物碱成分从化学结构上主要包括黄嘌呤骨架生物碱和四氢异喹啉类单醚键型生物碱。咖啡碱、茶碱和可可碱都是黄嘌呤骨架生物碱（图 10-3），莲心碱、异莲心碱、甲基莲心碱、莲心季铵碱、荷叶碱、前荷叶碱都属于四氢异喹啉类单醚键型生物碱（图 10-4）。

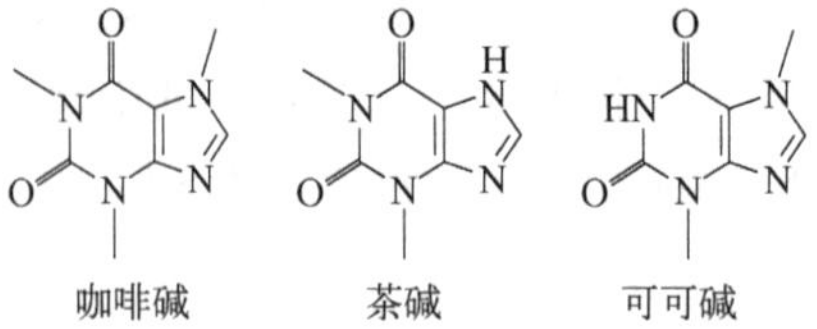

咖啡碱　茶碱　可可碱

图 10-3　咖啡碱、茶碱和可可碱的化学结构

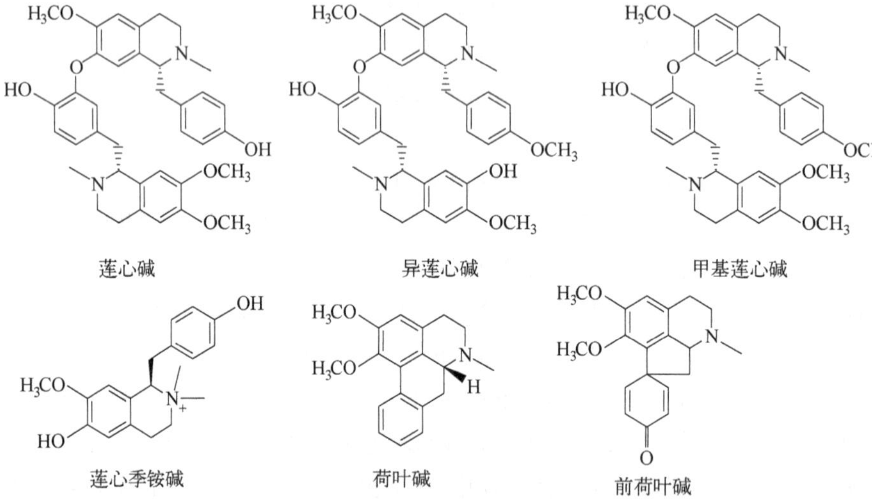

莲心碱　异莲心碱　甲基莲心碱

莲心季铵碱　荷叶碱　前荷叶碱

图 10-4　莲子中部分生物碱的化学结构

（2）**萜类**　萜类化合物在自然界里广泛分布，种类繁多，属于异戊二烯的聚合体及其衍生物。有许多苦味成分属于萜类化合物，且萜类化合物分子中一般含内酯、内缩醛、内氢键和糖苷羟基等能形成螯合物的结构，如柠檬苦素、莴苣苦素、苦瓜甙等。

因含萜类化合物呈现苦味的食物不同，萜类的结构也有很大差异性。例如，苦瓜、黄瓜、甜瓜等葫芦科植物中的苦味成分是葫芦苦素，属于三萜；啤酒中的苦味来自于啤酒花，啤酒花中的苦味成分是葎草酮和蛇麻酮的衍生物，属于倍半萜；常用来做蔬菜沙拉的苦苣和菊苣，主要苦味成分是莴苣苦素，又称莴苣苦内酯，具有抗肿瘤和镇静的作用，是欧洲国家用作非麻醉性镇咳和镇静药——莴苣阿片（Lactucarium）的有效成分；柑橘类水果如橙子、柑橘、柚子、柠檬等呈现苦味的主要原因是柠檬苦素和其他类似化合物（如诺米林），它们属于三萜类化合物，是一种含有呋喃环三萜类内酯化合物，具有抗癌、抗菌、镇痛抗炎、抗氧化等生物活性。成熟柑橘类果实中柠檬苦素含量其实不高，此时果实中含量较高的是柠檬苦素的前体物质，在做果汁的过程中，经过酶（柠檬苦素 D 环内酯水解酶）的作用变成了柠檬苦素（图 10-5），此时产生了苦味，这种现象被称为“后苦”，这也是柑橘类果汁加工业中的一大困扰。

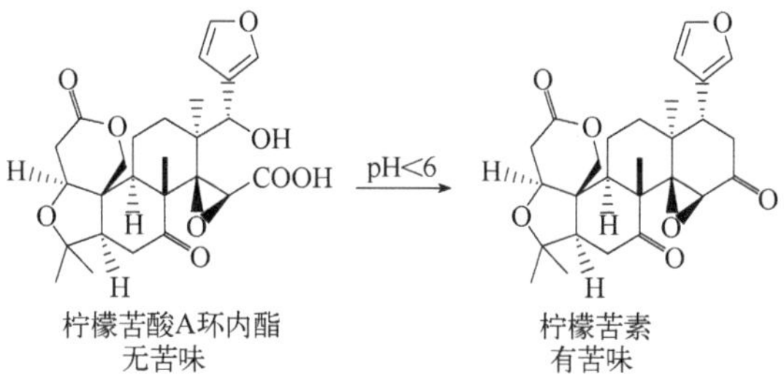

柠檬苦酸A环内酯
无苦味
pH<6
柠檬苦素
有苦味

图 10-5　柠檬苦素的形成

（3）**糖苷类**　柑橘类水果或果汁常带有苦味，其中呈现苦味的物质为黄烷酮糖苷类化合物，主要有柚皮苷、橙皮苷和新橙皮苷（图 10-6），它们都是二氢黄酮糖苷，在没成熟的柚子的白色内皮中含量非常高。例如，苦杏仁的苦味来源于苦杏仁苷，十字花科蔬菜包括卷心菜、白菜、萝卜、甘蓝等的苦味主要是含有芥子油苷，属于一种硫代葡萄糖，仅在十字花科植物里发现，其他植物里没有。

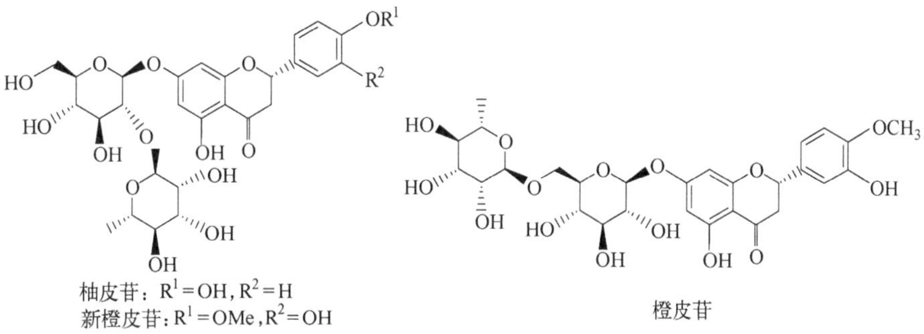

柚皮苷：$R^1 = OH, R^2 = H$
新橙皮苷：$R^1 = OMe, R^2 = OH$
橙皮苷

图 10-6　柚皮苷、橙皮苷和新橙皮苷的结构

（4）**多酚类**　茶多酚，是常见的苦味物质，是茶叶中多酚类物质的总称，茶多酚的主要成分有儿茶素类、黄酮及黄酮醇类、酚酸及缩酚酸类、花白素及花青素类，其中儿茶素类最为重要，占茶多酚总量的 60%～80%，也是茶叶苦涩味的主要来源。儿茶素类化合物包含 2-苯基苯并二氢吡喃结构，主要包括儿茶素、表儿茶素、没食子儿茶素、表没食子儿茶素、儿茶素没食子酸酯、表儿茶素没食子酸酯、没食子儿茶素没食子酸酯及表没食子儿茶素没食子酸酯 8 种单体。这些化合物普遍存在于可可、茶、红酒、水果和蔬菜中。

（5）**无机盐类**　食品中与苦味相关的盐主要有镁盐和钙盐。Ca^{2+}、Mg^{2+}这两种离子还对人体的咸味和苦味味觉受体具有协同刺激作用。

（6）**氨基酸和多肽类**　苦味食品中含有丰富的氨基酸，D 型氨基酸基本都呈现甜味，但 L 型氨基酸的味道与结构有关，一般情况下，氨基酸分子中取代基的疏水性增强，氨基酸的甜味减少苦味增强。L-组氨酸、L-缬氨酸、L-亮氨酸、L-异亮氨酸、L-赖氨酸、L-苯丙氨酸、L-酪氨酸、L-精氨酸等。一些蛋白质含量丰富的食品在发酵过程中常常会表现出苦味，是因为形成了苦味肽，肽的苦味与其中所含的疏水性氨基酸关系密切。苦味肽广泛存在于天然食品和发酵食品中，如胃蛋白酶水解大豆蛋白能得到 10 种苦味肽，胰蛋白酶水解酪蛋白得到 3 种苦味肽。例如从大豆中分离得到的 1 种苦味肽，由天冬酰氨酸、丙氨酸、亮氨酸、脯氨酸和谷氨酸缩合而成，其中由丙氨酸，亮氨酸和脯氨酸组成的疏水区使该肽带有苦味。

（7）**其他**　一些动物来源的苦味成分如胆汁，是存在胆囊里的一种金黄色液体，味道极苦，是由动物肝脏分泌而成。

四、咸味及咸味物质

咸味是人类的最基本味感，没有咸味就没有美味佳肴。咸味化合物中具有代表性的是 NaCl，它作用于味觉感受器产生纯正的咸味。其他一些无机盐和有机盐也具有咸味，但没有任何一个的咸味像 NaCl 那样纯正。具有咸味的化合物主要是一些碱金属的化合物，如 LiCl、KCl、NH_4Cl 等，此外苹果酸钠、一些肽类分子也具有咸味；而 KBr、NH_4I 等无机物虽然也有咸味，但是呈现的是咸苦味。

无论是无机盐还是有机盐，其正、负离子都会影响咸味的形成。盐 M^+A^- 中的正离子 M^+ 是定味基，主要是碱金属和铵离子，其次是碱金属离子；负离子 A^- 是助味基，因为阳离子易被味觉感受器的蛋白质羧基或磷酸吸附而呈咸味，所以咸味与盐解离出的阳离子关系更为密切，而阴离子影响咸味的强弱和副味。

五、鲜味及鲜味物质

鲜味是在“酸、甜、苦、咸”之后被认证的第 5 个基本味觉，中国传统的烹饪谚语“五味调和百味香”则指出了食的最高境界——“鲜”。宋朝林洪的《山家清供》中称竹笋“其味甚鲜”；明朝亦有“陈肉而别有鲜味”；明末清初李渔则在《闲情偶寄》中提到“盖蕈之清香有限，而汁之鲜味无穷”……作为五味之一的“鲜味”，化学过程始于多种多样的鲜味分子，是鲜味分子被感知的反应过程。食品中常见的鲜味成分有：氨基酸类、核苷酸类、琥珀酸及其盐和鲜味肽等。

（1）**鲜味氨基酸及其盐**　谷氨酸盐是最主要的鲜味活性化合物，在鱼汁、海鲜、奶酪、肉汤、蘑菇等鲜味食物中均有大量发现，是常用鲜味剂味精和鸡精的主要呈味成分。除了谷氨酸及其盐，天冬氨酸也是一种直接呈现鲜味的氨基酸。茶叶中也存在一种特有的呈鲜氨基酸——L-茶氨酸，是茶叶鲜爽味道的主要成分。此外，20 世纪 60 年代 Takemoto 等人从日本蘑菇中提取出的蘑氨酸和鹅膏蕈氨酸也有较强的鲜味。常见的呈现鲜味的游离氨基酸化学结构见图 10-7。

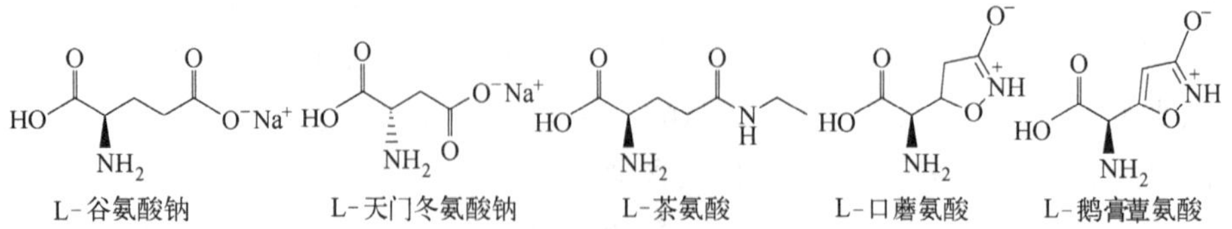

L-谷氨酸钠　L-天门冬氨酸钠　L-茶氨酸　L-口蘑氨酸　L-鹅膏蕈氨酸

图 10-7　常见的呈现鲜味的游离氨基酸化学结构

（2）核苷酸类　核苷酸类鲜味物质，属于芳香杂环化合物，在结构上具有立体专一性。动物性食物（如牛肉、猪肉、鸡、鲣鱼等）含有大量肌苷酸；干蘑菇类含有大量鸟苷酸；甲壳和软体动物（如龙虾、鲍鱼、乌贼等）和所有蔬菜都含有腺苷酸。这些呈味核苷酸具有增鲜作用，而且对不良滋味有冲淡作用，对良好滋味有增强作用。此外，呈味核苷酸与谷氨酸钠盐（味精）同时存在时可以发挥协同作用，显著提高食品的鲜味呈味强度。

（3）琥珀酸及其盐　琥珀酸盐以琥珀酸钠为代表，又称干贝素，具有贝类风味的特点。这类具有鲜味性质的有机酸，主要存在于鸟、兽、鱼的肉中，尤其在贝类、水产类中含量较高。作为增鲜剂，可以和谷氨酸钠一起起到增强鲜味的作用，在用于调味的同时，还能缓和其他调味料的刺激（如咸味），从而产生更好的口感。

（4）鲜味肽　鲜味肽作为继游离氨基酸类和核苷酸类鲜味物质之后发现的另一种鲜味物质，成为近年来尤其是国内鲜味调味剂领域的研究热点。人们对多种食物如豆酱、花生水解液、肉汤的滋味成分进行研究，发现一些低分子量的鲜味肽对食物鲜味口感影响显著，这些小分子肽由食物豆酱、花生水解液、肉汤等中提取或经氨基酸合成得到，其分子质量约为150～3000 u，如具有牛肉鲜味的辛肽-牛肉风味肽。

六、麻味及麻味物质

麻味是麻味物质对口腔神经纤维造成的刺激，使神经纤维震动，反应到人的大脑中。人们最熟悉的麻味食物为花椒，是我国传统的“八大调味品”之一，辛麻味是其主要的风味特征和品质指标。花椒中的化学成分有数百个，主要有效成分有挥发油、生物碱、脂肪酸、酰胺类物质、木脂素和香豆素等，其中麻味物质约有 25 种，为链状不饱和脂肪酸酰胺类物质，山椒素是代表性麻味物质，包括 α-山椒素、β-山椒素、γ-山椒素和 δ-山椒素（图 10-8）。

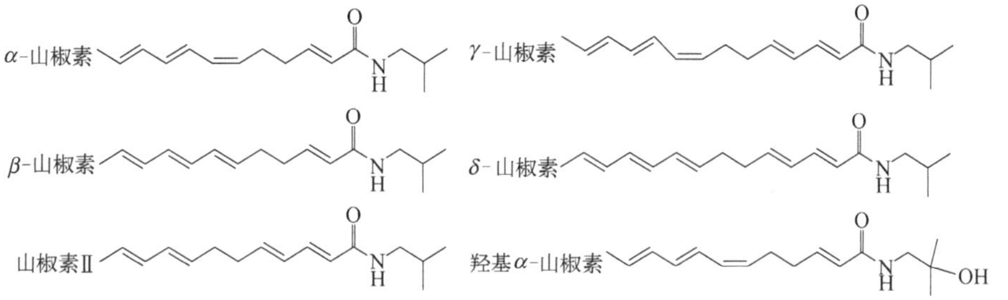

图 10-8　山椒素的化学结构

七、辣味及辣味物质

辣味不同于酸味、甜味、咸味或是苦味，它其实是一种灼热感和疼痛感在大脑中的综合反应，并非味觉。辣味是由刺激性的化学成分（如辣椒素）刺激神经产生的一种类似于灼烧感和疼痛感的感觉。人们日常生活中常用的辣味食物主要涵盖茄科辣椒属（辣椒）、百合科葱属（大蒜、洋葱）、十字花科（辣根、山葵、芥菜）及姜科姜属（生姜），辣椒的辣味成分为辣椒素类化合物，大蒜及洋葱的辣味成分为蒜素类化合物，辣根、山葵、芥菜等辣味成分主要为异硫氰酸酯类化合物，生姜的辣味成分主要为姜辣素类化合物。根据辣味味感的不同，辣味成分可以分为三类。

（1）辛辣味（芳香性辣味）成分 是一类除辣味外还伴随有较强烈的挥发性芳香味的物质，如生姜中的姜醇、姜酚和姜酮。新鲜生姜中主要含有姜醇，经过干燥贮藏后，姜醇脱水生成姜酚，姜酚辛辣度较高。在姜加热时，姜醇侧链断裂生成姜酮，姜酮的辛辣味较缓和。另外，丁香和肉豆蔻中的丁香酚和异丁香酚也属于辛辣味成分。

（2）热辣味（无芳香性辣味）成分 是一种无芳香的辣味，在口中能引起灼烧感觉的物质。如辣椒的主要辣味物质是辣椒素，对于口腔具有直接的刺激作用。

（3）刺激性辣味成分 是一类除能刺激舌和口腔黏膜外，还能刺激鼻腔和眼睛，具有味感、嗅感和催泪性的物质。如大蒜中的辛辣成分是由蒜氨酸分解产生的二烯丙基二硫醚、丙基烯丙基二硫醚构成的，在加热后这些硫化物会降解，使辛辣味减弱。芥末、萝卜、辣根的刺激性辣味物质是异硫氰酸酯类化合物。

八、涩味及涩味物质

涩味是口腔上皮细胞接触到涩味成分时产生的收敛结果，口腔感觉为发干粗糙，故此涩味也不是食品的基本味觉，而是物质刺激神经末梢造成的结果。人们之所以感受到涩味，主要是涩味成分与唾液里的蛋白质发生反应，产生了一种不溶于水的沉淀物质，这些物质附着在舌头和口腔里，让人感受到皱缩、拉扯或缩拢的复杂感觉。

食品中广泛存在的多酚化合物是主要的涩味化合物，典型例子就是未成熟的水果（如柿子）中大量存在的单宁、无色花青苷以及茶叶中的茶多酚等，其次是一些盐类（如铝盐），还有一些有机酸也具有涩味（如草酸、奎宁酸），此外明矾、醛类等也会产生涩感。单宁分子具有很大的横截面，易于同蛋白质发生疏水结合，同时它还含有许多能转变为醌式结构的苯酚基团，也能与蛋白质发生交联反应，这种疏水作用和交联反应都可能是形成涩感的原因。柿子、茶叶、香蕉等农产品中都含有涩味物质。茶叶、葡萄酒中的涩味人们能接受，但未成熟的柿子、香蕉的涩味必须脱除。随着果实的成熟，单宁类物质会形成聚合物而失去水溶性，涩味也随之消失。

知识拓展

常常听说螃蟹和柿子是天敌，两者不能同食，这种说话是否有科学依据？

柿子和螃蟹营养丰富，是秋季补益佳品。但是没有成熟的柿子中含有丰富的鞣酸和果胶，每 100 g 柿子中鞣酸含量最高可达 4 g，每 100 g 螃蟹中约含有蛋白质 15 g，柿子中的鞣酸会与螃蟹中的部分蛋白质相结合形成鞣酸蛋白，容易形成柿胃石，导致胃部不适。鞣酸还会导致消化道中的消化酶失去活力，影响其消化食物的能力，导致消化不良。虽然柿胃石比较可怕，但要形成柿胃石需要满足两个条件：①未成熟的柿子；②过量食用柿子和螃蟹。所以，柿子与螃蟹不能一起吃的说法并不科学。没有成熟的柿子中鞣酸含量高，而成熟的柿子中鞣酸含量很少，如果对螃蟹不过敏，挑选的也是熟柿子，那么理论上螃蟹和柿子在不空腹的情况下可以一起吃，但切记不可过量。

急性柿胃石在大量吃柿子后半个小时，就有可能出现上腹部胀满感、恶心、呕吐等症状，严重者也可呕血，应立即就医。

第三节　常见食品的风味物质

一、畜禽肉类的风味物质

新鲜的生肉不具有芳香性，有清淡的腥膻气味，风味物质包括硫化氢、硫醇（CH_3SH、CH_3CH_2SH）、醛酮类（CH_3CHO、CH_3COCH_3、$CH_3CH_2COCH_3$）、醇类和氨等挥发性化合物以及难挥发性物质如核苷酸、氨基酸、肽、有机酸及糖类等。经过烹调加工后，产生浓郁的香气主要是肉中的风味前体物质如氨基酸类、肽类、还原糖类、脂肪、硫胺素等发生反应，产生挥发性气味成分，赋予熟肉芳香性。

牛肉加热时产生的挥发性化合物中主要有脂肪酸、醛、酮、醇、硫化合物（噻唑、噻吩、硫烷、硫醚、二硫化合物）、呋喃、吡咯、醚、芳香族烃、内酯和含氮化合物（吡唑、吡嗪）等。牛肉香气的特征成分主要包括硫化物（以噻吩为主）、吡嗪类、呋喃类和吡啶类化合物。

猪肉加热时产生的特征香气成分是γ-或δ-内酯，此外还有2-甲基-3-巯基呋喃、2-甲基-3-四氢呋喃酮、2-乙酰基呋喃、2-乙酰基噻吩、庚醛、5-甲基糠醛、2-羟基-2-环戊烯-1-酮、辛酸、2-乙酰基吡咯、甲基吡嗪、甲苯、3,5-二甲基-1,2,4-三硫杂戊烷、4-甲基-5-羟乙基噻唑、4-甲基噻唑等。

羊肉风味物质中3,5-二甲基-1,2,4-三硫杂环戊烷、2,4,6-三甲基全氢-1,3,5-二噻嗪的含量较高。羊肉中脂肪、游离脂肪酸的不饱和度很低，一些特殊的带支链脂肪酸（如4-甲基辛酸、4-甲基壬酸和4-甲基癸酸）形成羊肉的特殊风味。羊脂肪中的挥发性的烷基酚（如甲基酚类、异丙基酚类）对羊肉风味影响很大，这些酚类与支链脂肪酸的混合物产生羊肉特征性风味。

鸡肉香气成分中有较多中等碳链长度的不饱和羰基化合物。其特征性风味物质是反，顺-2,4-癸二烯醛和反，顺-2,5-十一碳二烯醛等。从鸡肉汁中鉴定的芳香组分主要有2-甲基-3-呋喃硫醇、3-甲硫基丙醛、2-甲酰基-5-甲基噻吩、2,4,5-三甲基噻唑、2-糠基硫醇、壬醛、反，反-2-壬醛、反-2,4-壬二烯醛、反-2,4-癸二烯醛、2-十一碳烯醛、γ-癸内酯等。

二、水产品的风味物质

非常新鲜的鱼和海产品有淡淡的清鲜气味，其来源就是体内高含量的多不饱和脂肪酸酶解产生中等长度（C_6、C_8、C_9）挥发性醛酮化合物和醇类，食用时感受到的滋味主要由游离的氨基酸、低聚肽、核苷酸、糖类、有机酸及无机盐等产生。另外，新鲜的鱼中的滋味成分主要是三甲胺，而且含量很高，这类化合物具有甜味、无异味，但是在淡水鱼中含量很少。

水产品腥臭的异味主要是因为储存时间过久或是死亡产生胺类、酸类、羰基化合物及含硫化合物。

（1）胺类　胺类是构成腐败臭味的主体，其中又以氨、二甲胺和三甲胺为主。当遇到高温或是储存过久时，生物体内的氧化三甲胺酶解产生三甲胺和二甲胺（图 10-9）。氨的产生途径一般是 ATP 降解、氨基酸的脱氨反应，以及尿素酶解。异味中还有甲胺、丙胺、异丙胺、丁胺、吲哚、哌啶等化合物。哌啶类化合物是导致河鱼腥味的主体，主要存在于鱼皮中。目前，胺类（又称为挥发性盐基氮）含量已列入我国食品卫生标准。例如，在低温有氧条件下，每 100 g 鱼类挥发性盐基氮的量达到 30 mg 时，即认为是变质的标志。

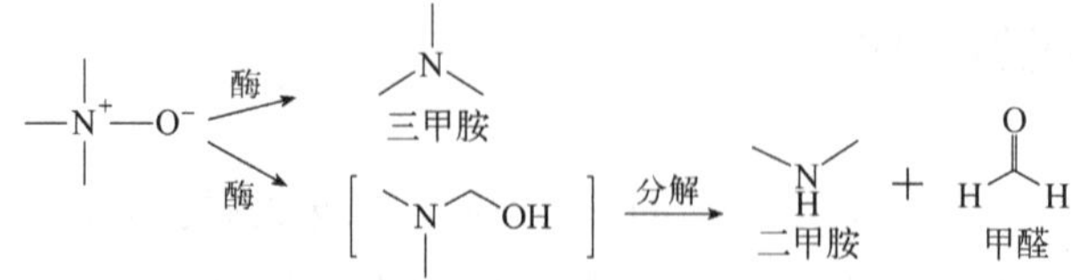

图 10-9　氧化三甲胺形成挥发性物质

（2）**酸类**　新鲜鱼贝类含有微量的甲酸、乙酸、丙酸、丁酸、戊酸等。随着新鲜度下降，酸类含量显著增加。丁酸是某些干货产品特殊异臭的重要成分。当鱼类中的挥发性酸类和挥发性胺类成分含量接近时会出现明显的腐败。

（3）**羰基化合物**　新鲜水产品的不饱和脂肪酸分解产生鲜美风味，而鲜度下降的鱼贝虾蟹类因不饱和脂肪酸氧化分解产生过量的羰基化合物，有特殊臭味。ω-3 不饱和脂肪酸可以转化为 2,4-癸二烯醛和 2,4,7-癸三烯醛，赖氨酸和鸟氨酸转化为六氢吡啶、δ-氨基戊醛、δ-氨基戊酸，这些化合物都有特殊的臭味（图 10-10）。δ-氨基戊醛和 δ-氨基戊酸具有强烈的腥味，鱼类血液中因含有 δ-氨基戊醛也有强烈的腥臭味。

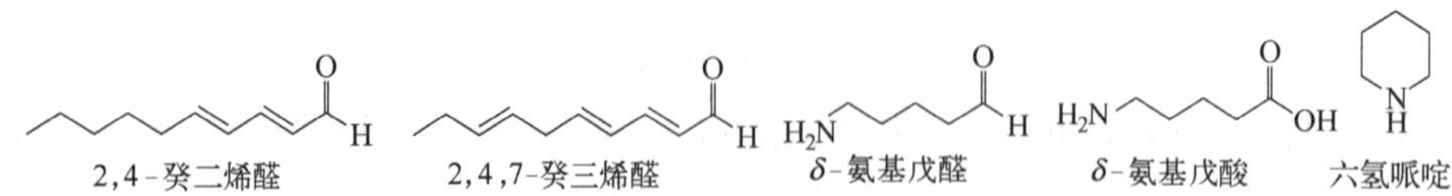

图 10-10　水产品品质下降后产生的部分风味物质

（4）**含硫化合物**　挥发性含硫化合物一般是微生物分解游离含硫氨基酸产生的。随着鱼体新鲜度的下降，细菌分解游离含硫氨基酸生成硫化氢、甲硫醇、二甲硫醚、二乙硫醚。

三、乳类的风味物质

牛奶中的蛋白质、脂肪、乳糖等在加工贮藏过程中发生酶促反应、热反应等，生成小分子的气味成分，乳制品呈味物质还包括糖类、有机酸、低聚肽及无机盐类。未消毒的牛奶含有低级脂肪酸、丙酮类、乙醛类、碳酸等，加工后牛奶的气味与加工方式有关。牛奶中主要的气味成分有下列几类。

（1）**醛酮类**　奶制品中的醛类和酮类化合物是重要的气味成分，是乳脂中的脂肪酸及游离脂肪酸发生自动氧化生成的。从加热的鲜牛奶中分离出己醛（青草味）、壬醛（脂肪味）、苯甲醛（杏仁味）以及具有脂肪气味的烯醛、二烯醛等不饱和醛类。2,3-丁二酮（黄油味）和 1-辛烯-3-酮（蘑菇味）对加热牛奶的香气有重要影响。

（2）**酯类**　奶制品中的酯类化合物主要来源于甘油三酯和磷脂的水解，细菌或乳本身中的脂酶能将乳脂肪降解成 C_4～C_{10} 游离脂肪酸。一些分子量较小的酸和醇进一步合成生成酯类化合物，如发酵乳中的水果香味就是丁酸乙酯、己酸乙酯的作用。从乳中分离出的 δ-癸酸内酯具有椰子香气，该成分已合成用作调香剂和增香剂。

（3）**含硫化合物**　由于蛋白质结构单元蛋氨酸的降解，在新鲜牛奶和奶制品中测出了其降解产物如硫化氢、甲硫醇、二甲基硫醚、二甲基二硫醚、三甲基二硫醚、羰基硫醚等，其中二甲基硫醚是新鲜牛奶的重要香气成分，尤其是微量的二甲基硫醚（蒜味），是牛奶风味的主体。

（4）**其他**　在奶制品中也能检测到醇类、芳香族和杂环化合物醇类、芳香族和杂环化合物，但它们对风味的影响较小。

四、水果的风味物质

水果香气清爽宜人，不仅与其成熟度有关，与水果的种类也有密切的关系。如表 10-3 所示，水果风味成分除了有酯类、醛类、醇类、萜烯类、醚类及挥发性酸类化合物等提供的香气成分，还包括可溶性糖（果糖、葡萄糖、蔗糖、山梨糖醇等）、多酚类化合物及有机酸（如苹果酸、琥珀酸、草酸、酒石酸、柠檬酸、抗坏血酸等），部分水果的主要香气成分见表 10-3。

表 10-3　部分水果的主要香气成分

水果名称	主要香气成分	其他成分
苹果	乙酸异戊酯	挥发性酸、乙醇、乙醛、天竺葵醇
梨	甲酸异戊酯	挥发酸
香蕉	乙酸异戊酯	己醇、己烯醛
	异戊酸异戊酯	
香瓜	癸二酸二乙酯	—
桃	乙酸乙酯、沉香醇酸内酯、癸内酯	挥发性酸、乙醛、高级醛
杏	丁酸异戊酯	—
葡萄	邻氨基苯甲酸甲酯	C4～C12 脂肪酸酯、挥发酸
西瓜	6-甲基-5-庚烯、香叶基丙酮	己醛、反-2-壬烯醛、壬醇、顺-6-壬烯醛等
柑橘类	丁醛、辛醛、癸醛、沉香醇	—
草莓	2,5-二甲基-4-甲氧基-3（2H）呋喃酮	2,5-二甲基-4-甲氧基-3（2*H*）呋喃酮、2-甲基丁酸甲酯、己酸乙酯、顺-3-己酮、甲基丁酸等

五、蔬菜的风味物质

蔬菜的气味一般较水果弱一些，但是葱、蒜、韭、洋葱等因含有特殊风味物质而具有强烈的气味。新鲜蔬菜一般可以散发出清香气味，主要由甲氧烷基吡嗪化合物产生，如新鲜土豆、豌豆的 2-甲氧基-3-异丙基吡嗪，青椒中的 2-甲氧基-3-异丁基吡嗪及红甜菜根中的 2-甲氧基-3-仲丁基吡嗪等，它们一般以亮氨酸等为前体，经生物合成而形成的。植物组织中吡嗪类化合物的生物合成途径如图 10-11 所示。

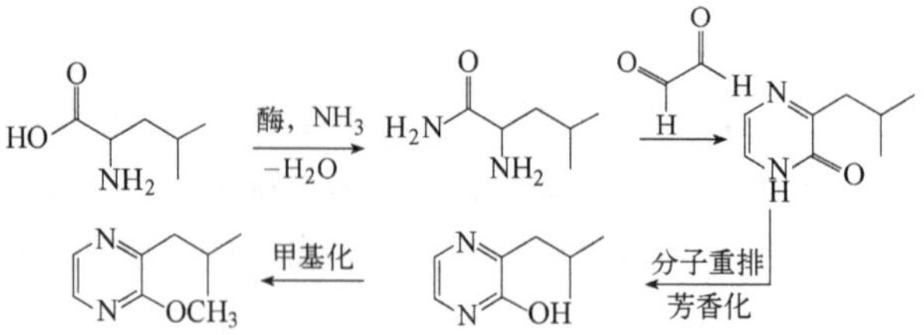

图 10-11　植物中甲氧烷基吡嗪的合成途径

（1）百合科蔬菜　大葱、香葱、韭菜、蒜、洋葱、芦笋等都是百合科蔬菜。这类蔬菜的风味成分主要是含硫化合物，如二烃基（丙烯基、正丙基、烯丙基、甲基）硫醚（大蒜气味）、二丙烯基二硫醚（洋葱气味）以及韭菜的特征气味硫醇、二烃基三硫醚、二烃基四硫醚等。此外还有硫代丙醛类、硫氰酸和硫氰酸酯类、硫醇、二甲基噻吩化合物、硫代亚磺酸酯类等。芦笋的特征风味物质主要是 1,2-二硫-3-环戊烯和 3-羟基丁酮。香葱的特征风味物质为二甲基二硫化物、二丙基二硫化物及丙基丙烯基二硫化物等。这些化合物是其风味前体物在组织破碎时经过酶的作用而转变来的。

（2）十字花科蔬菜　十字花科蔬菜包括甘蓝、黑芥子、萝卜、芥菜、花椰菜和辣根等。萝卜、芥菜和花椰菜中的异硫氰酸酯是主要的特征风味物质，卷心菜的主体风味物质为硫醚、硫醇和异硫氰酸酯及不饱和醇和醛类化合物。

（3）菌类　鲜蘑菇最重要的风味物质是 3-辛烯-1-醇或庚烯醇。新鲜香菇气味比较清淡，但是干香菇气味明显增强，这主要是鲜香菇加工时组织破损，γ-谷氨酰转肽酶被激活，使肽分解为半胱氨酸亚砜（香菇酸），香菇酸再受到 *S*-烷基-L-半胱氨酸亚砜断裂酶等的作用，经一系列反应生成香菇精和其他多硫环烷化合物。此外，肉桂酸甲酯、1-辛烯-3-醇、异硫氰酸苄酯、硫氰酸苯乙酯、苯甲醛氰醇等也是构成蘑菇香气的重要成分。

六、茶叶的风味物质

鲜茶叶主要的挥发性成分是青叶醇（顺-3-己烯醇、顺-2-己烯醇）、青叶醛（顺-3-己烯醛、顺-2-己烯醛）等，具有强烈的青草味。人们饮用的茶主要分为非发酵茶（绿茶）、发酵茶（红茶）和半发酵茶（乌龙茶）。茶香与茶树品种、生长条件、采摘季节、成熟度、加工方法等均有很大的关系，也是决定茶叶品质的重要因素。鲜茶叶中原有的芳香物质只有几十种，而茶叶气味化合物已经鉴定出 500 多种。

（1）绿茶　绿茶是不发酵茶的代表，有典型的烘炒香气和鲜青香气，香气相对简单。绿茶加工的第一步是杀青，在杀青过程中，一部分低沸点的青叶醇、青叶醛挥发，同时使部分青叶醇、青叶醛异构化生成具有清香的反式青叶醇（醛），成为茶叶清香的主体。高沸点的芳香物质如芳樟醇、苯甲醇、苯乙醇、苯乙酮等，随着低沸点物质的挥发而显露出来，特别是芳樟醇，占到绿茶芳香成分的 10%，这类高沸点的芳香物质具有良好香气，是构成绿茶气味的重要成分。

清明前后采摘的春茶特有的新茶香是二硫甲醚与青叶醇共同形成的，这种特殊的新茶香会随着茶叶的贮藏而逐渐消失。

（2）**半发酵茶** 半发酵茶的代表为乌龙茶，又名青茶，其香气成分主要是茶叶在加工中萜烯类、芳香醇类配糖体水解，脂肪酸氧化裂解以及胡萝卜素类化合物的氧化降解产生的产物。目前乌龙茶已知的香气成分有300多种，大致包括脂类衍生物、菇烯类衍生物、芳香族衍生物及其他化合物。

（3）**红茶** 红茶是发酵茶的代表，其味香浓。制作工艺主要由萎凋、揉捻、发酵、干燥四道构成，主要的香气化合物中醇、醛、酸、酯的含量较高，紫罗兰酮化合物是红茶的特征茶香风味物质。这类化合物是红茶在加工中由β-胡萝卜素氧化降解产生的，再进一步氧化可以生成二氢海葵内酯和茶螺烯酮，共同构成红茶香气的特征成分（图10-12）。

顺-茶螺烷 O_2 β-胡萝卜素 β-紫罗酮 + β-大马酮

图10-12 茶叶中β-胡萝卜素的氧化分解

此外，茶叶中的脂肪酸还与醇发生酯化，进一步生成具有芳香的酯，如具有茉莉花香的乙酸苯甲基、甜玫瑰花香的苯乙酸乙酯、花香的苯甲酸甲酯、冬青油香的水杨酸甲酯。

七、异味的主要成分

食品在加工或者储存中有时具有或产生异味，大致原因主要有：

（1）**脂肪的氧化** 如油经过反复煎炸或在较高温度或湿度下储存时间较长发生脂肪氧化，这种不饱和脂肪酸和氧气发生的反应，导致产生油脂哈败味，特别是在脂肪含量高的乳品、坚果类产品中容易发生。

（2）**微生物污染** 当食品贮藏不当或加工中操作不当时，被微生物污染，在微生物作用下变质进而产生丁酸、异丁酸等腐败酸味。

（3）**食品自身成分的化学变化** 生物体内含有大量的酶，在酶的催化作用下食物本身所含的特殊成分发生化学变化。例如，鱼类尤其是海鱼中含有氧化三甲胺，氧化三甲胺本身无气味，达到一定浓度后具有鲜甜滋味，但在酶或高温作用下非常容易分解产生三甲胺，释放出鱼腥味。

（4）**加工过程中引入的异味成分** 食品加工处理过程会进行清洗、消毒等，如自来水消毒过程中使用了次氯酸钠，会产生相应的氯化物，具有“漂白粉”的异味。

思考题

1. 为什么切洋葱时会辣眼睛？
2. 为什么苦瓜和莲子心有很强烈的苦味？

参考文献

［1］ Belitz H D，Grosch W，Schieberle P. Food Chemistry. 4th ed. Berlin • Heidelberg：Springer-Ver Lag，2009.

［2］ 阚建全. 食品化学. 2 版. 北京：中国农业大学出版社，2008.

［3］ 谢笔钧. 食品化学. 2 版. 北京：科学出版社，2004.

［4］ 赵新淮. 食品化学. 北京：化学工业出版社，2006.

［5］ 汪东风，等. 食品化学. 4 版. 北京：化学工业出版社，2023.

［6］ 迟玉杰. 食品化学. 北京：化学工业出版社，2012.

［7］ 邵黎雄，等. 味觉化学之酸味化学. 化学教育（中英文），2020，41（13）：1-5.

［8］ 高文超，等. 味觉化学之辣味化学. 化学教育（中英文），2020，41（14）：1-6.

［9］ 石敏，等. 味觉化学之甜味化学. 化学教育（中英文），2020，41（16）：1-8.

［10］ 邵黎雄，等. 味觉化学之苦味化学. 化学教育（中英文），2020，40（17）：7-14.

［11］ 高文超，等. 味觉化学之鲜味化学. 化学教育（中英文），2020，41（18）：1-7.

［12］ 王素霞，等. 花椒麻味化学基础的研究进展. 中草药，2013，44（23）：3406-3412.

［13］ 马冠生，等. 霜降柿与十月蟹能一起吃吗？生命与灾害，2019，（11）：39-40.

第十一章

食品添加剂

当我们走进商店购买食品或调味品，标签上往往会显示配料。

午餐肉罐头配料表：猪肉，饮用水，淀粉，植物蛋白，食用盐，食用香辛料，食品添加剂（谷氨酸钠、红曲红、卡拉胶、D-异抗坏血酸钠、亚硝酸钠、三聚磷酸钠）；

耗油配料表：耗汁（耗、水、食用盐），水，白砂糖，羟丙基二淀粉磷酸酯，谷氨酸钠，小麦粉，焦糖色；

酱油配料表：水，非转基因黄豆，食用盐，小麦，谷氨酸钠，白砂糖，5’-肌酐酸二钠，5’-呈味核苷酸二钠，酵母提取物，三氯蔗糖；

棒棒糖配料表：麦芽糖浆，白砂糖，食品添加剂（山梨糖醇液、柠檬酸、DL-苹果酸、柠檬酸钠、单双甘油脂肪酸酯、二氧化钛、焦糖色（加氨生产）、诱惑红、日落黄、柠檬黄、苋菜红、亮蓝），浓缩苹果汁，氢化植物油，食品用香精。

为什么要添加食品添加剂？

为什么要学习本章？

为了方便食品加工、延长保存期、调整营养结构、保障其色香味等，在工业化生产食品过程中往往需要使用食品添加剂。例如，在机械化和自动化豆腐生产过程中使用葡萄糖酸-δ-内酯为作为豆腐凝固剂，为了豆腐的流通和保存需要有时候还要加入防腐剂等。因此，食品添加剂在食品加工生产中起着非常重要的作用。可以说，没有食品添加剂就没有现代食品工业，现代食品工业生产离不开食品添加剂，食品添加剂已经逐渐走进人们的一日三餐。

第一节　概　述

一、食品添加剂的概念

我国《食品安全国家标准　食品添加剂使用标准》（GB 2760—2024）中指出：食品添加剂是为改善食品品质和色、香、味，以及为防腐、保鲜和加工工艺的需要而加入食品中的人工合成或者天然物质。食品用香料、胶基糖果中基础剂物质、食品工业用加工助剂、营养强化剂也包括在内。根据定义，使用食品添加剂的目的旨在提高食品的品质、增加食品营养价值，保持或改善食品的功能性质、感官性质和简化加工过程等；从而满足人们对食品色、香、味、形的要求，方便食品加工生产，产生明显的经济效益和社会效益。

二、食品添加剂的分类及作用

食品添加剂按其来源可分为天然食品添加剂和人工合成食品添加剂。根据我国发布的《食品安全国家标准　食品添加剂使用标准》（GB 2760—2024）将食品添加剂按其功能分成23 个大类。具体包括：酸度调节剂、抗结剂、消泡剂、抗氧化剂、漂白剂、膨松剂、胶基糖果中基础剂物质、着色剂、护色剂、乳化剂、酶制剂、增味剂、面粉处理剂、被膜剂、水分保持剂、营养强化剂、防腐剂、稳定和凝固剂、甜味剂、增稠剂、食品用香料、食品工业用加工助剂和其他。

目前全球食品添加剂的品种有 25000 多种，常用的添加剂品种有 5000 多种。我国《食品安全国家标准　食品添加剂使用标准》（GB 2760—2024）中有 2000 多种，其中大多数为香料（包括 388 种食品用天然香料和 1504 种食品用合成香料，共计 1892 种）。随着人们对食品安全的重视度越来越高，食品添加剂工业逐渐向天然、健康和复合化等方向发展，如天然防腐剂、天然抗氧化剂、天然色素及天然香料等天然提取物。

第二节　常用的食品添加剂

一、酸度调节剂

中医认为：“肺主秋，肺收敛，急食酸以收之，用酸补之，辛泄之。”就是说秋天是“收”

的季节，吃酸味的东西能起到收敛肺气的作用，可以多吃一些酸味的食物。用来调节食品 pH 的调节剂称为酸度调节剂，是维持或改变食品酸碱度的物质，主要有酸味剂、碱化剂以及具有缓冲作用的盐类。

酸味剂具有改善食品质量的功能特性，例如改变和维持食品的酸度并改善其风味。有些酸味剂具有抗氧化作用，如抗坏血酸可防止食品腐败。还有些酸味调节剂（如柠檬酸）能与重金属离子络合，具有阻止氧化或褐变反应、稳定颜色、降低浊度、增强凝胶特性等功能。适宜的酸味与甜味比例组合，是构成食品水果风味和开发新食品风味的重要因素之一。不同酸味调节剂因其结构特点不同会产生不同的风味，如柠檬酸、抗坏血酸、葡萄糖酸有缓和回润的酸味，苹果酸稍带有苦涩味，盐酸、磷酸、乳酸、酒石酸、延胡索酸稍带有涩味，乙酸、丙酸稍带有刺激性臭味，琥珀酸、谷氨酸带有鲜味。

目前，我国允许使用的酸度调节剂主要有柠檬酸及其钠或钾盐、富马酸、磷酸及其盐、乳酸及其钠或钙盐、己二酸、酒石酸、偏酒石酸、马来酸、苹果酸、乙酸、盐酸、氢氧化钠、碳酸钾、碳酸氢三钠、柠檬酸一钠等，其中产量最大的是柠檬酸和磷酸，乳酸和醋酸次之，具体结构及使用范围见表 11-1。

表 11-1　部分酸度调节剂化学结构及应用范围

酸度调节剂名称	化学结构	应用范围
乙酸（又称醋酸）	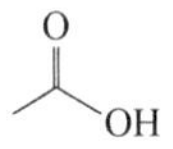 O OH	复合调味料，醋，罐头，干酪，果冻等
柠檬酸及其盐类	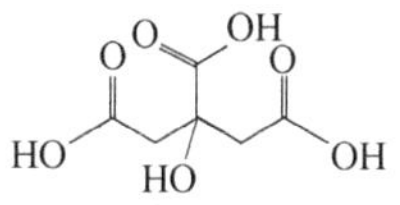 O OH O O HO OH HO	饮料如碳酸饮料、果汁饮料、乳酸饮料等，水果罐头，蔬菜罐头，糖果，凝胶食品如果酱、果冻等
乳酸	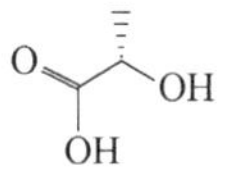 O OH OH	啤酒，乳酸盐如乳酸钙、乳酸亚铁和乳酸锌可以用于食品、医药和饮料，乳酸钠可作为食品保鲜剂、调味剂等
L-苹果酸	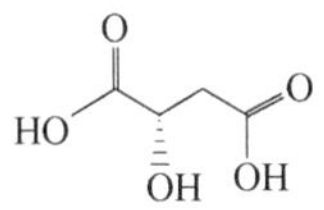 O HO O OH OH	碳酸和非碳酸饮料，糖果，糖浆，蜜饯等
酒石酸	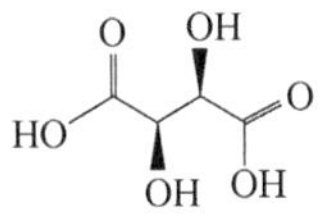 O OH HO O OH OH	清凉饮料，糖果，果汁，沙司，冷菜，发酵粉等
富马酸（又称延胡索酸）	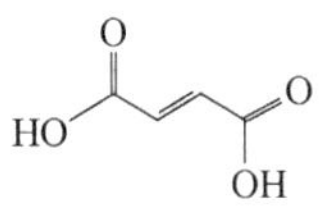 O HO O OH	肉制品，鱼肉加制品，面包，糕点，饼干，碳酸饮料等
琥珀酸	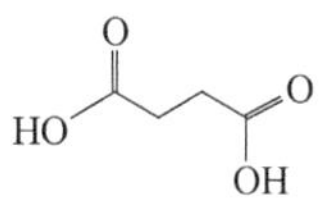 O HO O OH	豆酱，酱油，调味料等

二、抗氧化剂

抗氧化剂是能够防止或推迟食品被氧化变质、延长食品保质期的物质。按照溶解性可以分为水溶性的和脂溶性的，水溶性抗氧化剂有植酸（肌醇六磷酸）、抗坏血酸及其异构体，脂溶性的酚型抗氧化剂有 2,6-二叔丁基羟基甲苯（BHT）、叔丁基对羟基茴香醚（BHA）、叔丁基对苯二酚（TBHQ）、没食子酸丙酯（PG）等；按照来源可以分为天然抗氧化剂和人工合成抗氧化剂，天然抗氧化剂的代表主要有茶多酚、维生素 E 及茶黄素等，具体结构见表 11-2。

表 11-2　部分人工合成抗氧化剂化学结构及应用范围

抗氧化剂名称	化学结构	应用范围
叔丁基对羟基茴香醚（BHA）	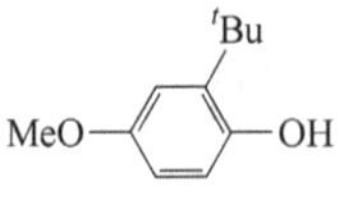 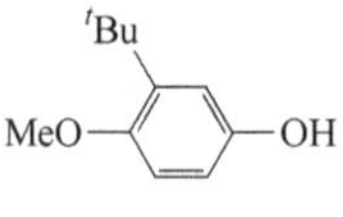 ^{t}Bu, MeO—, —OH（3-BHA）；^{t}Bu, MeO—, —OH（2-BHA）	油脂及制品，坚果罐头，方便米面制品，饼干，腌制肉制品，油炸食品等
2,6-二叔丁基羟基甲苯（BHT）	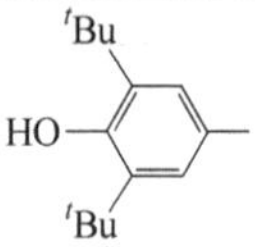 ^{t}Bu, HO—, ^{t}Bu	脂肪，乳化脂肪制品，坚果与籽类罐头，油炸面制品等
没食子酸丙酯（PG）	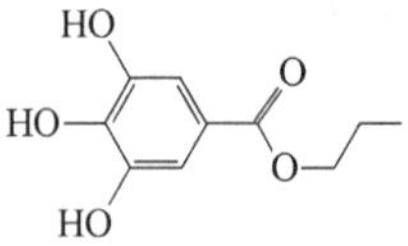 HO, HO—, HO, O, O	脂肪，乳化脂肪制品，坚果与籽类罐头，腌腊肉制品等
叔丁基对苯二酚（TBHQ）	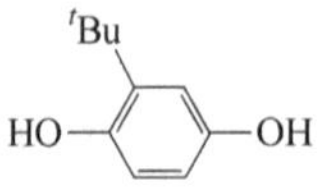 ^{t}Bu, HO—, —OH	脂肪，乳化脂肪制品，坚果与籽类罐头，腌腊肉制品等

三、膨松剂

膨松剂是在食品加工过程中加入的，能使产品发起形成致密多孔组织，从而使制品具有膨松、柔软或酥脆特性的物质。在日常生活中常常用到，如蒸馒头常用的小苏打，炸油条常用的硫酸铝钾等。食品膨松剂一般分为化学膨松剂和生物膨松剂两种类型。也可分为单一膨松剂和复合膨松剂，常用的化学膨松剂多数为单一膨松剂，如碳酸氢钠、碳酸氢铵等，常用的复合膨松剂如发酵粉或泡打粉等。

化学膨松剂主要有小苏打和臭粉。碳酸氢钠（$NaHCO_3$）俗称小苏打，遇酸即强烈分解而产生 CO_2，使用范围为饼干、糕点，可按“正常生产需要”使用，使用不当时（如过量或混合不均匀）会使成品表面呈黄色斑点。碳酸氢铵（NH_4HCO_3）俗称臭粉，有氨味，对热不稳定，易分解成氨、CO_2 和水，碳酸氢铵使用范围为饼干、糕点，可按“正常生产需要”使用。碳酸氢铵分解后产生气体的量比碳酸氢钠多，起发效力大，但容易造成成品过松，使成品内部或表面出现大的空洞。此外，加热时产生带强烈刺激性的氨气，虽然很容易挥发，但成品中还可能残留一些，从而带来不良的风味，所以使用时要适量。

生物膨松剂是依靠能产生 CO_2 气体的微生物发酵而产生起发作用的膨松剂，如老面发酵和酵母粉发酵。老面发酵是一种比较原始的发酵方法，它是靠来自空气中的野生酵母和各种杂菌（主要是乳酸菌等）的发酵作用。利用酵母作膨松剂需要注意控制面团的发酵温度，如温度过高（＞35℃）时，乳酸菌会大量繁殖使面团的酸度增加。

复合膨松剂即俗称的发酵粉、泡打粉、发泡粉。复合膨松剂一般由 3 部分组成：碱性剂、酸性剂和填充剂，一般由碳酸氢盐、酸、酸式盐、明矾、以及淀粉复合而成。不同的配方配制出来的膨松剂的功能特点是不同的，按产气的特点可以分为快速泡打粉、慢速泡打粉和双效泡打粉。

四、乳化剂

乳化剂是指能改善乳化体中各种构成相之间的表面张力，形成均匀分散体或乳化体的物质。我国对于食品乳化剂的研究和生产起步较晚，在品种和质量上与国外有较大的差距，1981 年批准使用的食品乳化剂只有单甘酯和大豆磷脂 2 个品种，但是发展速度较快，到 2014 年允许使用的食品乳化剂为 49 种。《食品安全国家标准　食品添加剂使用标准》（GB 2760—2024）允许使用的具有乳化功能的食品添加剂共 40 类，如丙二醇脂肪酸酯、甘油脂肪酸酯及其衍生物、聚甘油脂肪酸酯、多元醇脂肪酸酯及其衍生物、磷脂及其衍生物、有机酸盐（乳酸盐、硬脂酸盐、硬脂酰乳酸盐）、多元醇类及其他（改性淀粉类、植物胶、可溶性大豆多糖、酪蛋白酸钠）、皂树皮提取物等。这些乳化剂广泛应用于烘焙品、冷饮、糖果等食品中。

五、着色剂

为了改善食品的感官性质，常常需要对食品进行着色，用于食品着色的染料称为食品着色剂，又称食用色素。食品着色剂按其来源可分为人工合成的食品着色剂和天然的食品着色剂。天然色素主要从植物、动物、微生物等生物中提取获得，种类繁多，且大多数无毒副作用，但存在结构稳定性差、难分散、染着性低、复配性差且价格较高等缺点。人工合成色素因其色彩鲜艳、着色力强、性质稳定、结合牢固且成本低等优点，广泛用于食品加工工业。

我国目前常用的部分天然色素主要有红曲色素、紫胶虫色素、胭脂虫色素、焦糖色素、叶绿素铜钠、姜黄色素、番茄红素、β-胡萝卜素等，具体结构见第九章第三节。

不同国家对人工合成的食品着色剂允许使用的种类有不同的规定（表 11-3），我国允许使用的合成色素见第九章第三节。

表 11-3　部分国家允许使用的合成色素

色素名称	中国	美国	加拿大	日本	欧盟	英国
胭脂红	√			√	√	√
偶氮玉红			√		√	√

续表

色素名称	中国	美国	加拿大	日本	欧盟	英国
苋菜红	√		√	√	√	√
赤藓红	√	√	√	√	√	√
红色 2G						√
孟加拉红				√		
Allura 红 AC		√	√			
柠檬黄	√	√	√	√	√	√
黄色 2G						√
日落黄	√	√	√	√	√	√
喹啉黄					√	√
绿色 S					√	√
坚牢绿		√	√	√		
靛蓝	√	√	√	√	√	√
专利蓝					√	√
亮蓝	√	√	√	√		√
棕色 FK						√
巧克力棕 HT						√
黑色 BN					√	√
柑橘红 2 号		√				
橙色 B		√				
玫瑰红				√		
酸性红				√		
新红	√					
合计	8	9	9	11	11	16

六、水分保持剂

水分保持剂，简称持水剂，可保持食品的水分，改善其品质，大多为磷酸盐类物质，有30余种，主要有焦磷酸钠、三聚磷酸钠、磷酸三钠等。磷酸盐既是持水剂，又是营养强化剂，可作钙、铁营养源应用于儿童食品和营养强化食品中。磷酸盐的复配产品复合磷酸盐功能多，应用面广，能满足食品的方便化、多样化和营养化的需要，宜加大磷酸盐复配产品开发力度。

食品保水剂能够调节饺子、烧卖、春卷、丸子等带馅食品中的含水量，使其保持一定的水分，避免脱水、变形破损，提高耐加工特性，且不降低食品本来的质地，甚至还能有所改善。持水剂的多羟基可广泛与豆腐中大豆蛋白、粗纤维、多糖及油脂结合，成部分结晶的致密体，并持有一定水分，因而口感良好，同时又使内部质构保持一定光泽，呈半透明致密状，使产品更具吸引力。

七、防腐剂

食品防腐剂是为了延长食品的保质期、防止食品变质而添加的一类物质。它们可以抑制微生物生长繁殖或杀死食品中的微生物，从而减缓食品腐败的过程，也是现代工业化食品生产过程中必不可缺的添加成分。食品防腐剂主要分为两大类，分别是化学合成防腐剂和天然防腐剂。常用的防腐剂有山梨酸及其盐类、丙酸及其盐类、苯甲酸及钠盐、双乙酸钠和单辛酯甘油醇等。

随着社会的高速发展，人们对食品安全和自身健康的关注度日益提高。其中，天然防腐剂的发展越来越受到重视。天然防腐剂是由生物体分泌或生物体内存在的具有抑菌作用的物质，经人工提取或加工而成，来源于自然界的植物、动物和微生物，具有较强的抗菌和防腐作用，同时具有较低的毒性和较高的营养价值。

化学合成防腐剂是一类人工化学合成的防腐剂，其具有化学性质稳定、易于使用、价格便宜、种类多样等特点，因此成为我国应用最广泛的一类防腐剂。其中，苯甲酸及其盐类和酯类、山梨酸及其盐类的应用最为广泛，其化学结构及抑菌范围见表 11-4。

表 11-4 常用化学合成防腐剂化学结构和抑菌范围

防腐剂名称	化学结构	抑菌范围
苯甲酸及其钠盐	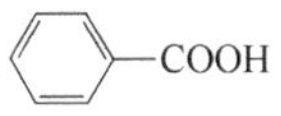 （苯环）—COOH	对多种微生物如酵母、霉菌、细菌、芽孢菌等有明显的抑菌作用，但对产酸菌抑制作用差，适宜 pH 为 2.5～4.0
山梨酸及其钾盐	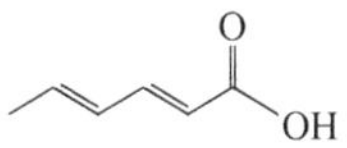 （结构式）O, OH	对霉菌、酵母菌和好氧细菌的生长发育有很好的抑制作用，但是对厌氧细菌几乎无效，适宜 pH 为 6.0 以下
对羟基苯甲酸酯（又称尼泊金酯）	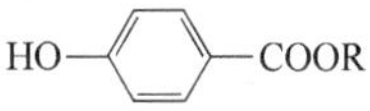 HO—（苯环）—COOR R= —CH_3, —C_2H_5, —$CH_2CH_2CH_3$, —$(CH_2)_3CH_3$, —$(CH_2)_6CH_3$	对霉菌、酵母菌、革兰氏阳性菌等均有很好的抑菌效果，不同碳长度的尼泊金酯具有不同的抗菌性能，适宜 pH 范围为 4～8
丙酸及其盐类	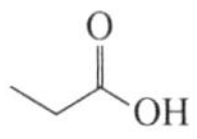 （结构式）O, OH	丙酸对霉菌有良好的防腐效果，对细菌抑制作用较小，对酵母无作用；丙酸钙对霉菌、需氧芽胞杆菌、革兰氏阳性杆菌有较强的抑制作用，对能引起食品发黏的枯草杆菌效果显著，对黄曲霉素有特效；适宜 pH 范围为 5.0 以下

天然防腐剂主要是从动植物中提取的具有防腐作用的物质，能有效阻碍微生物的生长繁殖，延长食品保质期。与化学防腐剂相比，天然防腐剂具有以下特点：①天然防腐剂大多数来源于植物、动物和微生物，其成分对人体相对安全，不易产生过敏反应，降低了安全风险；②天然防腐剂可生物降解，对环境友好，减少了化学物质在环境中的积累，降低了环境污染；③天然防腐剂具有较广泛的抗菌谱，可有效抑制多种细菌、真菌和微生物的生长，延长产品的保质期；④天然防腐剂的化学性质稳定，防腐作用时间长，使用成本较低。根据天然防腐剂的来源不同，可以分为三大类，分别是植物源天然防腐剂、动物源天然防腐剂和微生物源天然防腐剂，代表性如乳酸链球菌素、纳他霉素。

乳酸链球菌素又称乳球菌肽或乳链菌肽（Nisin），是一种多肽类羊毛硫细菌素，是某些乳酸球菌代谢过程中合成和分泌的具有很强杀菌作用的小分子肽，是高效无毒的天然防腐剂，可有效地延长食品保质期，对人体无毒无害。Nisin 对许多革兰氏阳性菌（包括葡萄球菌属、链球菌属、小球菌属、乳杆菌属的某些种）、大部分梭菌属和芽孢杆菌属的孢子有强烈的抑制作用，但不抑制革兰氏阴性细菌、酵母和霉菌。在加热、冷冻或调节 pH 的情况下，一些革兰氏阴性菌如假单胞菌、大肠杆菌等也对 Nisin 敏感。Nisin 不仅对细菌的营养细胞有抑制作用，而且对细菌所产生的芽孢同样有抑制作用。Nisin 在食品工业中广泛应用于乳制品、果汁和酒精饮料、肉制品等加工中。

纳他霉素是一种由链霉菌发酵产生的天然抗真菌化合物，属于多烯大环内酯类，既可以广泛有效地抑制各种霉菌、酵母菌的生长，又能抑制真菌毒素的产生，可广泛用于食品防腐保鲜以及抗真菌治疗。纳他霉素依靠其内酯环结构与真菌细胞膜上的甾醇化合物作用，形成抗生素甾醇化合物，从而破坏真菌的细胞膜。当某些微生物细胞膜上不存在甾醇化合物时，纳他霉素就对其无作用，因此纳他霉素只对真菌产生抑制，对细菌和病毒不产生抗菌活性，因而它不影响酸奶、奶酪、生火腿、干香肠的自然成熟过程。GB 2760—2024 中规定那他霉素可用于干酪及干酪类似品、糕点、酱卤肉制品、油炸肉类、西式火腿、肉灌肠类、发酵肉制品和蛋黄酱等的加工中。

知识拓展

2017 年，宁夏某镇多名 4 岁以下儿童出现了呼吸急促、走路不稳等症状，到了 2017 年 7 月 25 日，共有 28 名儿童入院治疗，主要症状为：气喘、站立不稳、呕吐、嗜睡和腹泻等。疾控中心根据流行病学调查情况、临床症状和实验室检测结果进行了综合分析，确认本起事件是由违规添加了脱氢乙酸钠的牛奶引起的。经过检测，该牛奶中的脱氢乙酸钠含量超过了 1.7 g/kg。

脱氢乙酸钠对容易引起食品腐烂和霉变的酵母菌、霉菌有很好的抑制作用，被当作防腐剂广泛应用在食品、饲料和化妆品中，尤其是在面包和糕点烘焙食品中。旧国标 GB 2760—2014 中规定：脱氢乙酸钠可用于腌渍的蔬菜、面包、糕点、熟肉等共 12 类食品中，最大允许使用量为 0.5～1.0g 每千克。而 2024 版国标 GB 2760—2024 中，则删除了脱氢乙酸及钠盐在黄油和浓缩黄油、淀粉制品、面包、糕点、焙烤食品馅料及表面用挂浆预制肉制品、果蔬汁的使用。这意味着脱氢乙酸钠将从烘焙食品中消失。同时，调整了脱氢乙酸钠在腌制蔬菜中的最大使用量，由 1.0 g/kg 调整为 0.3 g/kg。新食品安全国家标准的出台，保证了消费者的健康，也推动了食品行业发展。

八、增稠剂

增稠剂是指可以提高食品的黏稠度或形成凝胶，从而改变食品的物理性状，赋予食品黏润、适宜的口感，并兼有乳化、稳定或使呈悬浮状态作用的物质。它们都是亲水胶体（hydrocolloid），食品中用的增稠剂大多属多糖类。可以把增稠剂分为天然增稠剂和合成增稠剂。合成增稠剂主要是一些化学衍生胶，即对天然的多糖结构经过一些化学或酶法改性，以得到更为理想的结构和更为合适的性质。天然增稠剂主要为多糖类化合物，根据来源不同分为植物种子胶、植物分泌胶、海藻胶、微生物胶等。

增稠剂在食品中有价值的通性包括：在水中的水化和溶解，因而具有增加水相黏稠度的能力；亲水大分子之间的相互作用和与水的相互作用使某些亲水大分子在一定条件下具有很强的凝胶形成能力。食品中还利用亲水胶体的某些性质改善或稳定食品的质构，抑制食品中糖和冰的结晶生成，稳定乳状液和食品泡沫，以及利用多糖作为微胶囊化的壁材。由于增稠剂有多种功能，它们常被归于众多的某某剂中，如胶凝剂、乳化剂、成膜剂、持水剂、黏着剂、悬浮剂、上光剂、晶体阻碍剂、泡沫稳定剂、润滑剂、驻香剂、崩解剂、填充剂等。

目前比较常用的增稠剂有羧甲基纤维素钠、瓜尔豆胶、明胶、琼脂、果胶、海藻酸钠、黄原胶、卡拉胶、阿拉伯胶、淀粉和变性淀粉等。

第三节　食品添加剂安全管理

一、食品添加剂安全性问题

有些食品添加剂是完全人工合成的产品，它们不是传统食品中的成分，人们有理由对其安全性提出质疑。由于人们对事物的认识存在局限性，在食品添加剂使用初期并未发现存在食品安全问题，随着长期使用及使用不当引起了食品安全问题后才逐渐获得更多的认知，如肉品护色剂亚硝酸钠可引起急性中毒和慢性致癌作用，硼砂、奶油黄色素对人体有害和有致癌作用等。还有一些食品添加剂，如磷酸氢二钠，本身并无较高毒性，但由于产品不纯，含有毒重金属而引起食品中毒，如日本的森永奶粉事件。因此，食品添加剂的安全管理不容忽视。

食品添加剂对现代食品工业发展有着重要作用，为了确保食品安全，必须对食品添加剂的生产经营和使用进行严格的安全管理。

二、食品添加剂安全管理

为了确保食品添加剂安全使用，世界各国都对食品添加剂进行严格的卫生管理。联合国粮食及农业组织（FAO）设有食品添加剂专家委员会，对食品添加剂安全性进行评价，提出安全使用标准等多项报告，供各国参考。各国根据国情制定自己的食品添加剂法规和管理办法。

1. 新食品添加剂管理

一个新的物质是否有毒、毒性有多大、是否有致癌作用等，这些问题都需要进行科学的毒理学试验确定。我国国家卫生和计划生育委员会颁布了《食品安全国家标准　食品安全性毒理学评价程序》（GB 15193.1—2014）等 17 项食品安全国家标准。《食品安全国家标准　食品安全性毒理学评价程序》是检验机构进行毒理学试验的主要标准依据，该标准要求食品安全性毒理学评价试验的内容包括：急性经口毒性试验；遗传毒性试验；28 天经口毒性试验；90 天经口毒性试验；致畸试验；生殖毒性试验和生殖发育毒性试验；毒物动力学试验；慢性毒性试验；致癌试验；慢性毒性和致癌合并试验。凡属我国首创的物质，特别是化学结构提示有潜在慢性毒性、遗传毒性或致癌性或该受试物产量大、使用范围广、人体摄入量大的物质，应进行系统的毒性试验，包括急性经口毒性试验、遗传毒性试验、90 天经口毒性试验、致畸试验、生殖发育毒性试验、毒物动力学试验、慢性毒性试验和致癌试验（或慢性毒性和致癌合并试验）。

2. 食品添加剂质量标准

由于不纯的食品添加剂可能带有对人体有害的杂质，我国对食品添加剂的生产实行生产许可管理。《食品添加剂生产监督管理规定》自 2010 年 6 月 1 日起由国家质量监督检验检疫总局颁布实施，同时对食品添加剂制定了相应的质量规格国家标准。食品添加剂质量标准内容包括外观、含量杂质、结构、理化特征等。其中，杂质检验一般包含铅、砷等重金属指标，有的还有微生物指标，黄曲霉毒素等特别指标，不包括检验方法、包装贮藏运输等要求。

3. 食品添加剂使用标准

科学家们根据动物毒理学评价结果，参考其他相关资料，制定了食品添加剂的人体每日允许摄入量（ADI），使用食品添加剂时，就要严格依据其在食品中的使用范围和最大使用量，以确保实际每日摄入量不大于 ADI 值。

《食品安全国家标准　食品添加剂使用标准》（GB 2760—2024）内容主要包括：食品添加剂的使用原则，允许使用的食品添加剂品种，使用范围及最大使用量或残留量。本标准适用于所有的食品添加剂生产、经营和使用者。

4. 食品添加剂安全管理办法

《中华人民共和国食品安全法》自 2009 年 6 月 1 日开始实施，对食品添加剂的规定主要包括：对食品添加剂生产实行许可制度，新品种安全评估、使用标准、质量标准、标签、说明书、进出口管理及日常监管信息公布。

因此，人们要正确认识和对待食品添加剂。目前我国因食品添加剂发生的安全问题主要是食品添加剂的滥用，如超量使用和超范围使用。只有真正落实对食品添加剂的安全管理，才能有效减少食品添加剂的安全风险。

思考题

1. 以购买的某包装食品为例，简单分析配料表中不同食品添加剂的用途。
2. 结合自身，分析吃过的食品中配料的成分哪些属于防腐剂？

参考文献

[1] 中华人民共和国国家卫生健康委员会. 食品安全国家标准　食品添加剂使用标准. 北京：中国标准出版社，2024.

[2] 中国食品添加剂生产应用工艺协会. 食品添加剂手册. 北京：中国轻工业出版社，1999.

[3] 阚建全. 食品化学. 2 版. 北京：中国农业大学出版社，2008.

[4] 谢笔钧. 食品化学. 2 版. 北京：科学出版社，2004.

[5] 赵新淮. 食品化学. 北京：化学工业出版社，2006.

[6] 汪东风，等. 食品化学. 4 版. 北京：化学工业出版社，2023.

[7] 迟玉杰. 食品化学. 北京： 化学工业出版社，2012.

[8] 李婷婷，等. 食品添加剂发展研究进展. 食品安全导刊，2022，(01)：159-161.

[9] 赵国萍，等. 天然防腐剂的应用研究进展. 中国调味品，2017，42（8）：155-159.

[10] 孙玉婷，等. 食品添加剂之膨松剂简介. 化学教育，2009，8：1-2，5.